網路輿情分析術

路情

鄉民到底在想什麼？

網輿

分析術

前言

隨著網路的迅猛發展，巨量資料造成的"資訊過載"問題已經凸顯。近幾年興起的雲端計算和大數據分析，成為獲取輿論情報的新資訊源和途徑。主題網路輿論主要是指透過網路上的主流媒體網站對主題活動所發表的有較強影響力、傾向性的言論和觀點，是一定時期內國內外對主題活動的主觀反應。日趨複雜的國際政治環境與網路的快速發展，使得網路成為許多國家和政策研究機構表達政治立場、進行政治訴求的媒體平台。

在創新的網路知識組織理論架構和智慧資訊處理技術環境下，開展網路主題輿論的採集與分析研究方能更加深入。實施網路輿論智慧化採集，通用 Web 搜尋引擎已經難以完整收集所有領域和主題的網路資訊，即使收集比較全面也由於領域和主題範圍太寬，很難將各領域和主題都做得精確而又專業，從而導致檢索結果中無用資訊太多。而基於領域主題的 Web 搜尋引擎，針對某一特定領域、某一特定人群或某一特定需求提供有一定價值的資訊和相關服務，在網路上收集符合主題需要的資訊資源，以構築某一專題或學科領域的網路資訊資源庫。

建構主題搜尋引擎的核心技術之一就是主題導向的網路資訊採集技術。因此，對主題爬行技術的研究有重要的理論意義和應用價值。將知識技術與主題網路輿論分析過程相結合，研究基於知識技術的主題網路輿論分析框架，並對其中的關鍵技術進行研究，主要包括網路輿論知識模型建構、語義特徵抽取、基於語義的網路輿論資訊叢集和分類策略、網路輿論傾向性分析和分析框架原型建構。基於社交網路特性研究輿論傳播控制策略，開展主題網路輿論的分析並在技術上尋求突破則具有非常重要的現實意義。日益增長的輿論大數據資訊處理，要求從巨量語料資源中獲取語義知識，有效利用語義知識實現文字處理任務是目前更好地提供輿論服務的熱門研究課題。

本書將國內外領先的知識技術運用於網路輿論的採集和網路輿論的分析過程，盼能拋磚引玉，促進網路輿論採集、處理和服務方法與技術領域的深入研究，推動網路輿論資訊系統中新技術的研究和應用創新。在網路輿論智慧採集方面，本書的主要工作是：研究網路輿論情報規劃與獲取，研究主題網路輿論的語義特徵抽取，研究輿論網頁內容相關性的判定，研究輿論網頁連結相關性的判定等。在網路輿論智慧處理方面，本書的主要工作是：研究主題網路輿論的本體建構，研究語義層的輿論資訊叢集和分類方法，研究基於情感本體的網路輿論傾向性分析等。在網路輿論智慧服務方面，本書的主要工作是：研究輿論事件網頁內容的詞彙關聯分析，研究基於網路論壇的輿論話題追蹤方法和技術，研究網路輿論檢索系統中的查詢主題分類技術等。

關於網路輿論採集，本書主要圍繞主題導向的 Web 資訊採集技術展開研究。透過對主題爬行技術的發展狀況及理論基礎的介紹，闡述主題爬行技術的基本原理，然後對主題爬行的網頁分塊、頁面與主題相關性判定和連結與主題相關性判定三個關鍵技術進行深入的研究，並設計對應改進的演算法。最後，實現一個基於開放原始碼軟體的主題爬行原型系統，從多個角度對這些關鍵技術和改進演算法進行了驗證和分析。具體研究內容是：

(1) 主題爬行的網頁分塊。主題搜尋引擎以網頁為最小處理單位，容易受到網頁中大量雜訊的干擾，造成主題漂移。目前已有的網頁分塊方法大都只是為了提取網頁中的主題內容，但並不完全適合於主題爬行。本書將網頁分塊方法引入主題爬行技術，給出一種主題導向爬行的網頁分塊演算法，綜合利用網頁中的空間特徵、內容特徵和標籤資訊對網頁進行分塊。在分塊的基礎上，對分塊的結果進行識別合併，最終輸出網頁的主題文字和相關連結塊集合。該方法能最大限度地去除頁面中雜訊和雜訊連結，所以能更加準確地分析頁面的主題相關性和計算待爬行 URLs 的優先權，從而有效地提高主題爬行演算法的性能。

(2) 頁面與主題相關性的判定方法。網頁是一種由各種標記、連結和文字組成，包含豐富結構資訊的半結構化文件，對於網頁中的同一個特徵詞，出現在不同的位置上應該有不同的權重。本書設計了一種頁面資訊模型的建構演算法 FLAUB，該方法除了考慮詞頻資訊、位置資訊以外，還綜合考慮了頁面結構、頻數的加權重以及分塊特徵對主題特徵項的權重的影響因素。演算法的核心思想是根據不同的 HTML 標記特徵給以不同的權重係數，最後結合分塊特徵所對應的不同權重對頁面中詞的頻率進行修正。實驗證明，該方法有著較高的內容提取率和雜訊去除率。

(3) 主題爬行連結與主題相關性判定問題。在基於主題的 Web 資訊採集系統 URL 預測中，不僅需要相關性的判定，還必然涉及到網頁的重要度評判。單一的基於內容分析的演算法和基於連結構分析的演算法都存在著一些缺點，不能有效預測 URL 連結的真實價值。為了提高連結價值預測的準確性，本書對連結構進行分析，與利用連結錨文字等進行主題相關預測的方法相結合，給出一種綜合內容和連結構的連結與主題相關性判定演算法，其在充分利用各種文字資訊的基礎上，發揮傳統 PageRank 演算法優勢來決定主題爬蟲待爬行佇列中的 URL 優先權。基於上述技術實現一個主題爬行原型系統，實驗證明該方法的有效性。

(4) 網路輿論情報支援問題。在探討網路輿論的情報價值與情報支援功能基礎上，得出網路輿論情報支援系統的情報獲取與整合方法，並在後記中研究網路輿論分析技術在情報支援系統中呈現的明顯優勢。

關於網路輿論處理，本書深入探討網路輿論分析的技術手段，將知識技術特別是本體理論引入分析過程之中，建構基於本體的主題網路輿論知識模型 SIPO 本體，以此為基礎研究語義特徵抽取轉換方法和語義相似度計算模型，並對傳統的 Web 文字叢集和分類演算法進行改進。在網路輿論傾向性分析中建構了基於 HowNet 和領域語料的情感本體，計算 Web 文字特徵的情感傾向度，最後結合機器學習的方法對網路輿論 Web 文字進行傾向性分類。具體研究內容是：

(1) 基於知識技術的主題網路輿論分析框架。將 OWL 語言和描述邏輯等知識表示技術、本體建構和規則推理等知識組織技術、特徵抽取和語義轉換等知識獲取技術、基於本體的語義相似度計算和資訊叢集分類等知識採礦技術，引入到輿論分析的過程之中。在整個框架中，基於本體的網路輿論知識模型 SIPO 本體是研究核心，語義特徵的抽取轉換是在特徵選擇的基礎上採用該知識模型對其進行語義層面上的規格化，在叢集和分類的過程中採用該知識模型語義相似度計算對傳統演算法進行改進，在傾向性分析中綜合利用情感本體來測定特徵詞的情感傾向度。

(2) 主題網路輿論語義特徵抽取轉換方法。利用改進的 N-Gram 演算法進行網路輿論特徵項選擇，並利用 Web 文字資訊具有明顯結構分塊的特徵對權重計算公式 TF-IDF 加以改進；基於知識模型 SIPO 本體進行網路輿論語義特徵轉換，並實現具體演算法。使用上述方法實現網路輿論資訊語義概念特徵向量空間產生，為網路輿論的內容分析奠定基礎。

(3) 改進基於語義的網路輿論資訊叢集和分類演算法。綜合考慮知識模型 SIPO 本體中概念之間的語義重合度、語義距離、階層深度、節點密度等多種因素，得到基於概念語義相似度計算公式。其中，語義特徵相似度是 Web 文字相似度的核心，並將基於關鍵字的未匹配特徵的相似度作為 Web 文字語義相似度的重要補充，兩者共同參與到 Web 文字相似度的計算之中。最後利用 Web 文字相似度計算方法對傳統的叢集和分類演算法進行改進，實驗證明能提高叢集和分類結果的精確度。

(4) 基於情感本體的網路輿論傾向性分析方法。採用基於 HowNet 和領域語料的情感概念選擇方法，兩者的結合能提高情感本體中概念的全面性和領域針對性。然後利用情感本體抽取用於 Web 文字傾向性分析的特徵詞並計算其情感傾向度，結合句法規則考慮程度等級副詞對特徵情感傾向度的影響，最後將特徵情感傾向度作為特徵權重，採用基於機器學習的方法對主題網路輿論 Web 文字進行傾向性分類，實驗證明此方法能有效提高傾向性識別的準確度。

關於網路輿論服務，本書的重點在於語義知識量化的獲取和文字處理任務，將基於隨機遊走的語義相關度演算法用於量化詞語間的語義關係強度，以提高詞語語義相關度計算的準確性，用計算文字語義相關度的遊走搜尋演算法解決文字間語義特徵稀疏與語義相關性計算問題，以提高對文字語義內容的理解程度。具體研究內容是：

(1) 論壇導向的輿論話題追蹤方法。以詞語間語義相關度與共現關係，同時結合輿論主題性與文字結構的特點，產生文字概念圖表示文字主題的方法，改進基於 PageRank 的文字關鍵字選取方法，提高論壇中對話題相關貼文的追蹤能力。

(2) 利用文件圖與目錄圖的兩階段查詢主題分類方法。用於解決查詢詞語義特徵稀疏，提高識別用戶查詢主題類別的準確程度。研究的結論為解決目前各類資訊機構及廣大個人用戶在輿論資訊處理中獲取語義知識困難的問題，提供了操作性強、技術先進的途徑與實現方法，並在知識採礦的理論方法上進一步提高了網路資訊處理的語義化程度與品質。

(3) 輿論事件網頁內容的詞彙關聯分析問題。在研究基於詞跨度的事件內容關鍵字獲取和基於共現次數統計的詞彙關聯分析的基礎上，最後得出網路輿論事件的詞彙關聯實驗結果，對於檢索輿論事件和瞭解整個事件的發展動態和規律起很大的作用。

本書針對目前網路資訊發掘和輿論情報管理研究中，網路輿論分析的方法理論與技術實現的多學科融合問題，全面、系統地研究了網路輿論智慧採集、分析與服務的先進技術，並建構了研究成果的原型系統。力求在學術上拓展該學科和領域的研究空間和深度，推進學科知識的利用水平；力求在實踐上推動網路輿論分析系統中新技術的整合創新，表明對中國網路輿論監管、應對及資訊安全防護的研究有重要意義和應用價值。

全書共分 9 章。第 1 章是本書的導論；第 2 章對網路輿論分析的原理、方法和技術進行一般性的論述；第 3 章研究基於主題爬行的網路輿論資訊抽取和整理的方法；第 4 章研究輿論網頁與話題相關性的判定分析；第 5 章研究基於本體方法和技術的網路輿論分析；第 6 章研究基於語義的輿論資訊叢集和分類方法；第 7 章對網路輿論採集與處理的功能實現及其評測作具體研究；第 8 章研究基於情感本體的網路輿論傾向性分析方法和技術；第 9 章論述知識採礦導向的網路輿論資訊服務研究；後記概述了實證效能並對進一步的工作進行展望。

本書的特點主要力求於：研究的原創性，內容的前瞻性，學科的交叉性和編排的新穎性。書稿內容比較系統地反映了中國資訊管理學科、電腦學科與網路輿

論分析融合的新研究成果。但限於作者的水平，本書只當作引玉之磚、千慮之
一得。

就在筆者準備出版這本拙著時，獲悉得到了國防科技圖書出版基金的支援，特
別要感謝國防工業出版社和編輯陳潔、崔豔陽，感謝國防科技圖書出版基金評
審委的各位專家。在本書的研究寫作過程中，得到來自多方的幫助和支援。感
謝上海電腦開放系統協會理事長樂嘉錦教授和復旦大學電腦學院黃萱菁教授對
本書的推薦。感謝本書參閱和引用的參考文獻的作者們，是他們的成果給了本
書研究許多啟迪。本書撰寫過程中參考的書籍、論文及網頁資料等相關文獻，
初稿在頁下均作了腳注，已盡可能列出，但完稿時受到出版字數限制而將所有
腳注與書尾的參考文獻合併，原文處無法一一標清出處，還難免有所遺漏，特
向這些作者表示歉意。參加課題研究的已經畢業的博士研究生朱建華、徐震、
劉曉亮和碩士研究生劉劍、武磊，他們從不同的觀點研究了 Web 主題資訊的
分塊採集、網路輿論分析中的知識技術和維基語義圖上的知識採礦等。在反覆
修改和調整他們的學位論文框架架構和章節內容的同時，分別將資訊分塊技術
應用於網路輿論的採集、本體知識技術應用於網路輿論的處理、語義圖採礦技
術應用於網路輿論的服務，逐步形成了本書的初稿內容，他們的主要成果已在
書稿中列出並在正文中分別標注，在此一併致謝！

期望本書的出版能夠為從事資訊管理、資訊傳播、資訊技術和資訊系統的教學
科研人員有所裨益，也希望它能成為相關專業研究生和大學生的學習參考文
獻。儘管經過努力，本書仍然會存在缺點甚至錯誤，對日新月異發展的資訊技
術也無法做到及時更新有關內容，懇請各位專家和廣大讀者不吝批評、指正。
作者的 Email 是 wanglancheng@163.com。

王蘭成 謹識

2014 年 3 月於上海五角場環島

目錄

Chapter 03　基於主題爬行的網路輿論資訊抽取和整理

Chapter 04　輿論網頁與話題相關性的判定分析

Chapter 05 基於本體的網路輿論分析

Chapter 06　基於 SIPO 的網路輿論資訊叢集和分類

Chapter 07　網路輿論採集與處理的功能實現及其評測

Chapter 08 基於情感本體的網路輿論傾向性分析

Chapter 09 知識採礦導向的網路輿論資訊服務

Chapter 01

導論

目前，蓬勃開展的網路輿論（Public Opinion）採集、處理與服務的研究，為情報學等相關學科、領域中的一系列方法和技術的深入研究和創新應用帶來了機遇和挑戰。在情報分析中廣泛關注的連結分析法、叢集分析法和內容分析法等均是網路輿論分析的關鍵技術，在情報語義關聯下進行智慧整合分析必將提高網路輿論監測與分析的效能。同時，在網路輿論的深度分析中需要理論的指導和方法的創新，在網路輿論系統的實證研究上也需要應用的創新。本章共分 5 節，前 4 節是有關網路輿論資訊和網路輿論的採集、處理及服務的引論，1.5 節是全書的內容概覽。

1.1 網路輿論資訊

隨著當今科學技術的進步，網路在世界範圍內快速普及。據中國網路資訊中心（CNNIC）2010 年 7 月發佈的統計報告顯示：中國網民規模 4.2 億，網路普及率 31.8%，網民人均每週上網時長 19.8h，網路媒體在社會傳播中趨於主流化，新聞、論壇、部落格、微博等網路應用在資訊傳播中的優勢凸顯，吸引了社會各類群體的參與，網路向社會各界加速滲透。隨著其功能的不斷拓展和深化，網路已成為當今社會重要的輿論載體，到 2013 年 6 月底，中國網民數已達到 5.91 億，即時通訊網民 4.97 億，手機網民 4.64 億，企業和政府的資訊系統每天源源不斷產生大量資料。根據賽門鐵克公司的調研報告，全球企業的資訊儲存總量已達 2.2ZB（1ZB=1000EB，1EB=1000PB，1PB=1000TB，1TB=1000GB），年增 67％。透過分析相關資料，可以進一步瞭解和掌握大眾的需求、訴求和意見。

網路言論主要在各類新聞評論網站、論壇、聊天室等互動式網路應用中傳播，依靠網民的瀏覽、發文、回覆貼文、轉發貼文等行為聚集人氣，可以迅速集中地反映公眾的意見，這些網路言論是網路輿論的形成基礎。網路輿論是由網路言論發展而來的，但並不是所有的網路言論都能發展成為網路輿論，其很大程度依賴於網路言論議題是否具有很強的敏感性和活躍性，發展過程可分為輿論議題發展階段、輿論平穩消退發展階段、網路上輿論爆發階段、控制和引導階段等多個階段，其中存在著網路言論由潛在輿論向顯性輿論轉化的關鍵階段。網路的開放性和隱匿性為潛在輿論提供了公開表達的場所，如果我們對初露端倪的不良輿論苗頭進行有效地抑制，就可以發揮前瞻性，掌握網路輿論引導的主動權。

主題網路輿論是網路輿論的重要組成部分，如中國軍事主題網路輿論主要是指透過網路上的主流媒體網站等對中國的軍事活動所發表的有較強影響力、傾向性的言論和觀點，是一定時期內對中國軍事活動的主觀反應，是輿論對中軍政策、態度、情緒、意志和要求的綜合。主題網路輿論的評論和觀點，往往集中在一些敏感和焦點問題上。如中國軍費問題、釣魚島問題等。只有及時把握住網路輿論資訊，才能在最短的時間內瞭解民情民意，並以最快的速度做出正確的決策。而傳統的輿論分析方式對於網路上呈爆炸式發展的輿論資訊來說，顯然是不適用的，在這種環境下，我們必須藉助於資訊技術手段，開發出能夠快速有效地採集、分析和產生輔助決策資訊的網路輿論監測分析系統。主題網路輿論監測分析系統開發是一項極其複雜的系統工程，該系統的研發一般涵蓋如下的基本應用需求：系統能用最快速度獲取大量網路輿論資訊，並進行篩選；系統要能夠對一段時間範圍內網路上出現的輿論熱點、敏點問題，產生輿論報告，方便上級和用戶掌握最新事態的發展動向；對於輿論資訊，系統利用關鍵字統計、語義分析等技術，自動判斷輿論的傾向性；對各種輿論進行數量上的統計分析，並用直觀的圖表顯示分析結果，以便上級和使用者能夠根據圖表來預判事態發展趨勢；可以按照輿論標題、關鍵字、內容等條件對輿論資訊進行檢索，並可按照敏點、熱點等資訊屬性對資訊進行排列。

輿論、網路輿論、主題網路輿論這三個概念的外延逐步縮小，本書的研究內容立足於主題網路輿論，主要是對主題網路輿論分析技術展開研究。

1.2 網路輿論採集

網路的飛速發展使得網路媒體被公認為是繼報紙、廣播、電視之後的"第四媒體"，網路成為反映社會輿論的主要載體之一。網路輿論的主要來源有新聞評論、BBS、聊天室、部落格、聚合新聞（RSS）、微博等，網路輿論表達快捷、資訊多元、方式互動，具備傳統媒體無法比擬的優勢，網路輿論既有積極健康的一面，同時也有消極頹廢的一面。在中國各大網站的新聞頻道和社群論壇中，如新華網"發展論壇"、人民網"強國社群"、千龍網"千龍評論"、東方網"東方評論"，網民們每天都會就當下的熱點或重大問題發表自己的看法意見並展開激烈的討論，進而形成強大的輿論影響。這些來自網站的媒體言論以及論壇意見甚至對有關部門的決策和施政產生了深遠的影響。

隨著網路的迅猛發展，巨量資料造成的"資訊過載"問題也已凸顯。研究網路主題輿論的採集與分析，在先進的網路知識組織理論架構和智慧資訊處理技術環境下開展方能更加深入。實施網路輿論採集，通用 Web 搜尋引擎已經難以收集全所有領域和主題的網路資訊，即使收集比較全面也由於領域和主題範圍太寬，很難將各領域和主題都做得精確而又專業，從而導致檢索結果無用資訊太多，而基於領域主題的 Web 搜尋引擎，針對某一特定領域、某一特定人群或某一特定需求提供有一定價值的資訊和相關服務，能構築某一專題或學科領域的網路資訊資源庫，智慧地在網路上收集符合主題需要的資訊資源。建構主題搜尋引擎的核心技術之一就是主題導向的網路資訊採集技術。本書圍繞主題導向的 Web 資訊採集技術展開研究，透過對主題爬行技術的發展狀況及理論基礎的介紹，闡述主題爬行技術的基本原理，研究主題爬行的網頁分塊、頁面與主題相關性判定和連結與主題相關性判定等關鍵技術，並設計對應改進的演算法，進而實現一個基於開放原始碼軟體的主題爬行原型系統，從多個角度對這些關鍵技術和改進演算法進行驗證和分析。

1.3 網路輿論處理

針對網路輿論的研究主要集中在以下幾個方面：網路輿論的基礎理論研究，主要包括網路輿論的概念解析、網路輿論的主體特徵、網路輿論的表現特徵等；網路輿論的傳播規律以及外部性研究，主要是針對網路輿論的演化過程，即網路輿論的產生、發展、傳播和消亡等階段進行研究，以此對網路傳播模型、網路重要節點及其連結關係作出分析和預測，如網路輿論的傳播形態分析、網路輿論的傳播路徑分析、網路輿論的產生規律研究、網路輿論的引導與控制方式研究、網路輿論預警機制研究、網路輿論爆發後的有效疏導技術研究等；網路輿論的分析研究，主要內容是如何從巨量 Web 資訊中對採集到的輿論資料進行統計分析，得到期望的結果。如網路輿論分析的框架理論研究，網路輿論監控與發現技術研究，輿論資訊的智慧分類研究，輿論資訊的智慧叢集研究，網路輿論監測系統的建構等。網路輿論處理是網路輿論分析的主體，就是對從網路採集得到的大量輿論資料進行資料採礦、自動分類或叢集、熱點監測以及情感傾向性判定等，最後得出結論的過程。

不同主題的網路輿論採集與分析系統，由於關注的內容和要求不同，其設計原則也有區別。以軍事主題的網路輿論為例，該網路輿論處理系統設計中應遵循如下的原則：

(1) 安全性原則。由於所處理的網路輿論主要是一些軍事和軍隊方面的熱點、焦點和敏感話題，所以系統的安全性尤為重要，主要涉及：① 系統執行安全性，包括穩定性和隱蔽性。由於輿論是每時每刻都在發生的，所以需要不間斷地執行輿論監測和分析系統，這種工作時間上的連續性就要求系統必須保持良好的穩定性，為保證系統的穩定性，應遵循軟體設計中強內聚和鬆耦合的設計原則，儘量將軟體功能模組化，這樣系統不會出現動一髮而牽全身的局面；其次，進行網路輿論採集由於需要從採集目標網站下載大量資料，並保持長時間的即時連接，這就非常容易被對方管理員追蹤到 IP 位址並暴露身份，所以系統執行時必須保持一定的隱蔽性，一些系統透過收集大量的代理伺服器位址，並將這些伺服器位址存入 XML 檔案，在採集時不斷地更換代理伺服器位址進行採集，以此來達到隱蔽自身 IP 的目的。② 系統資料安全性。系統資料主要服務對象為機構輿論管理部門，所處理產生的資料大部分比較敏感，所以對於資料安全性要求較高。加強資料安全性應從管理和技術等多個方面進行考量，管理上制定各項規章制度，要求執行資料伺服器專人專管等措施；技術上對於每台資料伺服器和工作站，可以加裝 "專門安全保密系統"，以限制一些資料外傳。③系統用戶安全性。在系統中對用戶實行分級管理的機制，即對用戶庫檔案資料進行集中管理，並對對應的用戶賦予不同的操作權限，不同的用戶可以存取不同的系統資料，從而保障系統的安全和穩定。

(2) 及時性原則。在系統採集模組和處理模組進行即時輿論採集和處理後，及時展示處理結果並上報給主管部門。制定相關的上報制度，可以將輿論報告分為週報、月報、年報和專報四種，其中週報、月報和年報為定時定期的上報工作，將一個時間週期內的輿論熱點、焦點和敏點進行整理並產生專報及時上報。針對社會突發事件必須有對應的應急機制和技術保障，採取即時報警機制，即設定一個合適的警戒門檻值（如新聞關注度或者貼文點擊人氣值等），當參數達到警戒門檻值時就立即用電子郵件、手機訊息等方式將預警消息發送至預先設定好的郵件列表和手機號碼，以支援主管部門快速判斷並果斷決策。

(3) 智慧性原則。由於系統的最終用戶不一定是電腦專業人員，而是一些輿論監測部門的工作人員或者是一些決策部門的主管人員，所以在進行軟體設計時必須考慮軟體的智慧性和易操作性，儘量減少軟體使用的複雜度。主要有：①軟體使用的智慧性。透過對軟體的模組化設計，將採集、處理兩個模組和呈現給最終用戶的服務模組進行分開設計，採集和處理模組的使用者需要接受一定的培訓或者具備一定的電腦專業知識和輿論分析的專業知識，而服務模組主要透過主動推送和網路瀏覽兩種方式為最終用戶服務。主動推送即定期產生專報傳送呈報給最終用戶，網路瀏覽則是透過 Web 的方式，讓用戶在客戶端登入伺服器上的服務模組進行瀏覽，做到定期、及時、即時地瞭解輿論資訊。②輿論分析的智慧性。主要指在進行網路輿論分析過程中，針對網頁內容抽取、文字主題分類，以及關鍵字抽取、敏點輿論標註等採取智慧化的方法，將用戶需要設定的參數減至最少，主要利用統計學的方法來進行相關的分析處理。在這一過程中，用戶也可以選擇採用規則的方法來提高分析處理的準確性，特別要指出的是輿論分析智慧程度還取決於所建的主題知識庫水平。

(4) 準確性原則。對於如軍事網路輿論這一特殊環境來說尤其重要，在軍事情報分析工作中，情報的準確性往往會影響到一場戰鬥甚至戰役的勝負。通常由主觀和客觀兩方面原因決定，主觀上由專家對於輿論的分析判斷，客觀上是指採集和處理後的輿論各個要素是否符合實際，對於網路輿論的熱點、敏點問題的分析主要採用統計的方法，以確保相同主題記錄的各個要素完全一樣，要素不同的再由專家或專家系統進行分析判斷，過濾掉一些虛假情報，最終產生比較客觀、準確的報告。

(5) 針對性原則。輿論分析情報對用戶的針對性有直接、間接兩種。直接針對性是指輿論反映的情況直接與用戶相關，而間接針對性則是指輿論反映情況並不和用戶直接相關，但卻涉及到用戶利益。例如："中國威脅論""駭客威脅論"等都是與中國有直接關係的輿論；而"朝核問題""印巴衝突"這些輿論和中國無直接關係，但卻涉及到中國的利益。針對這兩種情況，我們必須區分對待，並且要準確把握兩種輿論的特點，有時候看似不相關的主題實則非常重要。因此，對具有直接針對性的輿論主題預先建立主題知識庫，只要與主題概念相關或匹配的則列入直接針對的主題範疇；對於間接針對的主題，目前主要採用統計和人工分析的方法，並將經常出現這類主題的網站存入網站列表，對這些網站進行長期的資訊採集，及時發現一些具有間接針對性的輿論主題。

本書將深入探討網路輿論分析的技術手段，將知識技術特別是本體理論引入分析過程之中，建構基於本體的主題網路輿論知識模型 SIPO 本體，以此為基礎研究語義特徵抽取轉換方法和語義相似度計算模型，並對傳統的 Web 文字叢集和分類演算法進行改進。在網路輿論傾向性分析中建構了基於 HowNet 和領域語料的情感本體，計算 Web 文字特徵的情感傾向度，最後結合機器學習的方法對網路輿論 Web 文字進行傾向性分類。

▌1.4 網路輿論服務

網路輿論服務的觀點可以不同，如用戶導向對網路輿論處理結果的呈現，為用戶提供幫助的網路輿論分析系統的綜合應用等。現有的一些代表性輿論分析系統，其主要功能有資訊自動分類與敏感資訊監控、輿論趨勢分析與預警、熱點自動發現、熱點自動追蹤、智慧情報關聯、網民觀點歸納、熱點詞語發現與關聯、有害資訊統計分析、輿論簡報產生、圖形化展示分析、中繼搜尋服務等。網路輿論情報服務主要用於對處理過的輿論資訊進行利用，按照一定的規律將這些輿論發佈到網頁上，或者透過報告的方式發送給決策者。因此，情報服務系統要力求介面友善，功能實現簡單實用。網路輿論的情報服務包括：網路輿論資訊檢索；對輿論的發佈狀況做出資料分析和統計，用圖表的方式展現給決策者；輿論專報，以標準輿論報告方式將近期熱點、敏點輿論綜述推送給決策者，或者有選擇性地發佈在網頁上供用戶瀏覽下載。

本書將網路輿論的資訊服務定位在知識採礦導向的網路輿論資訊服務研究，具體是輿論事件網頁內容的詞彙關聯分析、基於網路論壇的輿論話題追蹤和網路輿論檢索系統中的查詢主題分類。當某主題新聞或事件報導時，論壇上的網民們就會圍繞相關話題發表大量資訊，有效地追蹤這些網路資訊可以及時掌握媒體和網民的動態、評價與看法。因此，研究話題追蹤有重要意義。以網路涉軍輿論論壇為例，針對 Web 文字的冗餘性、稀疏性等特點，研究一種基於維基百科的軍事話題追蹤方法，該方法以維基百科作為語義知識解決論壇文字中的語義特徵稀疏問題，並透過基於文字概念圖（Text-Concept Graph，TCG）的建構以連結採礦方法改進文字關鍵特徵的選取，減少雜訊資料的影響，提高論壇中 Web 文字語義相關度計算的準確性，從而提高主題輿論系統中話題追蹤的回收率與準確率。與數位圖書館、Web 搜尋引擎等資訊檢索系統一樣，在網路輿論的用戶檢索系統中，用戶提交的查詢請求通常都只包含很少的幾個關鍵字（兩三個詞彙），很容易引起相關文字與用戶查詢之間詞語不匹配問題。並且不同用戶的需求不盡相同，相同的短查詢代表用戶不同的查詢意圖，符合用戶意圖的文字往往容易淹沒於巨量的檢索結果之中，需要用戶人工篩選和甄別。從用戶角度出發，查詢反映的是資訊需求，是用戶的查詢意圖。這種意圖一般具有主題傾向性，所以確定查詢的主題對於推測用戶的真正查詢意圖具有明確的提示作用。如果能有效確定查詢的主題，必然有助於理解用戶的查詢意圖，過濾非主題文件，得到更加準確的檢索結果與合理的相關文件排序。因此，查詢主題分類對於提高輿論系統的檢索品質具有十分重要的作用。

1.5 內容概覽

本書全面、系統地研究了網路輿論智慧分析的先進技術，並建構了相關研究成果的實現方法和原型系統，力求在學術上拓展資訊管理學科和領域的研究空間和深度，推進相關學科知識的利用水平，力求在實踐上推動網路輿論分析中新技術的整合創新和應用創新，讓網路輿論分析系統更加實用化，研發上新台階。本書撰寫採取的技術路線是：

(1) 在網路輿論採集方面，主要圍繞主題導向的 Web 資訊採集技術展開研究。一是主題爬行的網頁分塊，將網頁分塊方法引入主題爬行技術，給出一種主題導向爬行的網頁分塊演算法 SPCOLA，綜合利用網頁中的空間特徵、內容特徵和標籤資訊對網頁進行分塊,在分塊的基礎上,對分塊的結果進行識別合併,最終輸出網頁的主題文字和相關連結塊集合,從而最大限度地去除頁面中雜訊和雜訊連結,能更加準確地分析頁面的主題相關性和計算待爬行 URLs 的優先權,有效地提高主題爬行演算法的性能;二是頁面與主題相關性的判定方法,設計一種頁面資訊模型的建構演算法 FLAUB,考慮詞頻資訊、位置資訊以外還綜合了頁面結構、頻數的加權重以及分塊特徵對主題特徵項的權重的影響因素,其核心思想是根據不同的 HTML 標記特徵給予不同的權重係數,最後結合分塊特徵所對應的不同權重對頁面中詞的頻率進行修正,實驗表明該方法有較高的內容提取率和雜訊去除率;三是主題爬行連結與主題相關性判定問題,對連結構進行分析,並與利用連結錨文字等進行主題相關預測的方法相結合,給出一種綜合內容和連結構的連結與主題相關性判定演算法 APageRank,其在充分利用各種文字資訊的基礎上,發揮傳統 PageRank 演算法優勢來決定主題爬蟲待爬行佇列中的 URL 優先權;四是基於上述技術實現一個主題爬行原型系統,具有爬行模組、網頁解析與分塊模組、相關度分析模組和連結分析模組等功能,實現寬度優先演算法、PageRank 演算法和基於語義相似度的連結判定 SPCOLA 演算法以及 APageRank 演算法及其比較分析;五是在探討網路輿論的情報價值與情報支援功能基礎上,得出網路輿論情報支援系統的情報獲取與整合方法。

(2) 在網路輿論處理方面,主要圍繞網路輿論分析的技術手段展開研究。一是基於知識技術的主題網路輿論分析框架,基於本體的網路輿論知識模型 SIPO 本體是研究核心,語義特徵的抽取轉換是在特徵選擇的基礎上採用該知識模型對其進行語義層面上的規格化,在叢集和分類的過程中採用語義相似度計算模型對傳統演算法進行改進,在傾向性分析中綜合利用情感本體來測定特徵詞的情感傾向度;二是主題網路輿論語義特徵抽取的轉換方法,利用改進的 N-Gram 演算法進行網路輿論特徵項選擇,並利用 Web 文字資訊具有明顯結構分塊的特徵對權重計算公式 TF-IDF 加以改進,基於知識模型 SIPO 本體進行網路輿論語義特徵轉換,實現網路輿論資訊語義概念特徵向量空間產生,為網路輿論的內容分析奠定基礎;三是改進基於語義的網路輿論資訊叢集和分類演算法,綜合知識模型 SIPO 本體中概念之間的語義重合度、語義距離、階層深度、節點密度等多種因素，得到基於概念語義相似度計算公式，利用 Web 文字相似度計算方法對傳統的叢集和分類演算法進行改進，實驗證明能提高叢集和分類結果的精確度；四是基於情感本體的網路輿論傾向性分析方法，採用基於 HowNet 和領域語料的情感概念選擇方法，兩者的結合能提高情感本體中概念的全面性和領域的針對性，利用情感本體抽取用於 Web 文字傾向性分析的特徵詞並計算其情感傾向度，結合句法規則考慮程度等級副詞對特徵情感傾向度的影響，最後將特徵情感傾向度作為特徵權重，採用基於機器學習的方法對主題網路輿論 Web 文字進行傾向性分類，實驗證明能有效提高傾向性識別的準確度。

(3) 在網路輿論服務方面，重點在於語義知識量化的獲取和文字處理任務。一是論壇導向的輿論話題追蹤方法，以詞語間語義相關度與共現關係，同時結合輿論主題性與文字結構的特點，產生文字概念圖表示文字主題的方法，改進基於 PageRank 的文字關鍵字選取方法，提高論壇中對話題相關貼文的追蹤能力；二是利用文件圖與目錄圖的兩階段查詢主題分類方法，用於解決查詢詞語義特徵稀疏，提高識別用戶查詢主題類別的準確程度；三是對輿論事件的詞彙相關性進行分析，得到與事件密切相關的關鍵字，對於檢索輿論事件和瞭解整個事件的發展動態和規律起很大的作用。

本書共分為如下 9 章：

第 1 章 是本書的導論。

第 2 章 對網路輿論的分析技術進行綜述。主要包括網路輿論的採集、輿論話題的搜尋、網路輿論的分析與服務技術，研究基於社交網路的輿論傳播動力學性質，以及對網路輿論系統的評析。在網路知識組織理論架構和智慧資訊處理技術環境下為主題輿論分析技術的深入研究提供新的途徑。

第 3 章 研究基於主題爬行的網路輿論資訊抽取和整理。快速準確地採集網路輿論資訊做出高效決策分析的基礎，介紹網頁的結構特徵、網頁分塊的方法以及網頁分塊的實現技術，特別是基於主題爬行的網頁分塊技術應用，研究主題網路輿論的語義特徵抽取，探討網路輿論的情報價值與情報支援功能。

第 4 章 研究輿論網頁與話題相關性的判定。提供相關性的幾種判別演算法，研究連結上下文的提取方法以及基於分塊的主題連結上下文提取方法，提出基於語義相似度的連結判定演算法，研究基於頁面間連結分析的演算法，並對 PageRank 演算法加以分析和改進研究。

第 5 章 利用本體對主題網路輿論進行研究。將知識技術引入輿論分析之中，建立基於本體的主題網路輿論的語義模型，從語義角度對主題網路輿論進行形式化定義，研究基於本體的主題網路輿論知識模型建構策略，論述主題網路輿論知識模型的實現機制並給出具體的實例。

第 6 章 研究主題網路輿論的資訊叢集和分類。輿論資訊叢集與分類的效率和準確程度，對輿論熱點話題檢測和追蹤有著重要的影響，研究語義特徵的抽取和轉換問題，分析利用本體進行主題網路輿論資訊叢集和分類的優勢，研究基於 SIPO 本體的語義相似度計算策略和演算法實現，給出以語義相似度為核心的主題網路輿論資訊叢集和分類策略以及實現演算法。

第 7 章 研究設計兩項工作，一是基於主題的 Web 資訊採集的原型系統，對 URL 預測演算法進行性能測試，對頁面分塊方法中主題爬行演算法的效果進行性能測試；二是基於知識技術的主題網路輿論分析框架原型，按照主題網路輿論分析系統框架結構和模組功能劃分，對基於語義的主題網路輿論資訊叢集和分類進行實驗分析。

第 8 章 研究基於情感本體的網路輿論傾向性分析。探討基於文字分類、基於語義規則模式和基於情感詞加權的文件傾向性識別方法，研究情感本體的建構理論和基於情感本體的主題網路輿論傾向性計算方法，介紹網路輿論傾向性分析的實驗和結果分析。

第 9 章 研究知識採礦導向的網路輿論的資訊服務。網路論壇的輿論話題追蹤研究以詞語語義相關度計算為基礎給出話題與貼文的相關度計算方法，在不依賴樣本訓練的無監督方式下直接利用維基語義資訊實現查詢詞的分類，基於輿論事件關鍵字共現次數統計實現詞彙關聯分析，提供以上研究的實驗結果與分析。

後記中總結了本書部分研究成果的應用情況，並對進一步的研究工作提出了展望。

Chapter 02

網路輿論的分析

涉及網路輿論分析的技術眾多，有網路輿論採集與提取技術、網路輿論話題發現與追蹤技術、網路輿論資訊分類與採礦技術、網路輿論傾向性分析技術等。近年來，專門的輿論研究機構相繼成立，而且取得了一批系統化的研究成果，出現了成熟應用的商業化網路輿論系統。在網路知識組織理論架構和智慧資訊處理技術環境下開展研究，為網路主題輿論分析技術的深入研究提供了新的途徑。本章論述網路輿論的分析技術：2.1 節研究網路輿論的資訊採集；2.2 節研究輿論話題的搜尋技術；2.3 節和 2.4 節研究網路輿論的分析與服務技術；包括對網路輿論系統的評析；2.5 節研究基於社交網路的輿論傳播控制技術；2.6 節對本章內容進行小結。

■ 2.1 網路輿論的資訊採集

2.1.1 網路輿論的採集方法

網路輿論分析,廣義上包括從網路輿論的資訊採集開始到最後輿論資訊服務這一系列的流程,首先是從網路上採集輿論資訊,對採集得到的 Web 頁面進行資訊前置處理,在前置處理的基礎上進行關鍵資訊的抽取,然後利用關鍵資訊對輿論資訊進行內容上的分析,最後是將分析結果提供給用戶。其流程如圖 2-1 所示。

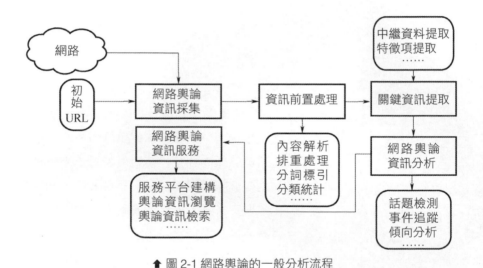

▲ 圖 2-1 網路輿論的一般分析流程

網路資訊自動採集一般分為資料抓取與資料儲存兩部分。資料抓取完成從網路資訊源中獲取頁面資料的工作,資料抓取過程中解決的主要問題是網路爬蟲的實現以及優化,具體包括 Deep Web 下載、網頁腳本解析、更新搜尋控制、爬行的深度和廣度控制等。

搜尋引擎基本的工作原理是:網路爬行程式根據特定的爬行策略(如寬度優先、深度優先),週期性地採用多執行緒平行的方式將網頁抓取並儲存到本地的檔案系統,然後將它們提交給索引器;索引器負責對抓取的網頁進行資料處理,包括選擇、抽取、主題分類、集合等操作,同時將網頁內容轉化成關係資料庫的方式儲

存，最後周遊該資料庫建立索引檔案；資訊檢索模組執行檢索操作，對檢索詞與
索引詞進行匹配運算，檢索出包括檢索詞的網頁，進行相關性排序，然後呈現給
用戶。搜尋引擎的工作流程如圖 2-2 所示。

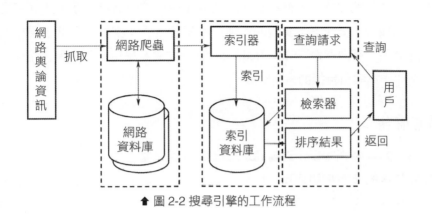

↟ 圖 2-2 搜尋引擎的工作流程

由上述基本原理可知，搜尋引擎主要由以下三部分組成：

1. 採集器

搜尋引擎資訊源的採集器透過網路爬行器或者人工的方式來周遊 Web 網站，依照
某種策略下載 Web 資訊到本地，網路爬行器沿著網頁的外部連結前進，透過反覆
下載網頁並不斷從中發現尚未爬行的 URL，以此建立和更新網頁資料庫來保證網
路資源的有效性和及時性。實際工作的網路爬行器無法也不可能完成抓取整個網路
全部網頁資訊的任務，為了有效利用帶寬資源和處理能力，抓取過程需要演算法和
策略支援。主要的搜尋策略有：廣度優先搜尋策略、深度優先搜尋策略、隨機存
取、IP 段掃描搜尋策略等。採集器對於整個搜尋引擎品質有著至關重要的影響。

2. 索引器

資訊採集系統將網頁資訊存放到本地之後，為了加快對用戶的回應速度，提高查
詢性能，需要對網頁庫建立高效的索引。索引器對收集到的網頁進行分析，提取
相關網頁資訊，包括來源 URL、編碼格式、頁面內容所含的所有關鍵字、關鍵字
位置、產生時間、更新時間、大小、連結情況等，再根據一定的相關度計算得到

每一個網頁針對頁面文字中及超連結中每一個關鍵字的相關度，然後用這些相關資訊建立網頁索引資料庫。搜尋引擎普遍借鑒了傳統資訊檢索中的索引模型，包括反向文件、向量空間模型、機率模型等。建立索引庫就是為了把文件內容表示成一種便於檢索的方式，並儲存在索引資料庫中。索引結構和效率的好壞是資訊檢索效率的關鍵，要求易於實現和維護、檢索速度快、空間佔用低。現行最有效的索引結構是"反向檔案"（Inverted File），反向檔案是用文件中所含關鍵字作為索引，文件作為索引目標的一種結構。

3. 檢索服務

當用戶輸入查詢關鍵字後，查詢請求經過檢索器處理，從網頁索引資料庫中查找符合該關鍵字的所有相關網頁。相關網頁針對該關鍵字的相關資訊在索引庫中都有記錄，只需綜合相關資訊和網頁等級形成相關度數值，然後進行排序，相關度越高，排名越靠前。最後由頁面產生系統將搜尋結果以連結和摘要的形式返回給用戶。搜尋引擎經歷了從人工搜尋引擎到自動搜尋引擎的過程，並逐步向智慧化、個性化方向發展。儘管目前已經有許多成功的商業搜尋引擎，但是由於執行原理、檢索機制等自身固有的特點，搜尋引擎還存在一些缺點和不足。特別是，以目前 Web 資訊的增長態勢，一個搜尋引擎將很難採集全所有主題的網路資訊，即使各主題的資訊採集比較全面，但由於主題太寬泛，也很難將各主題都做得既精準又專業，這樣造成了在用戶的檢索結果中返回了大量的"垃圾"資訊。同時，由於採集的資訊容量大，勢必給資料更新帶來很大的負荷，降低了更新率。目前，即使 Google 這樣優秀的搜尋引擎，在採集覆蓋度方面、特定主題的資訊搜尋方面以及資料庫更新方面也是難以滿足所有需求。

2.1.2 搜尋引擎的研究進展

Archie 是第一個自動索引網路上匿名 FTP 網站檔案的程式，雖然它還不是真正意義上的搜尋引擎，其工作原理與現在的搜尋引擎已經很接近，它依靠腳本程式自動搜尋網路上的檔案，然後對有關資訊進行索引，供使用者以一定的表達式查詢。1993 年 Gray 開發了 World Wide Web Wanderer，它是世界上第一個利用 HTML 網頁之間的連結關係來監測網路發展規模的"機器人"程式，鑒於其在 Web 上沿超連結"爬行"方式，一般把這種程式稱為"蜘蛛"。

隨著網路的迅速發展，檢索所有新出現的網頁變得越來越困難，因此，在 Wanderer 基礎上，一些程式設計人員對傳統的"機器人"程式工作原理作了些改進。其想法是：既然所有網頁都有連向其他網頁的連結，那麼從追蹤第一個網頁的連結開始，就有可能檢索整個網路。到 1993 年年底，一些基於此原理的搜尋引擎開始湧現。1994 年 7 月，Michael Mauldin 將 John Leavitt 的蜘蛛程式接入到其索引程式中，建立了 Lycos。除了相關性排序外，Lycos 還提供了前綴匹配和字元相近限制，Lycos 第一個在搜尋結果中使用了網頁自動摘要，但是它最大的優勢還是在於遠勝過其他搜尋引擎的資料量。同年 4 月，史丹佛大學的兩名博士生，David Filo 和美籍華人楊致遠（Gerry Yang）共同創辦了 Yahoo 目錄，它支援簡單的資料庫搜尋，但是因為資料是手工輸入的，所以不能真正被歸為搜尋引擎，事實上只是一個可搜尋的目錄。相比 Wanderer 抓取的 URL 資訊，Yahoo 中收錄的網站都附有簡介資訊，所以搜尋效率明顯提高，因此，Yahoo 的出現成功地使搜尋引擎的概念深入人心。1995 年，Washington 大學碩士生 Eric Selberg 和 Oren Etzioni 創辦了第一個中繼搜尋引擎 Metacrawler，用戶只需提交一次搜尋請求，由中繼搜尋引擎負責轉換處理後提交給多個預先選定的獨立搜尋引擎，並將從各獨立搜尋引擎返回的所有查詢結果集中起來，處理後再返回給用戶。1995 年 12 月，DEC 正式發佈 AltaVista，它是第一個支援自然語言搜尋的搜尋引擎，也是第一個實現高級搜尋語法（如 AND，OR，NOT 等）的搜尋引擎。AltaVista 的可貴之處在於它的一些新功能，如搜尋 Titles、搜尋 Java applets 以及搜尋框區域的 tip 功能等，逐漸被其他搜尋引擎廣泛採用並沿用至今。1997 年，AltaVista 發佈了一個圖形演示系統 LiveTopics，它能幫助用戶從成千上萬的搜尋結果中找到他們想要的資訊。

搜尋引擎的又一次革新是 1998 年由 SergeyBrin 和 Lawrence Page 建立的 Google（http：//www.google.com）。Google 在 PageRank、動態摘要、網頁快照、DailyRefresh、多文件格式支援、多語言支援、用戶介面等功能上的變革，像 AltaVista 一樣，再一次改變了搜尋引擎的定義。創新的搜尋技術和簡潔的用戶介面使 Google 從其他搜尋引擎中脫穎而出，特別是 PageRank 演算法和連結分析等技術的應用使 Google 能夠給用戶提供高品質的搜尋結果，從此搜尋引擎進入了高速發展的新時期。2000 年 1 月，百度（Baidu）公司成立，2001 年 10 月 22 日正式發佈 Baidu 搜尋引擎。目前，搜尋引擎已經成為輔助人們檢索資訊的最普遍的工具，其使用率自 2010 年後維持在 80% 左右。2012 年，新競爭者的進入又帶動了搜尋市場的整體發展，如減少搜尋結果的虛假資訊和不安全連結，以提升用戶使用安全性；加強技術投入以提高搜尋品質，並逐漸融入個性化和社交化等因素，試圖智慧化地呈現搜尋結果以提升用戶搜尋體驗。

1. 按工作方式的分類

搜尋引擎按其工作方式主要可分為目錄式搜尋引擎、基於爬蟲的搜尋引擎和中繼搜尋引擎三大類。

(1) 目錄式搜尋引擎。目錄式搜尋引擎是最早出現的 WWW 搜尋引擎，以 Yahoo 為代表，中國的搜狐也屬於目錄式搜尋引擎。此類搜尋引擎以人工方式或半自動方式收集資訊，由編輯員閱讀資訊，人工形成資訊摘要，並將資訊置於事先確定的分類框架中。資訊大多以網站為導向，提供目錄瀏覽服務和直接檢索服務。目錄式搜尋引擎的優勢在於內容比較好的網站更容易被編輯所認同，更容易被索引，因此它們的索引品質比較高。目錄式搜尋引擎分類結構清晰、錯誤較少，比較符合人們的閱讀習慣。缺點是需要人工介入、維護工作量大、資訊量少，且資訊更新不及時，不能適應 Web 資源的規模發展。

(2) 基於爬蟲的搜尋引擎。網路爬蟲（Crawler）也稱網路機器人或網路蜘蛛，它是一種智慧程式。該程式以某種策略自動地從網路收集資訊，收集的網頁經過分析處理後，建立索引，加入資料庫中。用戶查詢時，根據用戶輸入的查詢關鍵字檢索資料庫，形成查詢結果返回給用戶。這種搜尋引擎一般要定期存取以前收集的網頁，更新索引，以反映出網頁的更新情況，去除一些死連結，網頁的部分內容和變化情況也會反映到用戶查詢的結果中，這是此類搜尋引擎的一個重要特徵。其優點是資訊量大、更新及時、不需人工干預，缺點則是不能真正反映出網頁的品質、返回資訊過多、有很多無關資訊、用戶必須從結果中進行篩選。目前主流的搜尋引擎都採用該技術，主要代表有 AltaVista、Excite、Google、悠遊、OpenFind、Baidu 等。現代搜尋引擎一般將上述兩種方法結合，形成混合式搜尋引擎，它們既提供爬蟲式搜尋引擎服務，也提供目錄服務。

(3) 中繼搜尋引擎。中繼搜尋引擎也叫做 Meta Search Engine，其實是一種呼叫其他搜尋引擎的引擎，嚴格意義上不能稱為真正的搜尋引擎，其本身並沒有存放網頁資訊的資料庫，而是透過呼叫其他獨立搜尋引擎來完成搜尋功能。當用戶輸入查詢關鍵字時，它把用戶的查詢請求轉換成其他搜尋引擎能夠接受的命令格式，並行地存取多個搜尋引擎來進行查詢，並把這些搜尋引擎返回的結果經過處理後再返問給用戶。中繼搜尋引擎的工作原理如圖 2-3 所示。

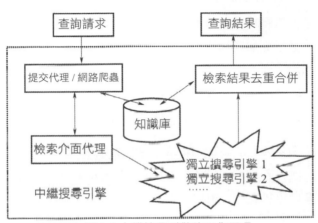

↑ 圖 2-3 中繼搜尋引擎的工作原理

中繼搜尋引擎的優勢在於能夠查詢多個索引資料庫，並且不用維護龐大的索引資料庫，用戶也不需要記憶不同搜尋引擎的網址和查詢語法，它返回結果的資訊量相比較於基於 Crawler 的搜尋引擎來說更大、更全。但是中繼搜尋引擎的網路資源負荷比較大，從多個搜尋引擎返回的結果中常常有很多重複資訊，相關度排序十分困難。國外具有代表性的中繼搜尋引擎有 InfoSpace、Dogpile、Vivisimo 等，中文中繼搜尋引擎中具代表性的有比比貓搜尋引擎、佐意綜合搜尋等。近期比較優秀的中繼搜尋引擎有搜魅網，它整合了百度、穀歌、雅虎等多家主流搜尋引擎的結果，並且獨創網站查詢。在搜尋結果排列方面，有的直接按來源引擎排列搜尋結果（如 Dogpile），有的則按自定的規則將結果重新排列組合（如 Vivisimo）。

2. 按檢索內容、服務對象的分類

按照搜尋引擎的檢索內容、服務對象的不同，還可將搜尋引擎分為綜合搜尋引擎、垂直搜尋引擎和特殊用途搜尋引擎等三類。

(1) 綜合搜尋引擎。綜合搜尋引擎以全體網路用戶為導向提供綜合的搜尋服務，它們把不同主題和類型（如網頁、新聞群組、FTP、Gopher）的資源作為搜尋對象，將各種主題與類型資訊按一定的方式來組織，因此其資訊覆蓋範圍很廣，人們可利用它們檢索幾乎任何方面的資源。目前的大部分商業搜尋引擎都是綜合搜尋引擎，它們的網頁資料庫容量非常大，收集了來自各行業、各學科數以億計的網頁。它們是目前主流的搜尋引擎。

(2) 垂直搜尋引擎。垂直搜尋引擎專門收集某一學科、某一主題或某一行業範圍內的資訊資源，並用更加詳細和專業的方法對資訊資源進行標引和描述，在資訊組織時設計利用與該專業密切相關的方法和技術，以提高資訊被檢索的機率。典型代表有 HealthCare、Medical World Search 等。

(3) 特殊用途搜尋引擎。特殊用途搜尋引擎專門收集某一類型的資訊和資源供用戶檢索。例如：查詢地圖的 Map Blast，收錄新聞資訊的 Deja News，查詢圖像的 Webseck，收錄各種域名的 Check Domain。這類搜尋引擎的資訊覆蓋面較垂直搜尋引擎則更加集中，應用面相對更窄。

2.1.3 網路資訊的分類及其抽取

本節回顧一些與研究密切相關的技術，朱建華歸納的這些技術包括網頁分類技術和 Web 資訊抽取技術。

1. 網頁內容的自動分類

文字自動分類，一般是先把一組預先定義類別的文件作為訓練集，然後對訓練集進行分析以便得到分類器。這種分類器通常需要一定的測試過程，再經過不斷地訓練，最後就用這些分類器對其他需要分類的文件加以分類區別，分類的基本過程如圖 2-4 所示。在實際的爬行過程中，分類器也可以再學習，豐富原來的類型詞彙向量表，使分類器更加精確。

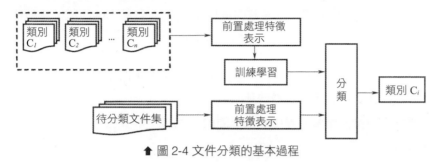

↑ 圖 2-4 文件分類的基本過程

常見的文字分類演算法有決策樹、神經網路、K 最近鄰演算法、貝氏方法、支援向量機等，訓練和精化後的分類器就形成了自己的主題模式，可以用來判斷文件的類別。一般把文字分類方法分成以下三類：

(1) 詞匹配法。該方法是最簡單的分類演算法，可以分為簡單詞匹配法和基於同義詞的詞匹配法兩種，主要根據文件和類別的特徵詞中共同出現的詞（或同義詞）來決定該文件的類別屬性。此方法簡單易懂，但是效果不是很理想，準確率較低。

(2) 基於領域專家知識的方法。該方法透過領域專家編制的以各個知識領域的規則庫為導向將文件分到各個類別中，缺點是靈活性差，實施起來比較困難。

(3) 統計學習法。它的基本思路是先收集一些與待分類文件同處一個領域的文件作為訓練集，這些訓練集由專家進行人工分類，保證分類的準確性。然後從中採礦類別的統計特徵，再利用已有指導學習方法將待分類文件分到最可能的類別中去。在分類過程中，也可以定期或不定期地對訓練集進行更新，從而來補充特徵詞的不足。這種基於統計的經驗學習法具有較好的理論基礎、簡單的實現機制，以及較好的文件分類品質等優點，目前實用的分類系統基本上都是採用這種分類演算法。

根據分類結果，文字分類也可分為二元分類和多元分類。二元分類是針對一篇文件，判斷是否屬於該類；多元分類，對給定文件計算其與給定類別之間的相似度，按照相似度大小進行排序分類。下面介紹一些文字分類中常用的演算法。

1) 簡單向量距離演算法

該方法的基本思想就是使用算術平均為每類文字集產生一個代表該類的中心向量，對於待分類的文件向量，計算該向量與每類中心向量間的距離（相似度），並判定文件屬於與文件距離最近的類，具體步驟如下：

① 計算所有訓練文字向量的算術平均值作為每類文字集的中心向量；

② 將待分類的新文字表示為特徵向量；

③ 計算新文字特徵向量和每類中心向量間的相似度，計算公式為

$$\text{Sim}(\boldsymbol{d}_i, \boldsymbol{d}_j) = \cos\theta = \frac{\sum\limits_{k=1}^{M} W_{ik} \times W_{jk}}{\sqrt{\left(\sum\limits_{k=1}^{M} W_{ik}^2\right)\left(\sum\limits_{k=1}^{M} W_{jk}^2\right)}} \tag{2-1}$$

式中 : d_i 為待分類文字的特徵向量；d_j 為第 j 類的中心向量；M 為特徵向量的維數；W_{ik} 為待分類文件向量的第 k 維權重；W_{jk} 為 j 類文件向量的第 k 維權重。

④ 比較每類中心向量與待分類文件的相似度，將文件分到相似度最大的那個類別中。

2）K 最近鄰演算法（K Nearest Neighbor，KNN）

K 最近鄰演算法是一個理論上比較成熟的方法，也是最簡單的機器學習演算法之一。該方法的思路是：如果一個樣本在特徵空間中的 k 個最相似（即特徵空間中最鄰近）的樣本中的大多數屬於某一個類別，則該樣本也屬於這個類別。因此，k 最近鄰演算法步驟可歸結為：在給定新文件後，考慮與訓練集合中與該文件距離最近（最相似）的 k 篇文件，根據這 k 篇文件所屬的類別來預測新文件所屬的類別。

KNN 演算法首先將訓練集合中的文件表示成文件向量 $\bar{x}_k$，新的待分類文件表示為向量 $\bar{x}$，然後計算訓練集中的所有文件向量與新文件的向量的相似度，按相似度的高低，取其前 k 個訓練文件，使用公式（2-2）進行計算：

$$\text{belong}(c_i \mid \bar{x}) = \sum_{i=1}^{k} s(\bar{x}, \bar{x}_k) p(c_i \mid \bar{x}_k) \tag{2-2}$$

由於 KNN 分類器用於訓練的時間非常少，該方法也被稱為懶惰學習器（Lazy Learners），其在訓練時快而在分類時慢。該方法的不足：①對於類別描述文件中的文件個數 k 值的選擇過小，不能充分體現待分類文件的特點，k 值選擇過大，則可能把一些和待分類文件實際上並不相似的樣本包含進來，增加了雜訊，從而導致分類效果的降低；②計算量較大，因為對每一個待分類的文字都要計算它到全體已知樣本的距離，才能求得它的 k 個最近鄰點。KNN 分類器的優點是處理與訓練樣本類似的文字其精度比較高。

建構特定領域主題的 Web 搜尋引擎與網頁分類密不可分。網頁分類是在文字分類技術上發展起來的，但網頁分類相對文字分類更難處理，要考慮更多因素，如多種格式並存、風格多樣等。另外，網頁中含有豐富的標記和結構資訊，如 TITLE 和 Hn 標註網頁的標題和段落子標題，META 標記中的 KEYWORD 欄位是對網頁主題的描述，網頁 URL 中通常會出現跟網頁類別相關的關鍵字，超連結周圍的文字通常與連結指向網頁相關等，這些資訊都會對網頁分類有貢獻，但也可能存在雜訊，綜合利用各種特徵設計分類演算法是網頁分類的關鍵，也是難點所在。目前，也有一些研究人員把文字分類演算法直接嵌入到網路爬蟲，來過濾掉與領域主題無關的 Web 頁面，從而提高主題爬蟲抓取領域主題相關頁面資訊資源的能力。

由於網路上的資訊主要以文字形式存在，所以網頁分類與文字分類相比十分相似。透過分類技術，不僅能夠方便用戶瀏覽文件，而且可以透過限制搜尋範圍來使文件的查找更為容易。準確精細的文字自動分類提高了檢索的速度和精度，節約了大量人力和財力，避免人工分類帶來的週期長、費用高、效率低等諸多缺陷。網頁分類技術已經成為 Web 資訊處理領域的基礎性工作，是 Web 領域的研究熱點之一。網頁自動分類技術不僅在主題爬行技術中起著重要的作用，而且在數位圖書館、個性化資訊檢索等領域也得到了廣泛的應用。

2. Web 資訊抽取的幾種技術

資訊抽取（Information Extraction）即直接從自然語言文字中抽取事實資訊，並以結構化的形式描述資訊，供資訊查詢、文字深層採礦、自動回答問題等，為人們提供有力的資訊獲取工具。隨著網路的發展，網路上的資源越來越豐富，由於網路上的資訊載體主要是文字形式,所以資訊抽取技術對於那些把網路當成知識來源的人來說是至關重要的。Web 資訊抽取技術是傳統文字資訊抽取技術的擴充,它的處理對象由傳統的自由文字擴充為半結構化的網頁資訊。Web 資訊抽取技術的核心是從無結構或半結構的 Web 頁面中抽取用戶感興趣的資料,比如,從新聞報導中抽取出恐怖事件的詳細情況:時間、地點、作案者、受害者、襲擊目標、使用的武器等;從經濟新聞中抽取出公司發佈新產品的情況:公司名、產品名、發佈時間、產品性能等。通常,被抽取出來的資訊被轉化為結構化、語義更為清晰的格式,可以直接存入資料庫中,供用戶查詢以及進一步分析利用。

網頁中不僅有用戶需要或者感興趣的有關資訊,還有大量的"垃圾"資訊,如與用戶需要無關的導覽列、廣告資訊、版權資訊以及大量的無關連結等網頁非主題內容。Web 網頁中的這些非主題資訊不但使用戶獲取主題資訊的效率大大降低,更為嚴重的問題是由於非主題資訊通常伴隨著和主題並不相關的超級連結,這些連結和連結所指向的網頁將會給基於 Web 內容以及基於網頁超連結分析的研究工作帶來困難。在進行主題搜尋過程中,大量的廣告、版權資訊等雜訊內容甚至會導致主題漂移。因此,不能侷限在對單個頁面進行處理,而是要將處理操作物件深入到網頁內部,即透過 Web 資訊抽取技術抽取網頁的標題、網頁正文以及相關連結區域內容,去除廣告、版權資訊以及與網頁主題無關的連結等雜訊內容。只有將網頁的處理單元的粒度進一步細化,對網頁內容分析的準確度才能提高。

Web 資訊抽取技術有多種方式,採用的原理也各不相同。可以分為基於自然語言理解的方式、基於包裝器歸納的方式、基於本體的方式和基於 HTML 結構的方式等幾類。

1)基於自然語言理解方式的資訊抽取

自然語言理解技術通常用於自由文字的資訊抽取,需要經過的處理步驟包括句法分析、語義標註、專有物件的識別(如人物、公司)和抽取規則。具體地說,就是把文字分割成多個句子,對每個句子的句子成分進行標記,然後將分析好的句子語法結構和事先自訂的語言模式(規則)匹配,獲得句子的內容。也就是利用子句結構、片語和子句間的關係,建立基於語法和語義的抽取規則實現資訊抽取。規則可以由人工編制，也可從人工標註的語料庫中自動學習獲得。這種基於自然語言理解方式的資訊抽取技術，是將 Web 文件視為文字進行處理（主要適用於含有大量文字的 Web 頁面），抽取的實現沒有利用到 Web 文件獨特於普通文字的階層特性，抽取規則表達能力有限，缺乏強健性。另外，獲得有效的抽取規則需要大量的樣本學習，達到全自動的程式較難，而且速度較慢，對於操作網路上巨量資料來說這是一個大問題。目前採用這種原理的典型系統有 SRV、WHISK。

2）基於包裝器歸納方式（Wrapper Induction）的資訊抽取

包裝器是一種軟體元件，由一系列的抽取規則以及應用這些規則的程式碼組成，負責將資料由一種模式轉換成另一種模式。通常，一個包裝器只能處理一種特定的資訊源。從幾個不同資訊源中抽取資訊，需要一系列的包裝器程式庫。包裝器一般包括規則庫、規則執行模組和資訊轉換模組三個部分。應用包裝器的抽取過程如圖 2-5 所示。抽取過程中，包裝器根據輸入頁面的類型從規則庫中選擇對應的抽取規則集，並提供給執行規則模組，執行規則模組將對應的抽取規則應用到輸入頁面上，抽取出頁面包含的資訊，並把該資訊輸入到資訊轉換模組。最後，資訊轉換模組把抽取出來的資訊轉換成能夠被其他系統識別利用的格式。資訊抽取的規則在包裝器中佔有重要的地位，包裝器歸納法可以自動分析出待抽取資訊在網頁中的結構特徵並實現抽取，其主要思想是用歸納式學習方法產生抽取規則。與自然語言處理方式比較，包裝器較少依賴於全面的句子語法分析和分詞等複雜的自然語言處理技術，更注重於文字結構和表格格式的分析。但是使用包裝器的困難在於：可擴充性差，可重用性差，缺乏對頁面的主動理解。採用這種原理的典型系統有 Muslea I 開發的 STALKER 和 Kushmerick N 等人研究的 WIEN。

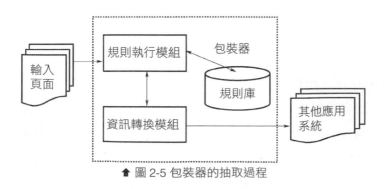

↑ 圖 2-5 包裝器的抽取過程

3）基於本體方式的資訊抽取

資訊抽取系統中被分析的文件通常是針對某個特定的領域,該領域的文件典型地包含一些特定的待抽取成分。透過分析這些成分的特殊詞法語義形態,就能相對準確地抽取這些成分。比如,有關招聘者的資訊就可以透過物件(求職者,公司,大學)、屬性(如求職者屬性:姓名、性別、學歷;公司屬性:規模、行業)及其約束(如性別為男,學歷大專以上)來表示,物件也可以分類,子類和父類之間還存在繼承覆蓋等機制,招聘還涉及一些常用的術語或詞彙。所有這些類別、物件、屬性、約束和術語或詞彙構成了領域的基本本體(Ontology)。本體在哲學上泛指對客觀世界的本體描述,在人工智慧領域一般指智慧系統中涉及的概念術語及其性質等靜態知識的描述。按照 Stanford AI 專家 Tom Gruber 的定義,本體是為了幫助程式和人共享知識的概念化規範,在知識表達和共享領域,本體描述了在代理之間的概念和關係(Concepts and Relations)。資訊抽取主要利用了對資料本身的描述資訊實現抽取,對網頁結構的依賴較少。由 Brigham Yong University 開發的資訊抽取工具就採用了這種方式。採用該方法,事先要由領域知識專家採用人工的方式書寫某一應用領域的本體,包括物件的模式資訊、常值、關鍵字的描述資訊,其中常值和關鍵字提供了語義項的描述資訊。系統根據邊界分隔符和啟發資訊將文件分割為多個描述某一事物不同實例的無結構的文字區塊,然後根據本體中常值和關鍵字的描述資訊產生抽取規則,對每個無結構的文字區塊進行抽取獲得各語義項的值,最後將抽取出的結果放入根據本體的描述資訊產生的資料庫中。基於本體方式的最大的優點是對網頁結構的依賴較少,只要事先建立的應用領域的本體足夠強大,系統可以對某一應用領域中各種網頁實現資訊抽取。系統的缺點在於使用不太方便,只能由領域專家建立某一領域的本體,工作量非常大;另外由於是根據資料本身實現資訊抽取的,因此在減少了對網頁結構依賴的同時,增加了對網頁中所包含的資料結構的要求。

4）基於 HTML 結構的資訊抽取

該類資訊抽取技術的特點是根據 Web 頁面的結構定位資訊。在資訊抽取之前透過解析器將 Web 文件解析成語法樹,透過自動或半自動的方式產生抽取規則,將資訊抽取轉化為對語法樹的操作實現資訊抽取。一般是透過互動的方式,由用戶在樣本頁中指定抽取區域的起始位置，系統確定整個抽取區域，並確定區域的類型，然後透過可視化的方式，由用戶在樣本頁中指定語義項以及與之對應的實例，系統自動產生抽取規則，實現對相似結構網頁的資訊抽取。採用該類原理的典型系統有 LIXTO 和 XWRA 等。

根據以上的分析可知，基於自然語言理解方式的資訊抽取在一定程度上可以透過自然語言語法、語義獲得抽取出的資訊的語義，但工作量巨大，而且效果並不理想；全自動的資訊抽取根據頁面中的 HTML 標記間的關係抽出資料，並以嵌套的形式加以組織，但是抽取出的資料依然沒有語義資訊。目前，大量的系統採用人工或者半人工的方式附加語義，這種方法雖然簡單，但是實用性很強。

■ 2.2 輿論話題的搜尋技術

2.2.1 話題搜尋的基本原理

話題檢測與追蹤（Topic Detection and Tracking）技術是一種檢測輿論新出現的話題並追蹤該話題發展動態的資訊智慧獲取技術，其實質是主題搜尋引擎技術。專業主題導向的搜尋引擎是對網路中某個主題的資訊進行採集、索引並整合，然後抽取山需要的資料進行處理後再以某種滿足用戶個性化需求的形式返回給用戶。專業主題導向的搜尋引擎是與通用搜尋引擎相對應的一個概念，屬於僅覆蓋網路某一領域的 "垂直搜尋引擎"，為用戶提供某個主題或領域（Domain）的網路資源的檢索服務。由於它運用了專業領域知識、相關度計算、機器學習等智慧化策略，因此它比通用搜尋引擎更加準確和有效。這類搜尋引擎的特點是主題資源覆蓋度高、專業性強、針對性強，充分考慮了用戶的個性化需求。

建構主題搜尋引擎的核心是主題導向的爬行技術。主題爬蟲會分析每個頁面的連結，判斷哪些連結指向的頁面可能是和預定主題相關，對這些連結進行優先爬行，和主題無關的連結則選擇放棄。它的目標是盡可能地收集與特定主題相關的網頁，同時最大限度地避免無關網頁的下載，這些對於節省硬體和網路資源都是有明顯意義的。

1. 主題搜尋引擎的基本架構

主題導向搜尋引擎是在通用搜尋引擎的基礎上發展起來的。在架構上，它除了具有通用搜尋引擎的基本功能架構外，主要的不同體現在增加了與主題領域相關的資訊過濾模組上，這部分設計將直接影響整個搜尋引擎。這裡參照通用搜尋引擎的工作原理及架構圖，給出了主題導向搜尋引擎的基本框架，如圖 2-6 所示。

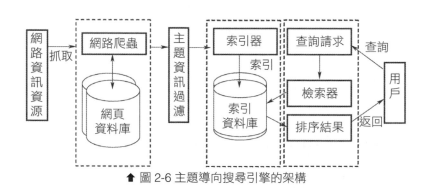

▲ 圖 2-6 主題導向搜尋引擎的架構

2. 與通用搜尋引擎的比較

主題搜尋引擎與通用搜尋引擎的結構和工作原理基本相似，它們之間最大的區別在於主題爬行器和分類技術的應用。主題搜尋引擎是主題導向，有嚴格的主題分類架構，而通用搜尋引擎一般沒有分類架構或分類系統較粗糙（現代通用搜尋引擎提供簡單的分類）；主題爬行器的目的是盡可能多地爬行與主題相關的資源，盡可能少地爬行與主題無關的網頁，而通用搜尋引擎的爬行器不分主題，根據控制策略隨機分配爬行任務。

需要指出的是，主題爬行系統並不能代替通用搜尋引擎，主題爬行與通用搜尋引擎之間應該是必要的互補關係。一方面，通用搜尋引擎覆蓋了網路用戶進行資訊檢索時可能涉及到的大部分主題，它能夠滿足普通用戶的搜尋需要，而且在今後相當長的時間內仍將是網路用戶進行 Web 資訊檢索的主要工具。另一方面，主題搜尋引擎能滿足一些高級或者專業的資訊查詢需求，如針對某一個特定的主題或領域，對應的主題搜尋引擎既能收集到足夠多的相關網頁，檢索的精確度也會比較高。

2.2.2 話題搜尋的若干技術

主題導向搜尋引擎就是以構築某一專題或學科領域的網路資訊資源庫為目標，智慧地在網路上收集符合這一專題或學科需要的資訊資源，能夠為包括數位圖書館、學科資訊門戶、專業資訊機構、特定行業領域、公司資訊中心等在內的資訊用戶，提供整套的網路資訊資源建設與開發方案。

隨著網路技術和應用的不斷發展，越來越多的圖書館學研究者認為，有選擇地利用 Web 學術資源是數位圖書館資源建設的關鍵部分。網路上的資訊資源浩如煙海，對於網路用戶來說，最大的問題不是沒有資訊，而是資訊太多，以至於網路用戶不能迅速而準確地獲取他們最需要的資訊。廣大用戶迫切希望數位圖書館提供便利、經過二次加工的 Web 資訊資源，以確保他們獲得便利的導覽和存取服務，滿足他們日益專業、深入的資訊需求。這就需要圖書館對 Web 資訊資源進行收集、選擇，並按照用戶需求進行主題分類甚至知識重組，這些工作的前提就是實現主題搜尋，朱建華做了具體的論述。

1. 主題爬行技術

主題爬行（Topical Web Crawling），又稱聚焦爬行（Focused Web Crawling），是獲取網路中特定相關領域頁面的關鍵技術。隨著 Web 的發展，其結構越來越複雜，網路資訊量以指數級增長，通用爬行技術越發不可能存取 Web 上的所有網頁，並及時進行更新。主題爬行技術是在傳統爬行技術基礎上，加入文字分類、叢集以及 Web 採礦等相關技術用於捕獲相關主題的網頁資訊。不同於對所有連結不加選擇的通用爬行，主題爬行分析每個網頁的連結，預測哪些連結指向的網頁可能和預定主題相關，對這些連結進行優先爬行，而捨棄那些和主題無關的連結。一個理想的主題爬蟲能在最短的時間內，最大限度地爬行與指定主題最相關的網頁，並最小限度地爬行不相關的網頁。因此，主題爬行可以提高現有搜尋的精度，降低搜尋引擎對網路資源的佔用，縮短網頁資料庫更新的週期，它是建構各類專業搜尋引擎的基礎與核心。

2. 主題爬行基本原理

網路爬蟲是搜尋引擎的基礎組成部分，它是搜尋引擎工作流程中的起點，它的性能直接影響著搜尋引擎的整體性能。網路爬蟲在採集 Web 資訊時，是把網路當作一個有向圖來處理，網路中每一個單一的網頁都被看成是有向圖中的一個節點，由某一網頁指向其他網頁的超連結可以被看成為有向圖中的有向邊。傳統爬蟲從一個或若干初始網頁的 URLs 開始，沿著網頁上的外部連結（Out-Links），按照某種策略（如寬度優先、深度優先、Best-First 等）爬行，抓取對應的網頁，並不斷從目前頁面上抽取新的 URL 經過處理後放入爬行佇列中。如此循環，直到爬行佇列為空或者滿足系統某個爬行停止條件。

網路爬蟲在網路上爬取的過程可以看成是對一個有向圖進行周遊的過程。從整個網路拓撲圖來看，網路爬蟲自動地沿著頁面間連結形成的邊，從一個頁面到另一個頁面地存取 Web，逐步存取到整個拓撲圖上的每個節點，這是通用網路爬蟲典型的工作流程，如圖 2-7 所示。目前大多數網站都是使用這種網路爬行器從網路上收集各種資源。

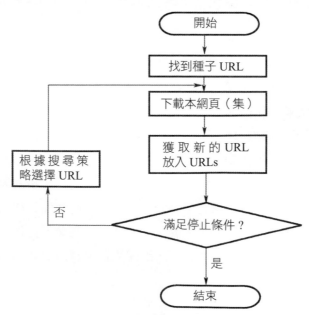

▲ 圖 2-7 通用網路爬蟲的工作流程

主題爬蟲是從網路中收集關於一個特定主題的 Web 頁面，與通用網路爬蟲不同，它關注的只是某一專業領域的資訊，因此主題爬蟲在搜尋過程中沒有必要對整個 Web 周遊，只需選擇與本領域相關的頁面進行存取。與通用網路爬蟲相比，主題爬蟲在網頁採集技術上有很大的不同，其演算法和工作流程更為複雜。主題爬蟲在搜尋 Web 時，需要根據一定的網頁分析演算法過濾掉與主題無關的連結，保留有用的連結並將其放入等待抓取的 URL 佇列；然後，它將根據最佳優先策略從佇列中選擇下一步要抓取的網頁 URL，並重複上述過程，直到達到系統的某一條件時停止，其流程如圖 2-8 所示。顯然，透過它的工作使得下載的相關網頁數量最大化，不相關網頁數量最小化，這極大地提高了資訊檢索的精確度。當所有主題相關網頁被爬蟲存入本地資料庫後，必須在本地資料庫中進行進一步的分析、過濾，並建立索引，以便搜尋。

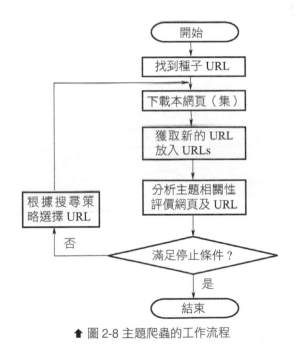

↑ 圖 2-8 主題爬蟲的工作流程

在工作流程上，基於主題的爬行方式與其他的爬行方式基本上是一致的，但由於主題爬行器只是收集與預先給定主題相關的網頁，與主題無關的區域都不予存取，所以它不但可以提高主題資源的覆蓋度，還可以大大減少對網路資訊的存取流量和文件下載量，從而也可以減少網路負擔以及對儲存資源的需求。另外，就網路的發展看，既然及時而全面的覆蓋整個網路資源是不可能的，那麼這種放棄廣度追求深度與準確度的網路資源搜尋思路無疑是網路資訊檢索發展的方向之一。

舉例來說，普通爬蟲在一個爬行週期能夠爬行所有 Web 資源的 20%，而其中關於某個主題的資源為 5%，則在一個爬行週期內，只能採集到 1%（20%×5%）的主題相關資源，而且還有大量的資源與主題無關。但如果採用主題爬蟲，在一個爬行週期內，能夠爬行所有 Web 資源的 10%，其中 50% 與主題相關，則在一個爬行週期內採集到了 5%（10%×50%）的主題相關資源，而且只有 5% 是資源浪費部分。主題爬蟲爬行資源的數量只有普通爬蟲的 1/2，而它的主題資源覆蓋度卻是普通爬蟲的 5 倍，能發現更多的 Web 主題資源。這也正是主題爬蟲存在的意義。

圖 2-9 是一個普通爬蟲與主題爬蟲的對照示意圖，其中，有色框代表爬蟲存取的頁面，無色框代表沒有存取的頁面，虛線代表主題爬蟲周遊的路徑。從圖 2-9（a）可以看出普通爬蟲以廣度優先的策略周遊圖中的每一個連結，那麼在圖 2-9（a）中，要從起點到達目標必須經歷 11 步，而在圖 2-9（b）描述的主題爬行中，先確定最有可能與主題相關的連結，忽略主題無關的網頁，在最優情況下，只需經過 3 步即可到達目標，大大節約了爬行時間，提高了爬行效率。

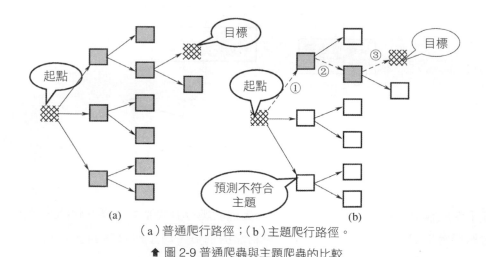

（a）普通爬行路徑；（b）主題爬行路徑。

↑ 圖 2-9 普通爬蟲與主題爬蟲的比較

3. 主題爬行的若干技術

針對話題搜尋，主題爬蟲在爬行過程中主要需要解決以下兩點問題：一是如何判斷已經下載的網頁是否與主題相關；二是如何解決主題爬蟲爬行的順序。前一個問題一般會採用自然語言理解和文字採礦技術來處理。針對後一個問題，目前主要是將已經下載網頁的主題相關度按照一定的原則進行衰減，分配給該網頁中的超連結，最後把超連結按照相關度的大小插入到 URLs 佇列中。這時的爬行策略不再僅僅簡單考慮是採用深度優先還是廣度優先的問題，它需要參照相關度的大小和排位結果，相關度大的網頁會被優先爬行。如何計算和確定待爬行佇列的存取次序是不同類別的主題爬蟲的一個重要區別。

一個主題爬蟲一般由頁面採集模組、頁面相關度評價模組和 URLs 評價排序模組三個部分構成。

1) 頁面採集模組

該模組是根據 URL 待下載佇列中的內容，從網路中下載對應頁面，儲存到網頁資料庫中。網頁資訊下載過程中有 "待爬行池" 和 "已爬行池"。在爬行程式開始的時候，"待爬行池" 中存放的是一些內容與主題相關的種子 URLs，這些 URLs 需要按一定的優先權順序排列，與主題相關度高的 URLs 優先權較高，優先權高的 URLs 排在前面。爬行器根據 URLs 從 Web 上下載對應的網頁，然後將網頁交給相關度評價模組分析，根據其內容與主題的相關性，進行對應的處理，同時分析它的連結構，將網頁的外部連結都放入 "待爬行池"，並透過相關度重新計算所有 URLs 的優先權。"待爬行池" 中爬行佇列的增長是指數級的，考慮到 "待爬行池" 的實體空間有限，大多應用都不允許其中出現重複的連結，"待爬行池" 往往自行維護去重工作。同樣的，已經下載網頁的 URL 也要放入 "已爬行池" 並作對應的去重工作。一般情況下為了提高抓取的速度，還會採用多執行緒分布式的主題爬蟲抓取網頁內容，以提高頁面的抓取效率。網頁抓取程式還要能夠判斷一些網站存取的某些安全限制，如能夠識別網站拒絕或者限制自動爬行程式存取的請求，這些網站需要採取專門爬行策略來應對。

2）頁面相關度評價模組

該模組是主題爬行重要的部分，它的任務是對抓取的頁面進行識別，判斷是否為相關主題的頁面。該模組主要特點是引入了文字分類的思想，網頁的分類技術是 Web 資訊處理領域的基礎性工作而且已經成為 Web 領域的研究熱點之一。在系統爬行之初，通常要對分類器進行訓練。一般的做法是：從一些權威性比較高的網站中得到經典的分類表以及表中各種類型的範例網頁，每一個類型都有它自己的類型詞彙向量表；然後，由使用者提供一些感興趣主題網頁的範例，並將它們的 URLs 提交給系統，這樣可以提高分類器的分類敏感性。一般會採用文字分類領域中比較成熟的演算法，如樸素貝氏分類演算法，支援向量機（Support Vector Machine，SVM）文字分類演算法等，根據建立的主題分類模型對主題域進行定義。爬行器下載的頁面會被送入頁面相關度評價模組計算其主題相關度值，若該值大於或等於給定的門檻值，則該頁面就被存入頁面庫，否則丟棄。

3）URLs 評價排序模組

"待爬行池"中 URL 佇列排序是主題爬行系統中最為核心的部分，也是主題爬行演算法的關鍵。該模組主要用於評估從主題相關頁面解析出來的 URL 與主題的相關度，並提供相關的爬行策略用以指導爬蟲的爬行過程。即它能確定採用什麼樣的方法來決定各個 URL 的優先度，決定爬行器在 Web 上的爬行走向。主題爬行程式目標是盡可能多地下載相關主題頁面，盡可能少地下載非相關主題頁面。一旦發現某連結與主題無關，則該 URL 及其所有隱含的子連結都會被捨棄掉。這樣爬蟲就無需周遊與主題不相關的頁面，從而保證了爬行效率。但是，此類行為也可能將潛在的與主題相關的頁面捨棄掉。因此，URLs 評價排序策略的好壞直接影響著爬蟲的爬行效率以及爬行品質。在進行優先度計算時，通常引入收穫率（Harvest Rate）度量值，即下載的相關網頁數量和下載網頁總量的比值，即如下定義：

$$\text{Harvest rate} = \frac{\sum_v R(v)}{|v|} \tag{2-3}$$

公式中：v 為所有下載過的網頁集合；$R(v)$ 為網頁相關度函數，用來表示得到的相關頁面比率，以及不相關頁面被剔除的效率，可以用來衡量優先度演算法的表現。

除了以上三個部分，有些研究者還增加了頁面解析模組。因為網頁大部分都是半結構化的 HTML 程式碼，頁面解析程式首先需要對這些半結構化頁面進行處理，將 HTML 程式碼轉換成 XML 資料結構，便於 Web 中的資料資訊共享和檢索，更容易從中採礦有用資料資訊；然後執行進一步的解析，一般情況下解析程式將頁面在 XML 文件的邏輯上建立一個樹模型，樹的節點是一個個的物件，這樣容易提取其中的文字和 URL，然而文字的提取過程中需要對頁面雜訊進行處理，頁面雜訊處理是主題爬蟲一個非常重要的問題，很多人都在這個領域進行了深入的研究，提出了相關的理論和演算法，本書也將在後兩章中加以研究；最後提取的文字和 URL 按照一定的規則儲存到資料庫中。

總之，主題爬行涉及的連結評價演算法、網頁分類等涉及到資訊檢索、自然語言處理、Web 採礦和機器學習等多個領域。另外，它的研究還包括網路特有的一些方法和技術，如超連結分析技術、結構化資訊抽取技術等。

2.2.3 主題爬行的實現

作為一種有效的領域主題導向的資訊獲取工具，近年來，主題爬行技術及其實現得到了越來越多的研究人員的關注。

De. Bra 首次提到了 Web 主題爬行器，將爬行過程模擬魚群（Group of Fish）在網路上進行遷徙的活動方式（稱為魚群搜尋方法，Fish Search）。該方法透過關鍵字和規則匹配的方式確定頁面是否與主題相關，然後給相關頁面中包含的超連結賦予較高的權重，從而使相關網頁中的超連結獲得更高的優先採集權。同時，該系統採取多種緩衝策略來解決可能會給網路帶來比較高的負載問題。

M. Hersovici 等人在 Fish Search 的基礎上提出了 Shark Search 演算法，該演算法在計算 URL 的採集優先權時，綜合考慮了連結錨文字的主題描述作用，並採用了向量空間模型來計算網頁的主題相關度，進一步細化了採集優先權重的計算。較之 Fish 演算法，Shark 演算法在演算法精度、選擇爬行方向、爬行效率上的表現更勝一籌。F.F. Luo 等人給出了一個改進的 Fish Search 演算法，利用圖論來解決不同魚之間的重複查找問題。蘇祺等人對網頁中不同區塊的連結進行叢集，然後將相同類的所有連結的錨文字作為該類的描述文字來改進 Shark Search 演算法。

一些主題爬行器利用分類器來判斷網頁是否與主題相關。Soumen Chakrabarti 介紹了有關利用分類器判斷網頁相關度的主題爬行器的經驗，其研究目標主要包括 "超連結關係學"（Who Links To Who）、網站和頁面的主題屬性、半監督學習等。主題爬行器使用一個規範的主題分類目錄，用戶可以定義一個特定的起點來啟動主題資訊採集器，也可以將自己感興趣的頁面歸屬到分類目錄的某一個主題之下，所提出的主題爬行器由分類器（Classifier）、精煉器（Distiller）和爬行器（Crawler）三個主要組件構成。分類器用來判斷採集頁面與採集主題的相關程度，精煉器主要用來決定採集的優先度，其演算法是基於連接結構分析的，提出了用收穫率來評價主題資訊採集的效果，即要做到在盡可能多地獲得相關頁面的同時還要有效地濾去無關頁面。S.Chakrabarti 等人提出採用基準和加強兩個分類器，其中基準分類器用來瀏覽 Web 以加強分類器獲取訓練集，加強分類器用基準分類器提供的資料進行訓練，並根據 URLs 的錨文字來預測其優先權。

J.Cho 等人主要研究如何能夠首先爬行到那些 "更有希望" 的網頁，同時還提出了用多種尺度來衡量頁面重要性，如網頁內容的相似性、PageRank 值和網頁在整個階層結構中的位置等，並在史丹佛大學的網站上進行了具體的應用測試。M. Diligenti 等人提出了一種新的主題爬行器（Context Focused Crawler，CFC），其基本思路是在採集開始之前，先使用普通搜尋引擎獲取一定數量的高品質主題頁面，每一個頁面被當成一個種子頁面，然後對每一個種子頁面進行擴充，並建立一個獨立的上下文關聯圖 Context graph。具體的擴充的方法如下：①將種子頁面作為第 0 層（Layer0），找出種子頁面的所有父網頁作為第 1 層（Layer1）；②找出第 1 層中所有網頁的父網頁作為第 2 層（Layer2）；③重複②的操作，直至層數達到用戶規定的層數。關聯圖建立起來以後，還要為圖中每一層建立一個貝氏分類器，分類器的訓練文字就來自於每一層的網頁。在採集過程中，上面建立的分類器將用於指導爬行器進行採集，因為每一個分類器離目標文件的距離是不同的，因此，最短距離分類器的指導優先，其試驗資料表明 CFC 保持了較高水平的主題相關度。J.Dong 等人也提出了一種基於連結上下文來進行主題爬行的方法，對給出的種子節點，利用 Google 進行逆向檢索出所有指向該網頁的連結，提出連結上下文，形成對主題描述的向量，對已爬行網頁的每個外部連結提取連結上下文形成一個文字向量，透過計算該文字向量與前一步得出的主題描述向量的相似度來決定該連結的存取優先權。Rui Chen 等人給出的爬蟲系統對 M. Diligenti 提出的上下文關聯圖進行了改進（傳統的上下文圖嚴格地按照離目標文件的距離來建構），將由內容分類器判斷為相關的網頁作為第 1 層，從第 1 層導出，被人工判斷為不相關、但可能指向相關網頁的網頁構成第 2 層，並依據以下準則確定 URLs 的優先權：首先種子最高，其次是判斷為屬於第 1 層的連結，再次是判斷為屬於第 2 層的連結，放棄判斷為不屬於第 1 層和第 2 層的連結。

還有一些研究人員利用本體來進行主題爬行。M.Ehrig 等人採用基於本體的演算法計算優先權，在對爬行的 Web 網頁進行前置處理之後，抽出網頁內容與本體中的共現詞，然後根據本體圖計算網頁與主題的相關度，並作為 URLs 的優先權。Chang Su 等人提出利用本體來計算網頁與主題的相關度，透過一種本體的學習方法來修正本體中概念的權重，從而更加準確地計算網頁與主題的相關度。楊貞給出了一種基於本體的主題爬蟲最好優先爬行演算法：在網頁搜尋過程中遇到一個與主題無關的網頁時，並不馬上越過該網頁，而是利用基於本體方法建立的領域知識模型對該網頁進行概念相關性判斷，並指導主題爬蟲更好地探索爬行方向並穿過隧道。

一些學者對主題爬行的評價方法進行了研究。Menczer 評價了三種基於主題的採集策略：BestFirst crawler 透過計算超連結所在頁面與主題的相關度來取得採集優先權，PageRank crawler 透過每 25 頁計算一遍 PageRank 值來得到採集優先權，InfoSpiders 透過超連結周圍的文字利用神經網路和遺傳演算法來得到採集優先權。經過試驗比較發現，BestFirst 方法最好，InfoSpiders 方法次之，PageRank 演算法最差。一向被給予高度評價的 PageRank 演算法之所以表現不佳，Menczer 認為它選出的高品質頁面是基於廣泛主題的，而對於特定主題來説，頁面的主題採集品質可能不高。Srinivasan 從效率和有效性上對多種爬行演算法進行了評價，而且分析了主題的不同特徵對爬行行為的影響。

實現主題爬行系統涉及的核心問題是：主動發現並爬行那些主題相關度高的頁面而捨棄相關度低的頁面；透過已經下載的網頁對其外部連結所指向網頁的主題在下載之前進行準確的判斷；判斷爬行下來的頁面與主題的相關性。系統可以從爬行頁面中得到很多的 URL，但並不是所有的 URL 對應頁面都與主題相關。因此，在採集主題資源的同時，需要對已有的相關資訊進行分析和處理，用來預測 URL 所對應的頁面的主題相關度，根據最終所得的相關度值對 URL 進行排序或者剔除。當然，還需要計算已爬行下來頁面的主題相關度值，若該值大於或等於給定的門檻值，則該頁面就被存入頁面庫，否則丟棄。近年來，許多學者在主題爬蟲的爬行策略和爬行方法方面付出了諸多努力，也取得了可觀的成果。以下介紹在主題爬蟲的設計和實現過程中用到的一些關鍵演算法及其思想。

1. 基於連結構分析的演算法

Web 是超文字的文件集合，頁面之間相互連結並形成一定的連結構。Web 的資訊檢索、資料採礦等資料管理研究都需要對 Web 的連結構進行分析。大量研究表明，Web 的連結構在全域上具有自組織性，資訊源（頁面或網站）間透過超連結按照相同或者相關的內容主題自然叢集（Clustering），形成多個群落（Community），群落內部的資訊源之間密集連結，而群落之間稀疏連結或不連結。群落內部的資訊源的連結構也是有規律的特徵模式。一個群落主要由兩類資訊源組成，一類主要被別的資訊源所連結，另一類則主要連結到別的資訊源。前者稱為權威（Authority），包含高品質主題內容的資訊源；後者稱為中心（Hub），提供對高品質主題內容存取的資訊源，這兩類均是用戶感興趣的主題資訊源。

基於連結構分析的搜尋策略，正是透過分析 Web 頁面之間關聯、引用、從屬、包含等關係來確定連結的重要性，進而決定連結存取順序的方法。通常認為有較多內部連結（權威）或外部連結（中心）的頁面具有較高的價值。目前，基於連結關係分析的演算法有 PageRank 演算法、HITS 演算法及其改進的演算法。

1）PageRank 演算法

PageRank 演算法由史丹佛大學博士研究生 Sergey Brin 和 Lawrence Page 提出並實現，是 Google 搜尋引擎的核心技術之一。PageRank 演算法最初用於搜尋引擎資訊檢索中對查詢結果的排序過程，近年來被應用於網路爬蟲對連結重要性的評價。S.Brin 和 L.Page 把傳統情報檢索理論中的引文分析方法借鑑到網路文件的重要性計算中來，對網路的超連結構和文獻引用機制的相似性進行了研究，利用網路自身的超連結構確定網頁的重要性。

PageRank 演算法認為：如果網頁 A 連結到網頁 B，則相當於網頁 A 投了網頁 B 一票，網頁得票數越高，那麼該網頁就顯得越重要；如果一個網頁被多次連結，則它可能是很重要的；一個網頁雖然沒有被多次連結，但是如果它的連結網頁非常重要，則它也可能是很重要的；一個網頁的重要性被平均地傳遞到它所連結的網頁。在該方法中，頁面重要性的量化指標就是 PageRank 值。PageRank 演算法可簡單描述如下：假設網頁 A 有網頁 T_i，$\cdots T_n$ 指向它，則 A 的 PageRank 值計算如下：

$$\text{PR}(A) \;=\; \frac{(1-d)}{N} + d\sum_{i=1}^{N} \text{PR}(T_i)/C(T_i) \tag{2-4}$$

公式中：PR(A) 為網頁 A 的 PageRank 值；$\text{PR}(T_i)$ 為網頁 T_i 的 PageRank 值；$C(T_i)$ 為網頁 T_i 的外連結數（出度）；d 為阻尼係數（0<d<1，Google 通常取 0.85）；N 為網路上所有網頁的數量。

這種演算法把用戶點擊連結的行為，視為一種不關心內容的隨機行為。而用戶點擊頁面內的連結的機率，完全由頁面上連結數量的多少決定。一個頁面透過隨機瀏覽到達的機率就是連結入它的別的頁面上的連結的被點擊機率的和。之所以引入阻尼係數 d，是因為用戶不可能無限地點擊連結，常常因勞累而隨機跳入另一個頁面。阻尼係數的使用，減少了其他頁面對目前頁面 A 的排序貢獻。d 可以視為用戶無限點擊下去的機率，$\dfrac{1-d}{N}$ 則就是頁面本身所具有的 PageRank 值。PageRank 值代表了該頁面被點擊的機率，所有頁面的 PageRank 值之和為 1。

分析 $\text{PR}(A) \;=\; \dfrac{1-d}{N} + d\sum_{i=1}^{N} \text{PR}(T_i)/C(T_i)$，可以發現影響一個網頁 A 的 PageRank 值的因素有以下三點：①網頁 A 的連結入網頁數量，如果連結入網頁數量越多，則網頁 A 的 PageRank 值就越大。②網頁 A 的連結入網頁的重要性。連結入網頁本身越重要，則網頁 A 的 PageRank 值就越大。③網頁 A 的連結入網頁的連結出數。由於連結入網頁的 PageRank 值被均勻地分佈並且傳遞到它所指向的

Web 網頁，則連結入網頁的連結出數量越大，每個連結對網頁 A 的 PageRank 值的貢獻就越小。另外，當某個頁面直接或間接地連結向自己時，會使上式產生無限循環，出現該情況時計算表達式會趨向某個固定的值，所以在計算時若表達式趨向於某固定值，計算應該停止。

2）HITS（Hyperlink-Induced Topic Search）演算法

在 PageRank 演算法中，網頁的重要性被平均地傳遞給它所連結的網頁，如果網頁的 PageRank 值為 m，它被 n 個網頁所引用，則每個引用網頁平均從網頁 A 那裡繼承的 PageRank 值為 m/n，即 PageRank 演算法認為對於向外連結的權重貢獻是平均的，也就是不考慮不同連結的重要性，這種平均的分佈權重在很多情況不符合連結的實際情況。Cornell 大學的 J. Kleinberg 提出了一種基於連結分析的主題提取方法 HITS 演算法，它所依賴的是對超連結環境下連結構的分析。該演算法為每個頁面引入兩個權重：Authority 權重和 Hub 權重。Authority 值表示一個頁面被其他頁面引用的數量，即該頁面的入度。網頁的入度越大，則該網頁的 Authority 值越大；Hub 值表示一個頁面指向其他頁面的數量，即該頁面的出度。網頁的出度越大，其 Hub 值越大。Hub 值高的頁面是提供指向權威網頁連結集合的 Web 網頁，它本身可能並不重要，或者說沒有幾個網頁指向它，但是 Hub 網頁卻提供了指向就某個主題而言最為重要的網站的連結集合。如一個軍事愛好者在其個人主頁上推薦一個很權威的軍事網站列表。一般來說，好的 Hub 網頁指向許多好的權威網頁，而好的權威網頁是通常有許多好的 Hub 網頁指向它。這種 Hub 與 Authority 網頁之間的相互加強關係，可用於權威網頁的發現和 Web 結構和資源的自動發現，這就是 Hub/Authority 方法的基本思想。

Kleinberg 正是利用 Web 網頁的 Hub/Authority 特性而提出了 HITS 演算法，流程描述如下：

第一步：建構 Web 子圖。將查詢 q 提交給傳統的基於關鍵字匹配的搜尋引擎，從返回結果中提取具有高品質（即高權威性）的 n（n 不能太大，一般取 200 左右）個網頁作為根集，用 S 表示。透過向 S 中加入被 S 引用的網頁和引用 S 的網頁將 S 擴充成一個更大的集合 T。這樣，就建構以集合 T 中的網頁為節點，以網頁之間的連結（不包括網站內部網頁之間的連結）為邊的 Web 子圖。

第二步：將各節點的 Authority 值和 Hub 值初始化為 1。

第三步：用迭代法計算各節點的 Authority 值和 Hub 值。對 T 中任意一個節點 u、v，用 $a(u)$ 表示網頁的 Authority 值，用 $h(v)$ 表示網頁 v 的 Hub 值。然後分別用公式 (2-5)、公式 (2-6) 計算 $a(u)$ 和 $h(v)$。

$$a(u) \;=\; \sum_{(v,u)\,\in\,E} h(v) \qquad\qquad\qquad\qquad （2\text{-}5）$$

$$h(v) \;=\; \sum_{(v,u)\,\in\,E} a(u) \qquad\qquad\qquad\qquad （2\text{-}6）$$

每次迭代後需要對 $a(u)$，$h(v)$ 進行正規化處理（使所有 $a(u)$ 或 $h(v)$ 的平均和為 1）：

$$a(u) \;=\; a(u) / \sqrt{\sum_{q\in T} \left[\,a(q)\,\right]^2} \qquad\qquad h(v) \;=\; h(v) / \sqrt{\sum_{q\in T} \left[\,h(q)\,\right]^2}$$

公式 (2-5) 反映了若一個網頁被很多好的 Hub 網頁引用，則其權威值會對應增加；公式 (2-6) 反映了若一個網頁指向了許多好的權威頁，則其 Hub 值也會越高。J.Kleinberg 在研究實踐中證實，經過足夠的迭代後，a 和 h 的值將趨向與一個穩定的結構，最後 HITS 演算法將得到一組具有較大 Hub 值和具有較大 Authority 值的頁面。

一些學者在研究了以上的 HITS 演算法後，發現其對採礦主題相關的權威網頁和 Hub 網頁存在以下幾個問題：

(1) 實際應用中，由 S 產生 T 的時間負荷是很昂貴的，需要下載和分析 S 中每個網頁包含的所有連結，並且排除重複的連結。一般 T 比 S 大很多，由 T 產生有向圖也很耗時。需要分別計算網頁的 a/h 值，計算量比 PageRank 演算法大。

(2) 網頁中一些無關的連結影響 a、h 值的計算。在製作網頁的時候，有些開發工具會自動地在網頁上加入一些連結，這些連結大多是與查詢主題無關的。同一個網站內的連結目的是提供導覽幫助，也與查詢主題無關，還有一些商業廣告和公關交換的連結，也會降低 HITS 演算法的精度。

(3) 用 HITS 進行窄主題查詢時，可能產生主題泛化問題，即擴充以後引入了比原來主題更重要的新的主題，新的主題可能與原始查詢無關。泛化的原因是因為網頁中包含不同主題的向外連結，而且新主題的連結具有更強的重要性。

(4) 原始的 HITS 演算法最大的弱點是沒有考慮網頁的主題相關性，對所有的網頁都賦予相同的權重，因此它也處理不好主題漂移問題。特別是由於緊密連結（Tightly-Knit Community Effect，TKC）現象的存在，即如果在集合 T 中有少數與主題無關的網頁，但是它們是緊密連結的，HITS 演算法的結果可能就是這些網頁，從而偏離了原來的主題。

HITS 演算法遇到的問題，大多是因為 HITS 是純粹的基於連結分析的演算法，沒有考慮文字內容，在 J.Kleinberg 提出 HITS 演算法以後，很多研究者提出了一些 HITS 的改進演算法，其中 IBM Almaden 研究中心的 Clever 工程組提出了 ARC（Automatic Resource Compilation）演算法。該演算法對原始的 HITS 做了改進，在賦予網頁集對應的連結矩陣初始值時結合了連結的錨（Anchor）文字，考慮了不同的連結具有不同的權重的情況。ARC 演算法與 HITS 的不同主要有以下三點：①由根集 S 擴充為 T 時，HITS 只擴充與根集中網頁連結路徑長度為 1 的網頁，也就是只擴充直接與 S 相鄰的網頁，而 ARC 中把擴充的連結長度增加到 2，擴充後的網頁集稱為增集；② HITS 演算法中，每個連結對應的矩陣值設為 1，實際上每個連結的重要性是不同的，ARC 演算法考慮了連結周圍的文字來確定連結的重要性；③ ARC 演算法的目標是找到前 15 個最重要的網頁，只需要 a/h 的前 15 個值相對大小保持穩定即可，不需要 a/h 整個收斂，所以 ARC 演算法有很高的計算效率，負荷主要是在擴充根集上。

3）PageRank 和 HITS 演算法比較

PageRank 和 HITS 均為基於連結關係分析的演算法分析，但兩者也存在差別：

(1) PageRank 演算法與主題無關，HITS 演算法同用戶的檢索主題相關。PageRank 演算法獨立於檢索主題，因此也常被稱為 query-independent 演算法。PageRank 借鑒了引文分析的思想，並利用網路自身的超連結構給所有的網頁確定一個重要性的等級數，即 PageRank 值，但因網頁等級值的計算不是針對查詢的，對於某個特定主題的查詢，在返回結果中一些與主題無關的"強壯"網頁將會排在較前的位置。HITS 的原理如前所述，其 Authority 值只是相對於某個檢索主題的權重，因此 HITS 演算法也常被稱為 query-dependent 演算法。顯然，HITS 演算法所針對的不是整個網路結構圖，而是特定查詢主題的網路子圖。

(2) PageRank 是基於隨機瀏覽（Random Surfer）模型的，它將網頁的重要性從一個 Authority 頁傳遞給另一個 Authority 頁，HITS 演算法在概念的定義上比 PageRank 演算法多提出了中心網頁的概念。透過中心網頁和權威網頁的相互作用，HITS 演算法更好地描述了網路的一種重要組織特點：權威網頁之間通常是透過中心網頁而彼此發生關聯的。網頁重要性是透過 Hub 頁向 Authority 頁傳遞，而且 Kleinberg 認為，Hub 與 Authority 之間是相互增強的關係。

(3) PageRank 演算法實質上是一種透過離線對整個網路結構圖進行冪迭代的方法。PageRank 所計算出的網頁等級值實際上就是網路結構圖經過修改後的相鄰矩陣的特徵值，對這些值的計算有非常有效的方法，因此能夠很好地應用到整個網路規模的實踐中。這種方法的另一個主要優點是 PageRank 值的計算工作在用戶查詢時已經由伺服器端獨立完成，不需要用戶端等待。HITS 演算法和 PageRank 相似，也是透過迭代的方法計算相鄰矩陣的特徵向量，但由於 Authority 和 Hub 值的計算是在獲得用戶的查詢關鍵字後進行的，雖然網頁數量規模上的極大減小可以使 HITS 演算法的迭代收斂速度比 PageRank 要快得多，但由於需要從基於內容分析的搜尋引擎中提取根集並擴充基本集，這個過程需要耗費相當的時間。

基於 Web 連結構分析的演算法考慮了連結構和頁面之間的引用關係，能夠較好地解決連結預測問題，但它的明顯不足是忽略了頁面與主題的相關性，雖然在發現權威頁面方面具有很好的表現，但並不適合發現主題資源。因此，其侷限性在於：由於 Web 連結構的非精確性，導致連結爬行會出現主題泛化和主題漂移現象；基於連結構分析的演算法需要採用迭代的方法計算相鄰矩陣的特徵向量，故系統負荷一般都很大，嚴重影響了主題網路爬行器的執行效率和速度。

2. 基於文字內容分析的演算法

基於文字內容分析的演算法主要是利用頁面中的文字資訊作為判斷依據，根據頁面和錨文字以及錨文字上下文的主題相關度的高低來評價連結價值的高低，並以此決定其搜尋策略。這類演算法的代表有 Best First Search、Fish Search、Shark Search 等。

1）Best First Search 演算法

Best First Search 的基本思想是給定一個待爬行 URL 佇列，從中挑選最好的 URL 優先爬行。爬行主題是採用關鍵字集合表示的，URL 的優先權是根據主題詞和已下載網頁 p 的文字內容來計算，用它們的相關度來估計 p 所指向網頁的相關度。相關度大的網頁，所指向的網頁優先權就高，從而決定了待爬行佇列中 URL 的優先權順序。如果待爬行佇列的緩衝區滿了，則將優先權最低的 URL 從該佇列中移除。網頁與主題之間的相關度採用公式 (2-7) 進行計算。

$$\text{Sim}(q,p) \;=\; \sum_{k \in q \wedge p} f_{kq} f_{kp} \tag{2-7}$$

公式中：q 為主題 ; p 表示抓取的網頁 ; f_{kq} 為詞 k 在 q 中出現的頻次 ; f_{kp} 為詞 k 在 p 中出現的頻次。

Best First Search 演算法的虛擬程式碼如下：

```
Best First Search (Starting_URLs，topic)
{
  enqueue (url_queue，starting_URLs);        // 將種子 URL 全部放入堆疊
  int num Visited=0;
  While (num Visited<MAX_PAGES && number (url_queue) !=0){
    url=dequeue_top_link (url_queue);
    page=crawl_page (link);
      num Visited++;
    enqueue (crawled_queue，url);
    url_list=Extract_link (page);
    sim_score=sim (topic，page);             // 計算主題和頁面的相似度
    enqueue (buffered_page，page，sim_score);  // 將計算結果保留
```

```
    For Each u In url_list{
      If (u Not In url_queue && u Not In crawled_queue)
        enqueue (url_queue,sim_score);
      If (number (url_queue) >MAX_BUFFER)
        dequeue_bottom_links (url_queue);
    }
    reorder_queue (url_queue);
}//End of While (url_queue)
```

該演算法維護 url_queue 和 crawled_queue 兩個佇列，分別用來存放待爬行 URL 和已爬行 URL。程式執行時，先將初始 URL 放入 url_queue 中，透過上述公式進行計算，選擇優先權最高的 URL 進行爬行，並將該 URL 放入 crawled_queue。將爬行下來的頁面透過錨文字和連結資訊計算相似度，並根據該數值將從該頁面中解析出來的對應連結插入 url_queue。循環該操作直到滿足程式結束條件。

這種演算法的優點是計算量較小，對寬泛的主題爬行較適合。但在關鍵字很多的情況下，由於錨文字和連結資訊不能很好地反映頁面主題，將導致效果不佳。

2）Fish Search 演算法

此演算法是 De. Bra 於 1994 年提出來的，一個 URL 被比喻成一條魚，魚能活多久和它們能繁殖多少後代，取決於它們找到食物的多少。當一個檔案被爬行下來之後，很多新的 URL 就會被解析出來（魚繁殖很多的後代）。其中，有用的 URL 的數量取決於該檔案是否與主題相關（包含多少食物），以及它本身包含連結（後代）的數量。每當魚找到大量食物（主題相關頁面）之後，它就能變得強壯，並繁殖更多的後代；反之，魚就變得虛弱，後代也少。當魚找不到食物（無相關頁面）或者水被污染（帶寬不夠）的時候，魚就死掉。該演算法的關鍵是根據種子網站和查詢關鍵字，動態地維護一個 URL 爬行優先佇列。這個佇列分為前端、中部和尾端三部分，另外還需要 depth、width 和 potential_score 幾個參數，分別用於記載被搜尋網頁的層深、每頁最多分析的連結數目（此稱孩子數）和 URL 的相關度。這個演算法的基本思想是：它以一個 URL 為起始搜尋網頁，在搜尋這個 URL 的基礎上動態地建立一個列表，該列表中包含有待搜尋的 URL。這個列表中的 URL 具有優先權的區分，優先權高的 URL 將排在列表前端，比排在列表後面的 URL 提前被搜尋。在每一步開始時，取出列表中的第一個 URL 進行分析。如果該網頁可以存取，則經過分析對它的 potential_score 指派，並改變其對應的 depth 和 width 值，然後再重新進行下一個 URL 的檢索。

Fish Search 演算法的具體描述如下：

(1) 從最初的 URL 列表中選擇 URL，並取得與之對應的網頁檔案，將這個檔案與用戶的查詢內容對比，分析二者的相關性。

(2) 給每個 URL 賦對應的 depth 值。如果這個檔案是相關的，那麼這個檔案中所出現的 URL 的 potential_score 將被指派為 1，並獲得一個最初設定的 depth 值。如果這個檔案不相關，那麼將這個檔案中出現的 URL 的 potential_score 指派為 0.5 或 0 兩種值，獲得的 depth 值將減少，當這個深度為 0 的時候，這個方向的搜尋就停止。深度大於 0 的孩子網頁的 URL 按照下述啟發策略來插入 URL 爬行優先佇列：相關網頁的前 a*width 個孩子（a 是預先定義的大於 1 的常數）加入佇列的頂端；無關的網頁的前 width 個孩子 URL 加入到佇列中緊靠著相關網頁的孩子節點後面；剩下的孩子 URL 加入到佇列的尾端（也就是說只有在時間允許的情況下才有可能被爬行）。

(3) 在獲取檔案的時候，對 Web 伺服器的傳輸速度進行監測，如果速率很低，則將檔案中的 URL 的 depth 設為 0。

(4) 在滿足停止條件或 URL 佇列已為空時，停止執行。

Fish 演算法的虛擬程式碼如下：

```
FishSearch ( Starting_URLs，topic，width，D)
{
enqueue ( url_queue，Starting_ URLs，D);     // 將種子 U 放入堆疊，深度為 D
int numVisited=0 ;
While ( num Visited<MAX_PAGES&&number!=0 ) {
( url，depth) =dequeue_top_link ( url_queue );
Page=crawl_page ( url );
numVisited++ ;
enqueue ( crawled_queue，url );
url_list=Extract_link ( page );
```

```
sim_score=sim（topic，page）;            // 計算相似度，判斷目前節點是否相關
enqueue（buffered_page，page，sim_score）;     // 保留結果
if（depth>0）{
```

步驟一：

```
if（目前頁面不相關）{
對 url_list 的前 width 個孩子節點（Childes_node），
Potential_score=0.5；
對剩餘孩子節點，potential_score=0；
}
else{
對 url_list 的前（a*width）個節點（a 等於預先設定的常數，一般為 1.5），
Potential_score=1；
對所有剩餘的孩子節點，potential_score=0；
}
```

步驟二：

```
for（Each u In url_list）
if（u in url_queue）{
比較 url_queue 中的 score 和 u 的 scroe，用最大值取代 url_queue 中的 score；
如果有需要，按照 score 對 url_list 排序；
）else
如果有需要，按照 potential_score 的大小在 url_list 尋找合適位置插入；
}
```

步驟三：

```
for（Each u In url_list）{// 計算深度 depth，depth（u）
if（目前頁面相關）
depth（u）=D；
else
depth（u）=depth（page）-1；
if（u In url_queue）
比較 url_queue 中的深度和 depth（u），用最大值取代 url_queue 中的 depth；
}
}//End of if（depth>0）
}//End of while
}
```

Fish Search 演算法是一種基於客戶端的搜尋演算法，因為其模式簡單、動態搜尋，具有一定的實用價值。但也存在缺點：只使用簡單的字串比對分配 potential_score 的值，並且該值是離散的（只有 1、0.5、0 三種），分配的值不能完全代表與主題的相關度。在 URL 佇列中，優先權重之間的差別太小。當很多 URL 具有相同的優先權，並且在爬行時間受到限制的時候，可能後面更重要的網頁被忽略掉了。另外，使用 width 參數來調節刪除網頁後面的 URL 的個數也有點過於武斷，可能導致丟掉一些重要的資源。

3）Shark Search 演算法

針對 Fish Search 演算法所存在的問題，Michael Hersovici 對其進行改進，提出了 Shark Search 演算法，該演算法使用一個更加精化的表達式預測爬行佇列中連結的優先權。錨文字、錨文字周圍的文字以及繼承自祖先節點（連結的祖先節點是指出現在到達該連結所在網頁的爬行路徑上的所有網頁）的得分，都能夠影響一個連結的爬行優先權。跟 Fish Search 演算法一樣，Shark Search 演算法也為爬行佇列中的每一個連結設定了一個深度值和潛在值。

Shark Search 演算法對 Fish Search 演算法的改進有如下兩點：引入向量空間模型，計算頁面與用戶查詢之間的相關度，改善對於相關度計算時的簡單的兩值判斷所帶來的問題，對相關度的值進行細化，取值在 0 到 1 之間；在計算 URL 的 potential_score 上，不但繼承了祖先的值，而且考慮超連結附近的文字（錨文字及其上下文）所包含的提示資訊，並計算其與用戶查詢之間的相關度。採用式（2-8）來計算 potential_score 的值。

$$score(url)=\gamma \cdot inherited(url)+(1-\gamma) \cdot neighbour(url) \tag{2-8}$$

公式中：參數 $\gamma < 1$，neighbour 值表明包含該連結 URL 的網頁中所包含的上下文資訊，inherited 值從該連結的祖先節點繼承得到。

對應地，只要用以下程式碼代替 Fish Search 中步驟一部分的程式碼就可以得到 Shark Search 演算法的虛擬程式碼：

①頁面中連結的相關度受頁面相關性的影響，計算孩子節點繼承相關度值

```
inherited_score（child_node）;
if（current_node 相關）
inherited_score（child_node）=*sim_score; // 是預先定義的衰減因子
else
inherited_score（child_node）= δ*inherited_score（current_node）;
```

②計算錨文字的相似度：anchor_score=sim（topic，anchor_text）;
//anchor_text 為 child_node 的錨文字

③計算 anchor_text_context 相似度的值：

```
// anchor_text_context 為錨文字的上下文
if（anchor_score>0）
anchor_context_score=1;
else
anchor_context_score=sim（topic，anchor_text_ontext）;
```

④計算 neighborhood_score 的值：

```
neighborhood_score=*anchor_score+（1-β）*anchor_context_score;
// 是預先定義的常數
```

⑤計算連結主題相關度預測值 potential_score（childes node）:

```
Potential_score（child_node）=
*inherited_score（child_node）+（1-γ）*neighborhood_score
（child_node）
```

基於文字內容評價的演算法是早期主題爬蟲廣泛採用的啟發策略演算法，這類方法起源於文字檢索中對文字相似度的評價，是根據語義相似度的高低決定連結的存取順序，它的顯著優點是計算量比較小，缺點是忽略了 Web 結構的作用。因為 Web 頁面是一種半結構化的文件，其中包含了許多結構資訊，頁面中的超連結在一定程度上表示了頁面之間存在著某些關係。由於基於文字內容評價的網路爬蟲忽略了這些資訊，因而在預測超連結的價值方面存在一些缺陷，而且它們也沒有採用分類器，對搜尋主題沒有明顯的學習和訓練階段，容易造成網頁的誤選。

2.2.4 輿論採集的研究成果

1. 國外輿論採集的研究成果

在國外，主題導向搜尋引擎的研究目前正成為一個熱點。下面是朱建華總結的一些較具有代表性的系統。

1) Scirus

Scirus 是國際著名的科學資訊出版社 Elsevier Science 於 2001 年創辦的科技文獻專業搜尋引擎，由 Fast Search & Transfer 的最先進的搜尋引擎技術來支援。Scirus 的資訊來源主要有網路和期刊資料庫兩方面，其中網路資源佔資源總數 40%，期刊資料庫資源佔 60%。Scirus 的網路資源豐富，它使用 FAST 的搜尋平台對用戶提供了超過 4.5 億個科技網頁的檢索，收錄範圍廣泛，文獻種類齊全。

Scirus 採用了基於 Web 的文字資訊採礦技術，即將資料採礦的思想應用到 Web 文字資訊處理中，它涉及到文字分類、索引、叢集、查詢匹配等各項技術，在 Web 個人瀏覽輔助工具中有著廣泛的應用。由於資料採礦的引入，大大提高了文字分類的準確度、文字索引對文字描述的全面性以及用戶查詢匹配的精度。Scirus 採礦和索引科學網站資訊並且給這些網站進行分類，方便檢索者在相關主題中查找，使結果更加準確。由於專業搜尋引擎的服務內容定位於特殊的或獨立的空間領域，因此 Scirus 邀請了一批具有很高專業水平的專家負責指導收集、整理、評價資訊資料以及有效地引導讀者提高檢索品質和檢索效率。Scirus 為了能夠精確地收集相關的科學資訊，它使用了倒置的金字塔技術來描述收集過程。在過程中的每一個階層，資料都進行了嚴格的過濾。位於倒置的金字塔頂端的是種子列表（Seed List），它是 Scirus 進行網路搜尋資訊的基礎。在其中，有多種途徑為種子列表加入資源。Scirus 使用一個機器人（原理類似於網路爬蟲）來讀取種子列表的資訊。不像通用型搜尋引擎，Scirus 的機器人不會去搜尋資源的連結網頁，除非種子列表中包含有其連結的網頁。這種做法主要是僅為科學資源做標引，以確保精確查詢。

Scirus 將主題按學科分成了 20 個類別，但由於新學科、交叉學科、邊緣學科的不斷產生，僅用 20 個學科來涵蓋所有的學科領域是不可能的，顯得學科分類不夠全面、準確。另外，Scirus 所提供的線上詞表不能從主題概念角度反映同義詞、近義詞、多義詞等詞間關係，影響到檢索回收率。

2）Focus Project

Focus Project 是印度學者 S. Chakrabarti 在柏克萊大學電腦系讀博士期間所從事的一個專案。在該專案中，作者提出了一種新的 Web 資源自動爬行系統，即主題爬行器（Focused Crawler，FOC）。它對主題的定義既不是採用關鍵字也不是加權詞向量，而是一組具有相同主題的網頁。儘管稱為主題導向的爬行器，但它實際上是一整套關於特定資源的自動建設方法，實現在 Web 上查找、獲取、索引和維護與特定主題相關的網頁，以建設 Web 主題資源。Web 內容由分佈的 FOC 組來管理，每個組專注於一個或多個主題。它只需在硬體和網路上作很小投資，就可以達到很好的 Web 主題資源覆蓋度。FOC 的研究目標是精心挑選和爬行與預先定義主題相關的網頁，儘量避免對無關資源的爬行，這樣可以節約硬體和網路資源，使得爬行結果具有更好的時效性。

該系統的最早版本採用了兩個程式：一個是分類器，用來計算下載網頁與主題的相關度，同時也用來指導爬行器優先爬行相關資源；另一個是淨化器，用來確定那些指向很多相關資源的網頁（在 HITS 演算法中，稱為中心網頁）。用相同的分類器同時來控制待爬行佇列的優先權和評價下載網頁的相關度，這樣做會影響爬行性能的客觀評價，錯誤地擴大了性能。這在方法論上存在一個錯誤。在意識到這個問題之後，該系統的改進版本就設計了兩個分類器，一個用來指導爬行，另一個用來計算下載網頁與主題的相關度。

為了減少用戶最初使用系統時的學習時間，該系統採用經典的分類，如 Yahoo、ODP，預先建立了一個分類架構和相關的 Web 網頁，使得用戶一開始就可以取得很好的使用效果。在使用的過程中，用戶可以對分類進行選擇和細化，只選擇自己感興趣的類，對某些類進一步劃分子類。同時，對某主題的網頁，系統還計算出近鄰網頁，這些網頁可能與該主題相關。用戶在瀏覽的過程中可以對近鄰網頁進行審查，如果相關則納入該類主題下。Focus Project 為用戶預先提供分類架構和相關資源的功能，可以有效地減少用戶的學習時間，提高系統的可用性。但是，Focus Project 沒有提供基於主題詞的搜尋，只是根據用戶提供的 Web 網頁來找出與之相似的網頁。

3）Google Scholar

2004 年 11 月 18 日，Google 公司宣佈針對科學家和研究人員推出新的搜尋服務 Google Scholar。Google Scholar 的服務對象主要是科學家和各類從事學術研究的人士，其搜尋的範圍幾乎涵蓋所有知識領域的高品質學術研究資料，包括論文、專業書籍以及技術報告等。一方面它過濾了普通網路搜尋引擎中大量對學術人士無用的資訊，另一方面 Google 與眾多學術文獻出版商等合作，加入了許多普通搜尋引擎無法搜尋到的加密內容，並要求合作者至少免費提供文獻的文摘。

Google Scholar 是一種純學術性的搜尋引擎，具有學術性強、覆蓋面廣、使用便捷、免費服務等特點。使用 Google Scholar 除了可以搜尋普通網頁中的學術論文以外，還可以搜尋同行評議文章、學位論文、圖書、預印本、文摘、技術報告等學術文獻，文獻來源於學術出版物、專業學會、預印本庫、大學機構，內容從醫學、物理學到經濟學、電腦科學等橫跨多個學術領域。目前，它可檢索的網頁並沒有確切的數量，但是有著 Google 能夠檢索 80 億個網頁的堅強技術後盾，以及與各大數據庫廠商、專業學會等的強強聯合，收錄範圍預計能夠在眾多專業搜尋引擎中名列前茅。

Google Scholar 自身並不擁有學術資源，只是利用優秀的檢索技術將圖書館、出版商等的資源整合並整合起來，為用戶提供一站式的檢索服務。Google Scholar 使用的搜尋技術與普通的 Google 搜尋技術一樣，都利用其網頁等級技術 PageRank 進行。利用該技術檢查整個網路連結構，並確定哪些網頁重要性最高；然後進行超文字匹配分析，確定哪些網頁與正在執行的特定搜尋相關。因此，Google Scholar 所返回的檢索結果為已排序的，其相關性排序依據考慮到了文章的全文、文章的作者、刊載文章的出版物的知名度以及該篇文章的被引用次數。Google Scholar 的特點在於它提供結果的引文連結，這樣從一個關鍵字入手即可透過引用關係搜尋到大量相關資訊。

4）Collection Building Program

Collection Building Program（CBP），是美國國家科學數位圖書館（National Science Digital Library，NSDL）支援下的一個子專案，旨在為科學、技術、工程和數學教育建立大規模的線上數位圖書館，研究主題資源自動建設的可能性。該專案有如下特點：①它是教育教學導向的，主題準確度比覆蓋度（Coverage）更為重要；②它不是一次性建設而是以漸進方式來逐步建設的；③主要收集那些具有教學意義的資源，數量有限；④它不儲存資源原文，只提供 URL 連結；⑤它只需要用戶最少量的輸入，如關鍵字，系統就可以全自動地將有關該主題的最相關的一定數量的 URLs 返回給用戶。

在 CBP 專案中，它將館藏（Collection）定義為關於某個主題的 Web 網頁、PDF、PS（Postscript）等檔案組成的集合，它透過主題爬行來逐漸產生。它的前提是假設對於任何主題在 Web 上都有對應的線上虛擬館藏。開始是沒有館藏的，只有需要建設的館藏的主題（詞）列表。根據這些主題（詞）列表，利用其他搜尋引擎（如 Google）的檢索結果建構對應的叢集質心（Centroid），用質心來代表對應主題。例如，對於數學論壇網站上的數學主題階層，建立了 35 個館藏質心，然後使用大規模爬行器 Mercator 來爬行；下載的每個文件與 35 個質心進行相似度計算，確定該文件屬於哪一類；在爬行的最後，期望產生有 35 個館藏，每個館藏有 20 ～ 50 個的資源。

因為該專案是為教育、教學服務的，強調的是準確度和中心度（可以引導用戶找到更多的有價值的資源），所以每個類別的資源數量相對較少，它不符合中國國家科學數位圖書館（Chinese National Science Digital Library，CNSDL）下各學科門戶的 Web 資源建設的要求，不僅要求資源的主題準確度又重視資源的主題覆蓋度，這需要在兩者之間作出平衡，使它們都達到實際應用的要求。

5）CiteSeer

CiteSeer（又名 Research Index），是 NEC 研究院為了解決其科研人員利用科學文獻的效率，及時獲取最新科學文獻及其相關 Web 網址，在自動引文索引（Autonomous Citation Indexing，ACI）機制的基礎上建設的一個學術論文數位圖書館。這個引文索引系統提供了一種透過引文連結的檢索文獻的方式，目標是從多個方面促進學術文獻的傳播和回饋。該系統可以自動查找、抽取引文、判斷不同格式的引文是否屬於相同文獻、識別論文主體的上下文、提供引文分析方面的統計資料。這些自動化技術的應用大大降低了資源建設的成本，提高了資源建設的效率，使 CiteSeer 獲得巨大成功。

CiteSeer 專門收集在 Web 上各種格式的論文，包括學者個人主頁、研究機構、電腦專業的大型商業資料庫等，對其內容做深入分析，同時抽取其參考文獻（References），利用 SCI（Science Citation Index）技術，建立了一個 Research Index 資料庫，為科研人員提供文獻服務。目前，在 CiteSeer 資料庫中可檢索超過 50 萬篇論文，這些論文涉及的內容主要是電腦領域。這個系統能夠在網路上提供完全免費的服務（包括下載 PostScript 或 PDF 格式的論文的全文）。該系統的主要功能有：①檢索相關文獻，瀏覽並下載論文全文；②查看某一具體文獻的 "引用" 與 "被引" 情況；③查看某一篇論文的相關文獻；④圖表顯示某一主題文獻（或某一作者、機構所發表的文獻）的時間分佈。

CiteSeer 專案的資料來源相對比較穩定，主要來自學者的個人主頁、研究機構主頁、商業資料庫等，並且只分析格式標準的研究論文，不收集 Web 網頁內容。儘管它也實現了主題爬行功能，但沒有在預測 URL 與主題的相關度上面作深入研究。

2. 中國輿論採集的研究成果

在中國，研究主題搜尋引擎的團隊也越來越多，目前著手研究該領域的主要是一些大學的研究機構和一些搜尋引擎公司。但是，中國的研究與國外相比還處於一個初步發展階段，主要側重於有關係統功能的實現。

1）STIP

網路科技資訊門戶網站 STIP（Science and Technology Information Portal）是大陸中科院文獻情報中心實施中科院文獻資訊共享系統的一個子課題，旨在開發和利用網路上的科技資訊資源，它透過搜尋、發現、組織、加工、整理網路上的科技資訊資源並藉助網路向用戶提供網路資源導覽、檢索等資訊服務。該系統有一個類似於自動主題搜尋系統的科技資訊資源採集系統，該系統採用通用爬行器模型來實現資源採集，為資源建設者提供一種方便靈活的介面，利用人工來判斷是否與主題相關、標引相關資料。該專案在自動主題搜尋上基本沒作深入研究，但它所提供的功能架構還是具有一定的先進性。

2）網路智慧知識服務系統 I-KNOW

網路智慧知識服務系統 I-KNOW 是一個完整的、針對專業用戶的系統，它包括資訊資源採集子系統、資源管理子系統、用戶服務子系統以及資訊處理獨立模組。它的資訊資源採集子系統 I-Robot 是 I-KNOW 的核心子系統，負責資訊的採集和處理並最終形成索引。後來在 I-KNOW 的基礎上，進一步發展為萬方資料競爭情報電腦系統（WFIS），該系統旨在綜合採集各種可以獲取的網路資源、電子文件、印本書檔等資訊資源並進行統一的組織、整理、加工，最終服務用戶。該系統服務於專業人員的情報加工工作，可以為最終用戶提供情報相關產品。I-KNOW 系統最早是採用通用爬行器模式來實現自動主題搜尋的，後來採用了 FISH 演算法來提高主題搜尋的性能。也就是説，該系統在主題搜尋上只是採用了 FISH 演算法。

3）南大 IDGS

南京大學軟體新技術國家重點實驗室張福炎、潘金貴等人設計了一個網路資料採集系統（Internet Data Gather System，IDGS），旨在對 Web 上中英文技術資料進行自動收集。IDGS 根據用戶提交的採礦目標樣本，在 Web 上自動查找用戶所需的資訊，它採用向量空間模型和基於詞頻統計的權重評價技術，由特徵提取、源網站查詢、文件採集、模式匹配等幾個部分組成。該系統的關鍵技術在於它的一個模式匹配模組，其任務是計算實際採集到的網頁與用戶興趣之間的相關度。它的文件採集模組相當於一個爬行器，採用了興趣漫遊的模型，其基本思想是：如果某網頁滿足用戶興趣，則繼續往下找，否則就終止該方向的查找。該模型類似於 FISH 演算法，"哪兒有草，魚兒就往哪兒遊"。但它只是簡單地用父節點的主題相關度來判斷是否下載孩子節點，並且只在用戶給出的有限種子網站基礎之上爬行，搜尋的深度很有限，更多地強調準確度，在一定程度上忽視了覆蓋度。

4）北大天網

北京大學電腦網路與分佈系統實驗室研製開發的 "天網" 中英文搜尋引擎系統，是國家 "九五" 重點科技重點專案 "中文編碼和分布式中英文資訊發現" 的研究成果，並於 1997 年 10 月 29 日正式在 CERNET（Chinese Education & Research Network）上向網路用戶提供 Web 資訊導覽服務，致力於探索和研究中英文搜尋引擎系統的關鍵技術，以便向廣大用戶提供更為快速、準確、全面、時新的巨量 Web 資訊導覽服務。天網從最早提供簡單的網頁資訊查詢服務以來，不斷推出檔案搜尋服務、天網目錄服務、天網主題服務，同時正在研製個性化服務。其中 "天網主題" 就是致力於特定領域、地域、特定主題的資源搜尋收集，其解決的關鍵技術是網頁分類技術。

2.3 網路輿論的資訊處理

2.3.1 網路輿論的處理方法

1. 輿論資訊前置處理

輿論資訊前置處理是對採集到的輿論資訊資料進行初步的加工和處理，為後繼輿論關鍵資訊的抽取和輿論內容的分析奠定基礎，主要包括頁面解析、相似性排重處理、自動分詞、網頁資料的索引、儲存與統計等。

2. 輿論關鍵資訊抽取

輿論關鍵資訊抽取的主要工作，是在資訊前置處理的基礎上獲取網頁資料的各種結構中繼資料和內容中繼資料。結構中繼資料包括網頁的資料來源、資料時間等，內容中繼資料是指根據所採用輿論分析模型抽取的內容特徵項，如關鍵字特徵項、情感詞特徵項等。

3. 輿論資訊內容分析

輿論資訊的內容分析主要包括輿論話題檢測與追蹤、輿論敏感資訊監控和對輿論觀點的採礦，在此基礎上分析輿論熱點、重點、焦點等，以及對輿論觀點進行採礦。

4. 輿論資訊服務平台建構

輿論服務平台的主要功能是將輿論系統分析處理得到的結果顯示給用戶。輿論資訊瀏覽，包括分站瀏覽、分類瀏覽、專題瀏覽等；報表資料顯示，包括各種統計圖表和統計資料表格；輿論資訊檢索，主要是為用戶提供資訊檢索功能，根據指定條件對熱點話題、傾向性進行查詢，並瀏覽資訊的具體內容。

2.3.2 網路輿論的資訊內容分析

1. 內容分析的內涵

網路輿論資訊內容分析建立在資訊採集和前置處理的基礎之上，是網路輿論分析流程中最為關鍵的一個環節，網路輿論內容分析的品質和深度直接影響最後輿論分析結果的準確度和可信度。徐震利用圖 2-10 表示了內容分析的流程。

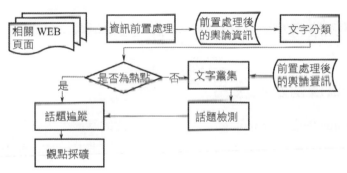

▲ 圖 2-10 主題網路輿論內容的分析流程

2. 內容分析階段的技術方向

從圖 2-10 可以看出，話題檢測、話題追蹤、觀點採礦是內容分析階段要完成的任務。其中話題檢測的技術手段主要是輿論資訊文字叢集，話題追蹤的主要技術手段是在話題已定的情況下進行輿論資訊文字分類，觀點採礦主要對輿論資訊文字的傾向性進行識別，而網路輿論特徵抽取又是以上三個方面的基礎。因此，研究的重點和難點包括以下三個方面：

(1) 主題網路輿論特徵抽取。從網路上獲取的主題網路輿論最終表現為輿論 Web 文字資料，從電腦處理角度看，Web 文字是由其特徵項構成，主題網路輿論特徵抽取指的是獲取關於 Web 文字的特徵項，特徵項的抽取品質直接影響到對輿論資訊分析處理的效果。

(2) 主題網路輿論資訊叢集和分類。主題網路輿論話題檢測和追蹤的重要途徑，是透過輿論資訊的自動叢集和分類來獲得輿論話題的類別以及後續相關報導的識別。因此，輿論資訊叢集和分類的效率和準確程度，對輿論熱點話題檢測和追蹤有著重要的影響。

(3) 主題網路輿論傾向性分析。主題網路輿論，一般在態度上都具有明顯的情感傾向性，透過分析判斷主題網路輿論的情感傾向性，可以及時瞭解各方的觀點態度，若發現不利因素，決策部門及時、科學地制定相關宣傳方案，應對網路資訊內容威脅的嚴峻形勢，主動引導網路輿論朝著健康正確的方向發展。

2.4　網路輿論的內容分析與服務

2.4.1　知識技術及其應用

知識技術（Knowledge Technology）是在資訊技術的基礎上，針對資訊技術的不足而發展起來的、增強了知識處理能力的新一代資訊技術，它是資訊技術中的一個新興研究領域，是資訊技術的補充和延伸。知識技術的操作對象是可用的資訊（即知識），知識技術能讓網路上的各種知識服務更好地為人們服務，從而實現網路資訊的智慧化處理，這是知識技術與普通資訊技術最重要的區別。雖然目前在數位圖書館和知識管理領域，學者對知識技術及其應用做了大量的深入研究，但是學界對知識技術的界定尚未統一。英國 "先進知識技術"（Advanced Knowledge Technologies）的研究計劃報告指出：知識技術是用於組織從知識資產中建立、管理、抽取價值並把這些技術組合為建立知識生命週期完整方法的下一代資訊技術。歐盟第六期研究架構計劃（FP6）認為：知識技術是用於整合知識採集、模型化、重用、檢索、提供和維護的方法和服務的技術。

中國學者曾民族認為知識技術的內涵至少包含三層含義：第一，知識技術是資訊技術的延伸和擴充，是增強處理知識能力的新一代資訊技術；第二，知識技術是用於知識採集、模型化、重用、檢索、提供和維護整個生命週期的技術；第三，知識技術是實現以語義網為核心的網路第三次革命的關鍵技術。廖開際認為知識技術是能夠協助人們生產、存取、提煉和傳遞知識的現代資訊技術。安小米把知識技術的概念分為理念、方法、模式三大類型。朝樂門綜合各方觀點，認為可以從兩個角度定義知識技術，狹義上的知識技術僅指語義網技術，廣義上的知識技術指的並不是單純一項技術，而是以語義網為核心的、由來自不同領域的支援知識管理或服務活動的技術組成的複雜性系統，其目的在於管理，對象是知識，手段是綜合整合。

本書認為，知識技術本質上屬於資訊技術的範疇，是對資訊進行理解的智慧化資訊技術，是以知識為處理對象的一系列資訊技術的總和，具體包括知識獲取技術、知識表示技術、知識推理技術和知識發佈技術等。這些技術共同參與在知識獲取、知識建模、知識檢索、知識發現和知識維護整個知識生命週期中，它們都分別支援其中的一個或多個階段。

1. 知識技術的特徵

知識技術包含以下三個特徵：一是前瞻性，知識技術經歷了由 Web 技術到 "群組軟體技術與知識庫"，再到 "人工智慧"，最後是 "語義網" 這樣的變化過程，它是一種正在發展中的技術，其內涵隨時間變化而發生變化；二是綜合整合性，知識技術是包含資訊技術、語義網、本體、網格技術、代理技術、自然語言處理技術、可視化技術、個性化技術、人工智慧等在內的綜合技術整合；三是複雜性，知識技術並不是多種資訊技術的簡單集合，而是由多種資訊技術和業務技術組成的複雜系統，其複雜性體現在組成知識技術的各要素與其相互聯繫上，這種聯繫具有多樣性、非線性、非對稱性。

2. 知識技術的分類

早期對知識技術的研究中，由於處理對象的不明確，人們嘗試把資訊作為知識來進行處理，並把知識引入到資訊系統之中，當時的知識技術主要包括文獻管理系統、知識導向的資訊系統、分布式人工智慧自然語言處理、知識管理等，隨著技術的發展，知識技術現今已包括語義網、本體、虛擬協同和聯合、多語言即時自然語言處理、泛在計算、網格計算等多種技術。

按照目的用途劃分，總體上知識技術可以分為兩類：一是知識轉化類技術，二是知識傳遞類技術。知識轉化類技術的作用是把以各種形式存在的、異質的、分佈的資訊轉化為知識。此類知識技術主要依託於語義網，透過 Web 這一媒體將資訊轉化為知識，在轉化過程中需要從巨量資訊儲存中抽取資訊的含義，按照一定的推理規則進行知識推理，並對知識進行描述與規範。此類技術主要包括知識本體、與資料、多語言即時自然語言處理、基本代理技術等。知識傳遞類技術的作用是促進知識在組織中的傳遞。此類技術首先對組織中的知識進行識別，然後將識別之後的知識進行網路發佈或是傳遞給恰當的受眾，從而促進組織中的知識共享。此類技術主要包括知識內容的自動化技術、知識服務等。

按照知識技術的具體表現類型，圍繞知識生命週期中的各個階段，在朝樂門提出的知識技術分類基礎上，可以將輿論分析導向的知識服務技術分為 3 個層面及 16 大類，具體見表 2-1。知識技術的本質是對資訊進行理解，本體技術是知識技術的核心，本體所表達或描述的概念結構是作為人類知識基礎的意義結構，它是一切資訊理解技術的基礎，本體和本體工程也是目前知識技術研究的重點。在本書的研究內容中，主要涉及到描述邏輯、網路本體語言等知識表示技術，以及本體建構和推理等相關技術。

2.4.2 主題輿論內容分析框架

主題網路輿論監控與分析的核心在於對輿論資訊內容的深度分析，其研究的關鍵不僅需要充分利用已有的理論知識和先進的技術手段，還需要提出更貼切網路輿論實際的解決方案。從對主題網路輿論資訊內容深度分析的角度來看，在語義層面對其進行內容採礦，不僅可以提高採礦結果的準確度，而且能對其進行深度加工和利用，這也符合網路輿論分析的發展趨勢。

現有的輿論分析系統在內容分析模組中基本都是採用傳統基於統計和關鍵字的方法，沒有充分考慮詞語間的語義資訊，這必然會造成文字語義資訊的損失，導致結果的不精確。因此，需要將知識技術引入主題網路輿論內容分析中，將本體論和語義計算相關技術與輿論分析相結合，建立基於知識技術的主題網路輿論內容分析框架，以提高內容分析的準確度。

表 2-1 輿論分析導向的知識服務技術分類

三層	類型	知識服務技術
輿論採集	知識表示	RDF、XML、物件導向技術、主題圖、OWL 語言
	知識獲取	模擬技術、搜尋技術、網格技術、RSS 技術
	知識發現	XML、資料分類技術、Multi Agent 技術、軟體組件技術、可視化技術
	知識儲存	檔案技術、資料庫技術、內容管理技術、RSS 技術、OAI 技術、OpenURL 和 SFX 技術、ZING 和 SRU/SRW 技術、資料倉儲
輿論處理	知識組織	分類方法、主題詞表、後控詞表、規範文件、本體、SKOS、Z39.19 標準、主題圖、OWL、資訊建構技術
	知識提取	具名實體技術、實體聯繫技術、模板腳本技術、共指技術、模板合併技術、中文資訊提取技術
	知識採礦	人工神經網路技術、決策樹、粗糙集技術、OLAP 方法、資料可視化方法、最鄰近技術、規則歸納、正例排斥反例法、貝氏方法、KDD
	知識分析	EXCEL、統計分析軟體、系統動力學習軟體、階層分析法軟體
	知識標籤	URI 方法（URN 統一資源名稱、URC 統一資源屬性、URL 統一資源定位器）、數位物件唯一識別碼方法、中繼資料技術
	知識整合	Web Services 技術、SOA 技術、RSS 技術、CAX 技術、群組軟體技術、分布式處理技術、知識門戶
	知識過濾	資料分析技術、智慧代理技術、機器學習技術、用戶模型建立和匹配技術
	知識推理	神經網路技術
	知識檢索	定性檢索技術、搜尋引擎技術、相關性排序技術、中繼搜尋技術、自然語言檢索、跨語言檢索、相關性檢索、內容檢索技術、可視化檢索技術
	知識共享與轉移	部落格、知識管理系統、可視化技術、視訊技術
	知識重用	知識工程技術、BuddySpace、Compendium、Knowledge broker、Muskrat-Ⅱ、網路推理器
	知識可視化	離散點圖、平行座標、多角巡視、飽和刷技術

1. 框架的建構思路

從主題網路輿論內容分析流程圖（圖 2-10）可以看出，在輿論資訊經過了前置處理後，文字分類和叢集是輿論話題檢測和話題追蹤的關鍵基礎技術，在追蹤到輿論話題之後，對於單篇的輿論資訊的情感分析又成為了內容分析要完成的主要任務，因此網路輿論的傾向性分析也是主題網路輿論內容分析的關鍵技術之一。為了能對主題網路輿論進行深度分析與加工，在語義層面上對其進行分析研究，有必要在輿論資訊前置處理、文字資訊分類叢集和傾向性分析等關鍵技術上進行語義層面的研究，充分融合文字採礦、知識發現、機器學習、語義分析等相關方面的成果，建構基於知識技術的主題網路輿論分析框架。

2. 框架的架構

以軍事主題網路輿論為例，研究基於知識技術的軍事網路輿論分析中的核心技術問題，為軍事網路輿論資訊分析系統提供核心功能。其框架架構如圖 2-11 所示。

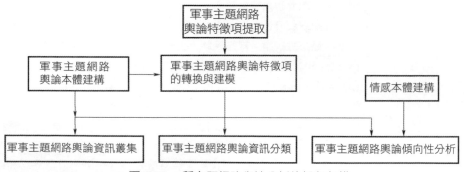

▲ 圖 2-11 一種主題網路輿論分析的框架架構

在整個框架架構中，主題網路輿論本體建構理論處於基礎位置，後續的研究工作都建立在其之上。其中，主題網路輿論特徵項的描述與採礦，採用知識技術對特徵項進行語義的描述和規格化，並對其進行規則推理；在主題網路輿論的分類過程中，採用本體的概念擴充性可以進行多階層動態分類；在傾向性分析中，綜合利用輿論本體與情感詞本體定義主題網路輿論的語義模式並進行傾向性識別。

3. 框架的研究內容

基於該分析框架，徐震對如下問題進行了研究：一是主題網路輿論知識模型的建構理論，並將其應用於軍事主題網路輿論分析中；二是基於主題網路輿論知識模型的特徵抽取理論，為輿論內容分析作基礎；三是綜合運用相關知識採礦技術，改進輿論資訊叢集和分類的模型與演算法，研究基於語義的主題網路輿論資訊叢集和分類理論，提高主題網路輿論內容分析的品質；四是情感本體的建構方法，在此基礎之上研究基於情感本體的主題網路輿論傾向性分析理論，提高主題網路輿論傾向性識別的準確度。

具體的研究過程遵循如下技術路線：

(1) 基於本體的主題網路輿論知識模型建構理論。在分析主題網路輿論的特徵基礎之上，從電腦語義角度對主題網路輿論進行定義，然後對知識來源分類、描述語言的確定、架構庫的結構設計以及具體的實現步驟進行探討。

(2) 基於 SIPO 本體的主題網路輿論語義特徵抽取理論。語義特徵抽取分成兩個階段：第一階段是基於關鍵字的輿論資訊特徵項選擇，第二階段是在特徵選擇的基礎上利用 SIPO 本體進行語義特徵轉換。

(3) 基於語義的主題網路輿論資訊叢集和分類演算法。將基於本體的主題網路輿論模型 SIPO 本體引入叢集和分類過程中，研究基於 SIPO 本體的概念語義相似度計算模型，以概念語義相似度計算模型為基礎研究基於語義特徵和統計特徵的 Web 文字相似度計算理論，並利用此理論對傳統的叢集和分類演算法進行改進。

(4) 提出基於情感本體的主題網路輿論傾向性分析理論。首先研究基於 HowNet 和領域語料的情感極性概念選擇方法，利用情感極性概念建構情感本體，然後利用情感本體抽取用於文字傾向性分析的特徵詞彙並判斷詞彙的情感傾向度，並結合句法規則考慮程度副詞對詞彙情感傾向度的影響，最後利用特徵詞彙情感傾向度作為特徵的權重，採用基於機器學習的方法對主題網路輿論文字進行傾向性分類。

2.4.3 輿論分析的研究成果

國外在輿論分析技術方面的研究內容主要集中在調查問卷資料分析、文字資料自動分析、Web 資料自動分析、輿論感情色彩分析、人工智慧與決策、複雜性社會網路系統六個方面。

(1) 調查問卷資料分析。主要方式透過調查問卷、電話和面談等方式收集輿論資料，登入系統後再進行輿論分析。如 StatPac survey software 公司的 survey software solutions 系統（http://www.statpac.com）採用問卷方式進行調查，問卷由電腦輔助設計，系統自動分析問卷答案，形成輿論分析結果，主要應用在：市場研究，公共輿論調查，客戶滿意度調查，政府、醫療、教育等部門相關專案評價；由加州大學柏克萊分校社會科學計算實驗室的 CSM 專案發展而來的 CASES 系統（Computer-assisted Survey Execution System）透過網路上問卷、電話等方式收集調查問卷的資料，然後針對問卷調查結果進行自動分析，形成輿論分析報告。

(2) 文字資料自動分析。主要方式是透過收集報紙、雜誌、網路上報導等文字資訊，對其進行分析匯總後形成輿論分析結果。如美國專利局編號為 4930077 的專利提出，透過文字分析來預測輿論的方法，該專利方法是首先對文字進行自動分類，然後對每個類別進行摘要得到主要觀點，由此來分析得到輿論結果。

(3) Web 資料自動分析。主要方式是自動收集和分析網路上的 Web 資料，形成輿論分析報告，典型代表如加州大學柏克萊分校社會科學計算實驗室開展的 SDA 專案，該系統繼承和發展了 CSM 的功能，除了可以進行 CSM 系統的調查問卷資料分析功能之外，還能自動收集 Web 資料並進行自動分析得到輿論結果，該專案在 2000 年獲得了美國輿論研究協會和美國政策科學協會的兩項獎勵。

(4) 輿論感情色彩分析。典型代表是英國科波拉公司推出的 "感情色彩" 輿論分析軟體，該軟體能分辨語法成分，如名詞、動詞和形容詞，並確定動詞的主語和賓語，甚至能分析 "它" "他" 和 "她" 等代名詞，找出這些代名詞代表的是什麼。由於理解了語法結構，該軟體可以剔除與文章的感情色彩無關的詞語，在很短的時間內得出結論，能判斷報紙刊登的文章對一個政黨的政策是持肯定態度還是否定態度，或者判斷網路上評論文章是稱讚還是貶低的態度。該軟體的分析速度較快，可以在 1s 內讀取 10 篇新聞資料並判斷文章的政治立場。

(5) 人工智慧與決策研究。主要指使用新穎的智慧演算法更精確地搜尋和分析輿論。目前在這個方面有一些研究，然而至今還沒有形成獲得公認的非常有效的成果。據公開報導，美國國防部高級研究計劃局（DARPA）在研發的 TIA（Total Information Awareness）系統中運用了人工智慧演算法和決策技術，希望從自動採集到的經濟、旅遊、網頁、電子郵件等各種資料中發現可疑的恐怖活動情報線索。

(6) 複雜性社會網路系統研究。主要研究主體之間的關係對輿論情報分析帶來的影響，從連結關係和網路結構出發給出情報分析的輔助資訊。較典型的代表是麻省理工學院的桑迪‧潘特蘭德於 2006 年開展的 Reality Mining Project，致力於利用現實採礦技術從社會複雜系統中推導出人的傾向性行為，從而實現對輿論的採礦。

據公開資料顯示，目前比較成熟的輿論監測分析系統大都集中在企業應用領域，分為付費軟體和免費軟體，典型的企業輿論監控軟體具體如表 2-2 所列。

表 2-2 國外典型付費企業輿論監控軟體

序號	名稱	功能描述
1	Sentiment Metrics	該軟體為輿論監控軟體，當企業有負面新聞出現就會受到告知郵件
2	Radian6	該軟體提供部落格、視訊及圖片分享網站、論壇、民意網站、主流網路媒體和新興媒體等輿論監測解決方案，用戶可以透過設定關鍵字進行即時分析，並得到輿論分析報告
3	Buzzlogic	該軟體透過對網路上部落格的分析，可以評估行業影響力，為行銷人員提供產品回饋意見、品牌認知度等，為公關人員提供與知名部落格建立關係、發現新輿論和追蹤產品問題等服務
4	Nielsen	該軟體可以幫助企業對線上言論及傳播行為進行分析，進而提升品牌形象，促進業務增長

序號	名稱	功能描述
5	Trackur	該軟體提供以關鍵字為基礎的監測工具，可以監控幾乎所有的線上媒體，如部落格、RSS、Twitter、圖片、視訊等，以此來評估品牌影響力
6	BrandsEye	該軟體針對企業品牌相關的資訊進行線上監測，透過分析監測資料來得到對應的品牌評價
7	Reputation Defender	該軟體主要是監測有關客戶的負面新聞，透過及時發現有關的負面資訊從而維護客戶的網路聲譽
8	TNS Cymfony	該軟體內建有一個自然語言處理引擎，透過利用文字採礦技術採礦企業網路輿論
9	Visible Technologies	該軟體主要有兩項服務，一是具有輿論綜合解決方案且能透過該工具直接向部落格和論壇發表評論，二是能保護和促進企業線上聲譽
10	Cision	該軟體可以對超過 100 萬個部落格、數以萬計的論壇、超過 450 個的多媒體網站進行監測

國外免費上網企業輿論監控軟體的功能重點在資訊搜尋上，透過搜尋監控與企業相關的網路資訊來得到輿論結果，典型免費企業輿論監控軟體具體如表 2-3 所列。

表 2-3 國外典型免費企業輿論監控軟體

序號	名稱	功能描述
1	Google Alerts	該軟體是 Google 的新聞自訂自動發送工具，用戶可以在 Google Alerts 管理中心自訂所需要的內容，Google 在設定的時間內給用戶發送搜尋到的新聞文章，用戶可以用這個功能來追蹤一些新聞報導、業界動態、獲取最新的國際事件等，企業可以監控追蹤競爭對手或業界最新資訊
2	Twitter	搜尋該軟體可以幫助企業搜尋以獲取 Twitter 中有關企業的各種資訊
3	Social Mention	該軟體是一個社會化媒體搜尋引擎，內容來自各類社會化媒體，如部落格、評論、書籤、事件、新聞、視訊、微博等。企業可以透過關鍵字搜尋或者 RSS 訂閱來獲取社會化媒體中有關企業的各種資訊
4	Yacktrack	該軟體是社會化媒體評論搜尋工具，可以搜尋如 Blogger、Digg、FriendFeed、Stumbleupon、Wordpress blogs 等評論，企業可以透過關鍵字搜尋或者 RSS 訂閱來獲取社會化媒體評論中有關企業的各種資訊

序號	名稱	功能描述
5	Boardtracker	該軟體是一個論壇話題搜尋引擎，企業可以透過關鍵字搜尋或者 RSS 訂閱來獲取論壇話題中有關企業的各種資訊
6	Technorati	該軟體是世界上最大的部落格搜尋引擎，企業可以透過關鍵字搜尋或者 RSS 訂閱來獲取部落格中有關企業的各種資訊
7	FriendFeed	該搜尋軟體是 RSS 訂閱系統，可以整合 YouTube、Delicious、Twitter、Blog、Flickr 等帳戶為一個 FriendFeed。企業可以利用 FriendFeed 搜尋相關話題
8	Backtype	該軟體是一個部落格評論搜尋引擎，企業可以透過關鍵字搜尋或者 RSS 訂閱來獲取部落格評論中有關企業的各種資訊
9	Filtrbox	該軟體是一個智慧化的搜尋工具，它的核心技術 FiltrRank 包含上下文相關性、流行度和回饋三個方面的內容，Filtrbox 根據這三個指標來提供相關度、可信度高的資訊

目前，國外輿論分析研究的主要應用領域在恐怖情報採礦、網路反恐和分析民眾意願三個方面，其主要針對恐怖主義活動和民眾心態。

(1) 情報採礦。在情報採礦方面最典型的應用當屬美國國防部高級研究計劃局（DARPA）研發的 TIA 系統，該系統運用尖端的電腦科技，收集全球各地電腦使用者傳遞的資訊，建立一個龐大的資訊資料庫，藉助於新穎的人工智慧演算法和複雜系統、社會網路等理論對其進行資料採礦，從連結關係和網路結構中發現可疑的恐怖活動情報線索，結合情報單位的收集能力，篩檢可疑的線索事證，及時發出預警資訊。

(2) 網路反恐。從 "911 事件" 之後，恐怖組織開始利用網路在世界頻繁製造恐怖活動，以擴大他們的影響力，美國亞利桑那大學開展的 Dark Web Portal Project 透過提取恐怖主義網站的 900000 個 Web 頁面，採用內容處理等技術手段，分析並預測潛在的恐怖主義襲擊危險。

(3) 分析民眾意願。美國中央情報局（CIA）於 2005 年 11 月起成立了 "公開資訊中心"，該中心的主要任務就是每天在全球各個網站、論壇裡收集各種各樣的軍事資訊並分析社會民眾對軍事領域的相關重要事件所持的態度、看法與觀點。

中國關於輿論分析的理論研究開始於 2003 年，而對於網路輿論的研究也是在 2005 年國內網路發展普及之後才真正開始。從學者發表的相關研究文獻來看，網路輿論研究框架主要包括基礎理論、相關支援技術、系統應用研究三個階層，這三類研究從架構上反映了網路輿論研究現狀和研究成果，如圖 2-12 所示。

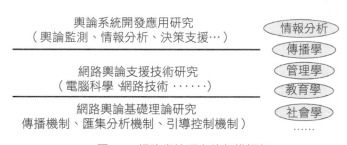

輿論系統開發應用研究
（輿論監測、情報分析、決策支援…）

網路輿論支援技術研究
（電腦科學、網路技術……）

網路輿論基礎理論研究
傳播機制、匯集分析機制、引導控制機制）

情報分析
傳播學
管理學
教育學
社會學
……

↑ 圖 2-12 網路輿論研究的架構框架

下面分別介紹這三個方面的具體研究現狀。

1. 網路輿論基礎理論研究發展迅速

輿論分析研究是社會科學與自然科學之間的交叉研究領域，網路輿論基礎理論的研究涉及到新聞傳播學、情報學資訊學、社會學、教育學、公共管理等學科和領域，其內容主要包括網路輿論的基本概念、彙集分析機制、引導控制機制等研究工作。在網路輿論彙集和分析機制研究方面，典型代表是《輿論資訊彙集分析機制研究》一書中，提出整個機制包括彙集、分析、報送、回饋、工作保障和激勵機制，涉及敏銳發現和整理、正確甄別篩選、保持動態追蹤、科學分析研判，執行方法為建立網路輿論工作機構和聯席會議制、加強溝通協調、監控預測、快速處理、追蹤回饋；劉毅從方法和技術角度對網路輿論的彙集機制做了説明；謝曉專詳細討論了公安機關網路輿論的收集機制。在網路輿論引導控制機制研究方面，學者分別從不同角度對此進行了深入研究。彭知輝從社會學角度出發，分析了群體性事件網路輿論的監控與引導，提出了加強網路管理，完善網路把關，建立網路輿論控制與引導機制，充分發揮大眾傳媒的作用，形成輿論強勢，建立網路評論隊伍，以此來引導網路輿論；郭樂天從傳播學角度提出了有效強化網路虛假資訊的控制管理的建議以及對網路輿論的因勢利導的方法；白牧川從政治學角度討論了軍隊網路的引導控制機制；李金滿分析了網路輿論對警察的影響，提出在公安機關內部要完善各警種網路輿論預警設定，建立起警種結合、相互補充、主輔交叉的預警網路；王娟從電腦技術角度討論了網路輿論監控分析系統的建構。

2. 網路輿論分析技術研究深度加強

網路輿論分析技術主要包括系統化分析技術以及相關的支援技術。分析技術主要包括內容分析法和文字資料採礦法，支援技術主要包括網路輿論採集與提取技術、網路輿論話題發現與追蹤技術、多文件自動文摘技術以及網路文字傾向性分析技術。

(1) 內容分析法。內容分析法是一種行之有效的社會科學研究方法，具有客觀、系統和定量的特徵。目前主要是應用內容分析法對網路內容、網路結構和網路使用記錄進行採礦。網路輿論分析中主要在三個方面應用內容分析法：一是描述網路中傳播的輿論資訊；二是推論網路輿論資訊傳播主體的意圖以及態度和情緒的傾向性；三是描述和推論網路輿論資訊的產生和變化趨勢。劉毅對內容分析法在網路輿論分析中的作用做了詳細研究。

(2) 文字資料採礦法。文字資料採礦是指從大量文字集合中發現隱含的模式，或者稱為從文字資料庫中發現知識，其主要的技術包括特徵提取、文字分類、文字叢集、關聯分析、文字總結、趨勢預測等。網路輿論分析中主要是在五個方面應用此技術：一是描述網路輿論；二是分析網路輿論的關聯性；三是分析判斷網路輿論資訊的真實性，推論傳播主體的意圖及態度傾向性；四是分析網路輿論的產生原因；五是對網路輿論資訊的產生和變化趨勢進行預測和推論。黃曉斌詳細研究了文字資料採礦法在網路輿論分析中的作用。

(3) 網路輿論採集與提取技術。網路輿論主要透過新聞、論壇、部落格、微博等渠道形成和傳播，這些通道的承載體主要為動態網頁，其中的文字資訊是在頁面載入時從資料庫中動態抽取的。另外，頁面中的結構化資訊比較鬆散，其中無用資訊比較多，使得輿論資訊的有效抽取很有難度。中國學者梅雪等人提出透過全自動產生網頁資訊抽取 Wrapper 的方法，在一定程度上實現了動態網頁資料的抽取與整合，具有一定的處理準確率以及抽取效率。

(4) 網路輿論話題發現與追蹤技術。由於網路上討論的話題繁多，涵蓋社會的各個方面，從巨量資訊中找到熱點、敏感話題，是網路輿論話題發現與追蹤技術的主要研究任務。傳統的研究思路是文字叢集，即把文字的關鍵字作為文字的特徵，透過特徵詞的匹配來完成文字的自動叢集，這種方法雖然能將一個大類話題下的文字進行聚合，但話題的可讀性與準確性不高。中國學者對傳統方法進行了改進，提出將文字叢集問題轉換為話題特徵叢集問題，並依據事件對語言文字資訊流進行重新組織與利用，實現了話題發現與追蹤，且準確度和可讀性大為提高。

(5) 多文件自動文摘技術。透過網路爬蟲自動採集的新聞、論壇發文、部落格文章等頁面都包含著大量的無用資訊，多文件自動摘要技術就是對頁面內容進行過濾，並提煉成概要資訊，便於查詢和檢索。傳統的多文件文摘技術是一種靜態文摘，即針對某個封閉的靜態文件集產生摘要，不考慮文件集的對外聯繫。動態文摘是傳統靜態文摘的延伸和擴充，除了需要保證文摘資訊的主題相關性和內容的低冗餘性外，還需要針對內容的動態演化性分析已出現資訊和新出現資訊的關係，消除舊資訊，摘要新資訊，使文摘隨話題的演化而動態更新。張瑾等人提出三種動態文摘模型：一是文件過濾模型（Document Filtering Model, DFM），即從文件內容過濾的角度提取動態資訊以產生文摘；二是文摘過濾模型（Summary Filtering Model ,SFM），即首先利用靜態文摘方法對目前資訊產生候選文摘，然後再從候選文摘中過濾掉與歷史資訊的重疊內容，從而得到所需的動態文摘；三是合併過濾模型（Union Filtering Model ,UFM），它對前兩種模型做出了改進，強調了目前資訊與歷史資訊二者之間的關聯性，首先對歷史資訊和目前資訊合併的全文件空間產生文摘，再從中進行歷史資訊的過濾，從而產生動態文摘。

(6) 網路文字傾向性分析技術。網路文字內容一般情況下真實地表達了民眾的態度和情緒，透過網路文字傾向性分析可以明確網路傳播者所蘊涵的感情、態度、觀點、立場、意圖等主觀反映。對網路輿論的傾向性進行分析，實際上就是根據網路文字的內容提煉出作者的情感方向，因此網路文字傾向性分析技術是網路輿論分析中的一項非常重要的支援技術。徐琳宏等人提出基於語義理解的文字傾向性識別機制，其主要思想是：首先計算詞彙與知庫中已標註褒貶性的詞彙間的相似度，獲取詞彙的傾向性，再選擇傾向性明顯的詞彙作為特徵值，用 SVM 分類器分析文字的褒貶性，最後採用否定規則匹配文字中的語義否定的策略提高分類效果，同時處理程度副詞附近的褒義詞和貶義詞，以加強對文字褒貶義強度的識別。

3. 網路輿論應用領域研究成果眾多

近年來，中國專門的輿論研究機構相繼成立，而且系統化的研究成果眾多，市面上出現了不少成熟應用的網路輿論系統。

1）輿論研究機構

中國主要的輿論研究機構如表 2-4 所列。

表 2-4　中國主要的輿論研究機構

序號	名稱	機構介紹
1	天津市社會科學院輿論研究所	1999 年 10 月在原天津市社會科學院輿論調查研究中心的基礎上成立，出版了中國第一本網路輿論研究專著《網路輿論研究概論》
2	陝西省社會輿論研究中心	2005 年 10 月在西北大學掛牌成立，掛靠西北大學應用社會科學系
3	遼寧石油化工大學輿論資訊研究基地	2007 年 7 月成立，掛靠遼寧石油化工大學文學院
4	上海外國語大學中國國際輿論研究中心	2008 年 6 月成立，掛靠上海外國語大學新聞學院，主要開展國外輿論研究，並與復旦大學資訊與傳播研究中心結成了戰略合作夥伴關係
5	華中科技大學輿論資訊研究中心	2008 年 9 月華中科技大學與中共湖北省委宣傳部共建華中科技大學輿論資訊研究中心，掛靠該校公共管理學院，主要開展社會思潮和網路輿論等方面的研究
6	人大一方正輿論監測研究基地	2008 年 12 月方正集團和中國人民大學輿論研究所宣佈合建"人大一方正輿論監測研究基地"，主要對網路輿論的預警分析系統、網路輿論的應對機制、網路資訊的內容整合與價值開發、輿論監測的教學與實驗等內容進行研究
7	北京交通大學網路輿論安全研究中心	2009 年 1 月成立，主要研究內容是開發相關技術對校園網在內的網路輿論進行分析、判斷、預測，為公共決策提供依據

2）輿論分析系統

大多數成熟的網路輿論系統由於業務不同和關注點不同，系統之間也存在一些差異，具體如表 2-5 所列。

表 2-5 主要的輿論分析系統軟體

序號	系統名稱	描述	主要功能
1	TRS 網路輿論管理系統	自動收集網路媒體發佈的網路新聞，以及論壇、部落格、新聞評論等網路資訊，實現了自動化處理和分析，可以為用戶提供輿論預警、熱點分析、趨勢追蹤等服務	① 全方位資訊搜尋：利用 TRS 網路資訊雷達系統進行巨量輿論資訊的搜尋。 ② 敏感資訊監控和預警：系統內建了一套輿論分類架構，實現對敏感資訊和國計民生的各個重點領域進行監控，並根據輿論分類的結果自動給出預警訊號。 ③ 熱點發現和熱點追蹤：利用話題發現與追蹤技術發現網路關注熱點和焦點。 ④ 輔助決策支援：透過自動與人工相結合的方式產生輿論簡報
2	天璣輿論監測系統	即時定向採集網路新聞、論壇、部落格等通道的資訊，抽取輿論要素，發現輿論熱點，採礦輿論敏感話題，研判輿論態勢	① 採：可對網路資訊（新聞、論壇、部落格、圖片／音視訊）進行採集。 ② 看：可對資訊進行即時、快速、靈活的瀏覽，按照時效、來源、通道、內容進行多維度篩選檢索。 ③ 編：可對熱點話題、專題／負面資訊、以及作者、文章進行追蹤，可導入導出相關內容。 ④ 處：對資訊進行證據保存，轉載識別，傾向性分析等。 ⑤ 報：根據用戶的要求可產生日報、專報、快報、統計等分析資料及報表。 ⑥ 管：非法廣告識別，敏感短信報警，發刪除通知函，刪文追蹤等
3	方正智思輿論預警輔助決策支援系統	由輿論規劃、輿論收集、分析處理、輿論預警四個環節組成一個完整的生命週期	① 輿論規劃：根據使用者的資訊需求，設定主題目標，確定資訊收集任務。 ② 輿論收集：根據規劃的任務需求，從多種資訊渠道來源收集社情民意，並有效進行過濾和儲存。

序號	系統名稱	描述	主要功能
			③分析處理：對收集到的資訊素材進行分類、提取關鍵字、資料採礦，按主題重新組織資訊，並產生輿論資訊。
			④輿論預警：以按需自訂的方式將輿論預警資訊提供給相關輿論監控部門，在輿論預警系統執行過程中，輿論監控部門可以對已有的資訊進行評估，產生新的資訊需求，進而規劃新的輿論監控重點，開始新的輿論監控
4	鷹隼網路輿論監控系統	按照資訊採集、輿論過濾、自動分類、相似性排重、輿論分析、輿論展示的流程進行輿論資訊處理，系統由三部分功能組成	①資訊採集：系統內建數千個影響程度大、傳播面廣、網民參與度高的網站，可以即時抓取資訊。
			②輿論處理：主要對輿論資訊進行過濾、自動分類、相似性排重、數據統計、趨勢分析及報表報告產生。
			③輿論管理：採用多種形式將用戶關注的輿論分門別類地呈現給用戶，用戶可以掌握網路輿論發展的全貌
5	Goonie 網路輿論監控分析系統	由熱點話題、敏感話題識別、輿論主題追蹤、自動摘要、輿論趨勢分析、突發事件分析、輿論報警、輿論統計報告等功能組成	①熱點話題、敏感話題識別：可以根據新聞出處權威度、發言時間密集程度等參數，識別出給定時間段內的熱門話題；可以利用內容主題詞組和回覆貼文數進行綜合語義分析，識別敏感話題。
			②輿論主題追蹤；可以分析新發表文章的話題是否與已有主題相同。
			③自動摘要：可以對各類主題，各類傾向形成自動摘要。
			④輿論趨勢分析：可以分析某個主題在不同的時間段內，人們所關注的程度。
			⑤突發事件分析：可以對突發事件進行跨時間、跨空間綜合分析，獲知事件發生的全貌並預測事件發展的趨勢。
			⑥輿論報警：可以對突發事件、涉及內容安全的敏感話題及時發現並報警。
			⑦輿論統計報告：可以產生報告，用戶可透過瀏覽器瀏覽，並提供資訊檢索功能

從國外輿論分析技術的發展來看，調查問卷資料分析、文字資料自動分析和 Web 資料自動分析是從純技術角度研究輿論自動獲取和分析的方法和手段，輿論感情色彩分析在一個情感層面上考慮了網路輿論的影響機理，實現了對 "社會民眾態度傾向性" 的評估，人工智慧與決策在微觀層面上對採礦與分析輿論提供了精準、有效的演算法，複雜性社會網路系統將龐大的網路看作一個虛擬化社會，並透過對其中的社會主體關係進行深入認知來發現輿論，對網路輿論安全評估中 "社會民眾關注度" 的分析有一定的作用，但它們都缺乏與輿論監控實際需求相結合，無法用完整的指標集將輿論的演變規律全面地呈現出來。另外，目前已經成熟應用的輿論分析系統主要是針對離線資料以及長文字進行的，其核心技術主要採用基於關鍵字進行資料採礦，效率有待提高，且成熟的輿論分析系統大部分應用於商業企業領域，主要針對產品品質、商業領域、消費者態度之類的相關輿論進行採集分析，而在社會政治領域的應用業主要針對網路恐怖資訊，具有一定的侷限性。

從中國研究現狀來看，中國輿論研究的起源較早，但取得的成果卻集中在近幾年。透過相關技術研究綜述可以看出：從網路輿論資訊的採集與提取，到話題的發現與追蹤，再到多文件自動摘要的產生，最後到傾向性分析，為中國網路輿論的分析研究提供了有效的方法和手段，但應用於輿論採礦的技術侷限於基本統計方法、文字處理技術等，對於網路輿論資訊的深度採礦技術還有待研究。透過對網路輿論分析系統的研究綜述可以看出：目前中國已經成熟應用的相關輿論分析系統主要是針對某個輿論主題或輿論個案進行的網路輿論採礦與分析，能在一定程度上為政府和輿論監管相關部門提供一個代替人工閱讀巨量網路輿論資訊的使用工具，但網路輿論分析系統中各個模組的作用及相互關係的邏輯結構還有待進一步優化。

目前，中國從事網路輿論分析的機構可以分為：①以方正智思、拓爾思、穀尼國際、中科點擊、邦富軟體、廈門美亞等為代表的網路輿論系統軟體開發公司與銷售，其對輿論傳播、網路輿論控制和引導的能力一般不夠專業；②以艾瑞諮詢 iVoiceTracker、易觀網路輿論監測、CIC 的 IWOM master 等為代表的傳統的網路資料調查與分析公司，主要研究企業的網路口碑管理和社會化行銷，但其在政府領域的輿論介入較少；③人民網、新華網、新華社智庫、華聲線上、正義網、上市公司輿論中心、環球輿論調查中心、中青輿論等主流媒體的專業新聞機構，其不足是存在體制性思維慣性，先進技術應用有一定的時差；④中國傳媒大學公關輿論研究所、中國傳媒大學網路輿論（口碑）研究所（艾利艾諮詢）、中國人民大學輿論研究所、上海交通大學輿論實驗室、華中科技大學輿論資訊研究中心等新聞和輿論傳播研究、教學及其產業化機構，它們具有權威性，但這些經院式機構存在社會資源不足、針對性不強等問題。另外，還有一些公關公司及網路水軍，雖然在技術上沒有優勢，但具有出色的資源整合和把握社會心理的能力。

縱觀輿論分析的研究現狀，輿論分析的重要應用領域體現在網路輿論資訊的獲取與分析上。在透過工信部軟體司"雙軟認證"輿論軟體中，系統在輿論監測分析水平上表現為參差不齊，技術側重點也各有千秋，特點是產品傳統優勢得以繼承。如 TRS 的全文檢索系統可以用來針對不同的用戶需求開發出對應的產品；中科天璣擁有中國最完善的漢語分詞系統 ICTCLAS，在自然語言處理和文字分析能力上具有優勢；北大方正的 WISE 知識處理系統，其文字處理功能很強。但存在的問題是：①產品功能類同，基本上是資訊獲取、輿論分類展示、熱點事件發現、輿論簡報、傳播路徑分析等，其後台的支援技術是網路爬蟲、中繼資料抽取、文字分類、文字叢集、自動摘要、文字相似度計算、傾向性分析等；②語義分析能力精度不高，如網路輿論的觀點傾向性及其觀點細粒化等語義分析尚不成熟；③系統多以文字分析為主，缺乏對圖像、音視訊等類型檔案的關聯分析；④輿論分析的一項重要工作是對發生過的案例進行建模和分析，積累類似事件的處置經驗，採礦輿論事件的一般演化規律，進而對可能發生的輿論事件進行預測分析，然而在目前的輿論系統中並沒有看到類似功能。因此，今後一段時間的發展趨勢主要有兩個方面：一是網路輿論監控的發展完善，如監測源的獲取、高品質輿論自動監測等，這些關鍵節點的研究不僅需要充分利用已有的理論知識和先進的技術手段，還需要創新性地提出更貼切網路輿論實際的解決方案；二是網路輿論的深度加工與利用，尤其是網路輿論分析過程中的智慧資訊處理技術問題，特別是涉及語義層面的分析，需要充分融合文字採礦、知識發現、機器學習、語義分析等相關方面的成果綜合加以解決。

▌ 2.5　基於社交網路的輿論傳播動力學性質

2.5.1　輿論演化模型及評析

20 世紀末，人們對網路科學的研究發生了重要的轉變，從物理學到生物學的許多學科中出現了大量的節點眾多、連接結構複雜的"複雜網路"，其具有和傳統規則網路和隨機網路顯著不同的特徵，其中的一些模型對後續的研究產生了深遠的影響。輿論演化的基礎是人與人之間的簡單意見互動，而意見的傳播和互動過程是一個典型的系統動力學過程。因此，可以用輿論演化動力學指導設定意見互動規則。輿論演化動力學注重描述個體間的資訊互動過程，即人與人之間的意見互動直至輿論形成的全過程，這類模型通常假設參與意見互動的人群是由具有一定人際網路關係的個體組成，個體所持有的意見通常用連續或離散的數值表示。在一定的初始條件下，個體開始意見的互動過程：在一次互動中，個體之間根據指定的規則交換意見，決定自己所持有的意見是否改變及改變的程度，經過多次重複的意見互動後，往往能從群體中觀察到宏觀輿論現象。

1. S 模型（Sznajd model）

Sznajd 模型是一個二元的意見模型，也是提出最早、最簡單的一個輿論演化模型。Sznajd 模型以物理學中描述鐵磁相變的 Ising 模型為基礎，首先定義個體間的簡單互動規則，稱為 USDF(United we Stand Divided we Fall)，即互動導致某些粒子完全受到另一些粒子的影響，從而接受那些粒子的觀點，放棄自己的觀點。該模型的執行結果顯示：在一個閉合的系統中只存在"獨裁"和"僵持"兩種可能的狀態，曾改變過觀點的個體會進一步改變其觀點，持有一致觀點的群體能夠使系統進入僵持狀態，但這樣的群體要有 50% 獲勝的機率則需要包含 70% 以上的個體，而不是通常認為的僅超過半數。在 Sznajd 模型被提出後，一些文獻報導出現了許多以此為基礎的擴充模型和研究成果。如給出一個全連通圖上輿論演化 Sznajd 模型的平均場版本，並用求解基本擴散方程式的方法得到一些有關係統動態特性的理論分析結果，如系統達到穩定狀態的時間呈現指數分佈等。另一些文獻深入探討了 Sznajd 觀點動力學模型的相變現象，研究 Sznajd 模型中個體持有的觀點是連續值的情況。研究者還對 Sznajd 模型在二維網格、小世界網路、無標度網路上的演化特性進行了研究，有的給出了 Sznajd 模型在政治、市場和貿易領域的一些應用，其中一些改進的 Sznajd 模型能夠還原巴西和印度選舉中選民意見的演化結果。Sznajd 模型的特點是簡化了對個體觀點的表達和對個體間相互影響的描述，便於用現有統計物理學的理論進行分析。但對於輿論系統來說，模型中所表示的個體缺乏差異性，相互作用過於標準化和機械化，不能很好地反映現實世界中的輿論演化過程。為了克服簡單粒子互動模型的缺陷，有學者在模型中引入了對觀點交換條件的描述，即個體間的互動是受到一定條件約束的，如所持有觀點的相近程度、在輿論環境中所處的位置等。此外，還引入了對個體差異性的描述以增強模型的適應能力。

2. D 模型和 KH 模型（Deffuant model and Hegselmann & Krause model）

D 模型和 KH 模型都是連續意見模型，並使用有界信心理論進行建模，也稱為 BC 模型（Bounded Confidence model，有限信任模型）。有限信任模型能夠描述個體間的互動行為受到一定的互動門限（門檻值）的約束，即每一個個體只與確定範圍內的個體交換觀點，而忽略範圍以外的其他個體。如 D 模型每次隨機地從群體中抽取兩個個體，如果這兩個個體的觀點差距在給定門限之內，則這兩個個體都選擇折衷的觀點，否則都堅持自己原有的觀點。D 模型的演化結果顯示，系統終態時形成的觀點叢集（一組具有相同觀點的個體構成一個觀點叢集）數量與互動門限的倒數成正比。現實世界的輿論系統中，個體在改變觀點前往往不僅僅只與另外一個個體交換意見，也不只是簡單地完全接受或否決他人的意見，而是綜合參考其他個體的意見，形成自己新的觀點。KH 模型的有限信任描述是：模型中個體參考所有那些在自己門限（門檻值）範圍內的觀點，然後將這些觀點的平均值作為自己的新觀點。KH 模型的意義在於：模型給出了一種個體間觀點相互作用的一般化表達，當採用不同形式的權重矩陣時，KH 模型可以呈現出多種輿論演化中的特徵。例如，給定含有 0 值的權重矩陣，可以描述人們之間的關係結構；定義與個體觀點值相關的權重矩陣，可以得到有限信任條件下的演化模型。此外，利用 KH 模型還可以建立符合多數原則的個體觀點交換規則等。KH 模型雖然更具一般性，但如何確定權重矩陣仍然是問題的關鍵，並且十分困難。另外，模型中的個體仍然是同質個體，模型還不具備表達個體差異性的能力。

3. G 模型（Galam model）

Galam 等人給出了另一種有關輿論演化的重要模型，稱為選舉模型。該模型以區域多數原則（Local Majority Rule）為基本規則，即在一個區域群體中的個體總是以少數服從多數的方式達成一致意見。G 模型的研究結果顯示，在觀點的演化過程中，初始狀態的公共偏好對群體觀點最終的極化方向有決定性的影響。公共偏好對個體觀點的影響來自於個體間的意見交換過程，透過阻止或加強個體間的交流，可以控制公共偏好的影響效果。Galam 改進模型後發現，一些總是持有少數派觀點的反對者會對觀點演進過程起到重要的影響作用。當反對者的比例很小時，觀點能在多數個體中達成共識，出現 "majority minority" 的平衡，但系統向平衡態演化的時間會變長；當反對者的比例大於一定門限時，會出現兩種態度輪流佔優的局面。Galam 分析了門限值的位置，並認為反對者對觀點互動過程的影響可以解釋 2000 年美國大選等選舉過程中出現的參選者輪流佔優的現象。除此之外，Galam 等人還研究了頑固分子及極端主義者對演進過程的影響。

4. CODA 模型（Continuous Opinion Discrete Attitude model）

Martins 等人開展了一系列應用貝氏理論對個體決策過程進行建模的工作，建立了 CODA 模型。其基本思想是：假設個體能夠被觀察到的態度與其所持有的真實觀點不完全一致，群體中的每個個體都根據相鄰個體的態度來判斷是否體現了鄰居個體的真實觀點，並據此調整自己的觀點傾向，進而決定自己所表現出的態度。CODA 模型的重要意義在於：不但更準確地描述了人們內在觀點與外在表像間的對應但不對等的複雜關係，而且還可用於表達觀察者在觀察過程中產生的偏差。此外，該模型還能還原一般的連續或離散的觀點演化過程，能夠解釋群體中產生極端主義者的原因。Martins 等人對模型中個體的異質性及網路拓撲結構的影響也做了進一步的研究。一些學者針對 CODA 模型進行了擴充研究，如研究考慮個體關聯性和時間開放性時的 CODA 模型中輿論的湧現現象，如對 CODA 在具有社團結構的人際關係網路拓撲中的演化進行研究等。

5. MR 模型（Majority Rule model）

博弈論（Game Theory）及演化博弈論是分析和預測人們在合作或競爭條件下的策略選擇的數學理論和方法。在對社會系統和生物系統中的各種複雜的群體行為的建模上，演化博弈論方法更具有獨特的優勢。一些研究者已在建模輿論互動過程時嘗試使用了博弈理論的思想，Di Mare 等人用一次性博弈模擬了個體間一對一的說服過程，個體的博弈策略包括：堅持自己的觀點、選擇折衷觀點或服從對方的觀點。研究表明，該模型能夠成功地還原 Deffuant 等人提出的有限信任模型。Cao 等人用性別博弈建模個體間的說服過程，發現系統最終會以初始佔優的觀點達成一致意見，或者出現多個觀點共存的穩定態。有研究者提出了描述觀點說服過程的演化博弈論模型，根據個體傾向於說服別人，而不願意被人說服，並且可能選擇退出徒勞無功的觀點互動的情況，建立了輿論互動過程的演化博弈模型，並透過電腦模擬討論了策略偏好、策略雜訊、互動歷史的記憶能力等因素對演進結果和收斂時間的影響作用，給出了對個體異質性參與策略產生原因的解釋。另有研究者根據觀點互動過程中普通個體傾向於達成共識，叛逆個體傾向於持反對意見的基本互動特徵，提出了採用合作博弈和少數人博弈分別對普通個體和叛逆個體進行建模的思想，並建立了演化模型。博弈模型能夠刻畫個體透過非完全理性地調整和更新觀點以適應整體輿論環境的過程，呈現一般的觀點互動過程和演進現象，並能夠衍生出部分傳統的觀點互動模型，表現出演化博弈論方法在建模和解釋觀點形成和演進方面的適用性。

利用複雜系統理論和輿論動力學（Opinion Dynamics）及相關建模模擬方法研究輿論傳播規律是一種新興的研究方法，國外學者主要借鑒物理學中的動力學理論來研究個體意見的互動和演化，如上述以 Sznajd、Deffuant 和 Hegselmann 為代表的學者引入物理學中的磁鐵粒子互動模型，定義個體間的簡單的相互作用，並將這種簡單作用多次迭代，從而在整體上得到宏觀系統的複雜行為。在複雜網路的模型選擇上，主要是基於既有的 NW 小世界模型和 BA 無標度網路模型進行相關研究。以上研究存在的問題，主要是對社會中個體之間意見互動方式和關係網路結構的複雜性考慮不夠，過於簡化。總之，輿論演化動力學的主要研究對象是個體意見互動規則。動力學模型的不足之處主要在於其個體行為是同質的、完全混合的，不能體現個體之間的特殊屬性。

2.5.2 社交網路特性與輿論傳播控制策略

近年來，由於電腦資料處理和計算能力的飛速發展，科學家們發現現實中的大部分網路既不是規則網路（Regular Network），也不是完全隨機的網路（Random Network），而是具有與這兩者截然不同的統計特徵的網路，這些網路稱為複雜網路（Complex Network）。

複雜網路理論將現實世界中的複雜系統抽象為網路，研究其結構特性和動態行為等，其複雜性體現在了以下兩個方面：一是節點（Vertex）複雜性。在現實複雜系統中，組成網路的個體數目相當大，具有成千上萬個節點的網路並不罕見。同時，每個個體具有較強的獨立性，即個體能獨立地演化，具有很強的自主性。在某些複雜網路中，網路中的節點還可能具有分岔和混沌等複雜非線性行為。二是結構複雜性。原本相對孤立節點透過它們之間的連邊（Edge）來組織在一起，網路中的節點連接結構錯綜複雜，網路連接結構還可能隨時間發生變化。例如，萬維網路上每天都有新的頁面產生和刪除，新連接關係的建立和取消。在某些網路中，節點間的連邊還可能具有方向性和權重之分。節點間透過它們的連邊相互影響，更加劇了系統的複雜性。顯然，基於網路的新聞傳播行為，完全具有複雜網路的特點，其節點由各類網路媒介組成（網站、部落格、帖吧、論壇等），各節點透過友情連結等形式組織在一起，形成了輿論傳播的網路基礎。將複雜網路概念引入資訊傳播控制領域，有助於我們從網路傳播結構的角度來研究並模擬資訊傳播過程，為制定更加有效的控制策略提供決策支援。

1. 複雜網路模型建構

一般認為，輿論在網路上的傳播方式與疾病在人群中的傳播方式十分相似，如果將傳播中需要控制的不良資訊看作疾病，則可按照已有的疾病傳播模型建構輿論傳播的複雜網路模型。一般用節點表示網路媒介，如果兩個媒介之間可以存在直接的連結途徑，就認為這兩個個體之間存在連接，這樣就得到了傳播網路的拓撲結構，進而可以建立相關模型來研究這種傳播行為。顯然，網路傳播模型研究的關鍵是傳播規則的制定和網路拓撲結構的選擇。

基本的幾個經典傳染病模型是 SIS、SIR 和 SIRS 模型，它們有共同的基本假設：假設人口總數為 N 且不會發生變化；易感個體與感染者發生接觸才會被感染，且存在一個固定的感染率 λ，同時存在一個門檻值 λ_c，當實際傳染速率 $\geq \lambda_c$ 時，傳染病即將爆發並一直存於人群中；每個個體有相同的恢復率 γ。

1）SIS 模型

SIS 模型是假設人群中每個個體只能處於易感狀態 S (Susceptible) 和傳染狀態 I (Infected) 這兩種狀態之一。易感狀態表示個體目前處於健康狀態，但當接觸到傳染源時，處於易感狀態的個體會以傳染率 λ 被感染，並從易感狀態變為傳染狀態，處於傳染狀態的個體會傳染給與其接觸的個體，但會以恢復率 γ 被治癒，從而恢復健康狀態，但被治癒的個體並不會獲得對傳染病的免疫能力，當再次接觸到處於傳染狀態的個體時，仍然會以機率 λ 被感染，並從易感狀態變為傳染狀態。即人群中每個個體按圖 2-13 中的規律進行演化。

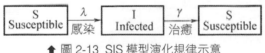

↑ 圖 2-13 SIS 模型演化規律示意

相當一部分傳染病在人群中的傳播遵循 SIS 模型描述的規律，如流感和淋病等。定義 $S(t)$、$I(t)$ 分別為易感者和感染者在人群中的比重，可以用平均場方程式得出以下傳播微分動力學方程式：

$$\frac{\mathrm{d}S(t)}{\mathrm{d}t} = -\lambda I(t)S(t) + \gamma I(t)$$

$$\frac{\mathrm{d}I(t)}{\mathrm{d}t} = \lambda I(t)S(t) - \gamma I(t)$$

$$S(t) + I(t) = 1$$

2）SIR 模型

SIS 模型可以用來描述流感等傳染病在人群中傳播的規律，但有些傳染病（如 "天花"）的感染者在被治癒後即獲得了永久的免疫能力，不會再次被傳染。對於這類傳染病無法用 SIS 模型進行描述。為此，Reed 和 Frost 在 1920 年首先提出了 SIR 模型來描述這類傳染病在人群中的傳播。SIR 模型和 SIS 模型的主要區別是：在 SIS 模型中的易感者 S(Susceptible) 和傳染者 I(Infected) 兩個主體之外增加了一個免疫者 R(Recovered)。處於傳染狀態的個體在接受治療後，會以機率 γ 被治癒，從而恢復健康狀態同時獲得對傳染病的永久免疫能力，當再次接觸到處於傳染狀態的個體時，不會再次被感染。圖 2-14 給出了 SIR 模型的演化規律示意圖。

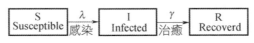

↑ 圖 2-14 SIR 模型演化規律示意

定義 $S(t)$、$I(t)$ 和 $R(t)$ 分別為易感者、傳染者和免疫者在人群中的比重，顯然有 $S(t)+I(t)+R(t)=1$，可以用平均場方程式得出 SIR 模型的傳播微分動力學方程式：

$$\frac{\mathrm{d}S(t)}{\mathrm{d}t} = -\lambda I(t)S(t)$$

$$\frac{\mathrm{d}I(t)}{\mathrm{d}t} = \lambda I(t)S(t) - \gamma I(t)$$

$$\frac{\mathrm{d}R(t)}{\mathrm{d}t} = \gamma I(t)$$

3）SIRS 模型

SIR 模型表明患者一旦康復就能獲得終生的免疫能力，而在實際生活中更多存在的現象是某些類型的傳染病的患者雖然在治癒後獲得比較長的免疫週期，但並不能終生免疫，如結核病患者獲得免疫能力能持續幾年甚至幾十年，在適當的場合下這種免疫力會失效。為解釋這個事實，學界又提出了 SIRS 傳播模型。

圖 2-15 給出了 SIRS 模型的演化規律示意圖。當處於易感狀態的個體接觸到處於傳染狀態的個體時，會以機率 λ 被感染，並從易感狀態 S 變為傳染狀態 I。處於傳染狀態的個體在接受治療後，會以機率 γ 被治癒，從而進入免疫狀態 R，又會以機率 β 喪失免疫力，從而恢復易感狀態 S。

↑ 圖 2-15　SIRS 模型演化規律示意

SIRS 模型的傳播微分動力學方程式為

$$\frac{\mathrm{d}S(t)}{\mathrm{d}t} = -\lambda I(t)S(t) + \beta R(t)$$

$$\frac{\mathrm{d}I(t)}{\mathrm{d}t} = \lambda I(t)S(t) - \gamma I(t)$$

$$\frac{\mathrm{d}R(t)}{\mathrm{d}t} = \gamma I(t) - \beta R(t)$$

仿照以上的疾病傳播模型，可以建構輿論傳播的 SIS（Susceptive Infected Susceptive）模型和 SIR（Susceptive Infected Recovered or Removed）模型，它們都將傳播網路拓撲結構簡單地假定為規則網路或者充分混合均勻網路，區別在於傳播規則的不同。這裡，S、I、R 所對應的概念分別是：

(1) S 態：尚未上傳不良資訊的網路媒介（健康節點）；

(2) I 態：已上傳不良資訊的網路媒介（染病節點）；

(3) R 態：已上傳不良資訊，但失去傳播能力的網路媒介（免疫節點）。

以 SIS 模型為例，如圖 2-16 所示是一種負面輿論資訊的傳播過程。首先，隨機選擇網路中一個或若干網站，將某個負面資訊發佈到這些網站上，則這些網站（節點）成為染病節點，其餘網站為健康節點；當一個網站瀏覽者閱讀到該負面資訊時，產生興趣把這個資訊傳播出去，在傳播過程中，又隨機進入一個與染病節點有直接連結的鄰居網站中，並將負面資訊複製到新的網站上，從而使該節點以機率 α（稱為感染率）變成染病節點；另一方面，隨著網路管理人員的清理，該負面資訊被及時清除，每個染病節點都依某個事先設定的恢復率 β 變成健康節點，上述演化規則在整個傳播網路中被同時執行。顯然，感染率越大，恢復率越小，不良資訊就越有可能散佈到更多的網路媒介。因此，一旦不良資訊的傳染強度較大時就必須高度重視其危害，對其的控制措施不能完全依賴於網路管理人員的清理，而需要採取隔離保護某些重要網路節點、強行切斷相關網路連結，進而中斷傳播途徑的方法來改變傳播網路的拓撲結構。

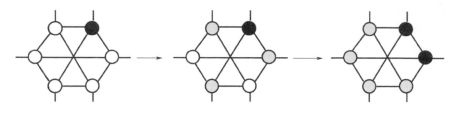

○健康節點　○可能感染節點　●染病節點

▲ 圖 2-16 基於複雜網路的負面輿論傳播過程

關於輿論在複雜網路中傳播的動力學行為研究還比較少，相關研究認為輿論傳播演化模型也服從病毒傳播的 SIR 模型。關於微博傳播網路的拓撲結構研究已逐漸展開。有學者基於新浪微博的資料研究微博互動的結構與機制，認為"關注模式"是微博互動的重要方式，"被關注者"與"關注者"實際是"傳播者"與"接收者"的角色關係，這導致網路分佈的非均衡性；還有學者研究微博網路中被關注者的粉絲數分佈，發現該分佈具有明顯的胖尾特性，服從冪律分佈。因此，以微博用戶為節點，以關注關係為邊，微博網路可被看作是一個服從冪律分佈的複雜網路。

輿論的傳播過程，其話題具有較強的衍生性，個體對輿論的某一話題免疫 (R)，但卻可能製造新話題 (I)。因此，傳統的 SIR 模型已不適用於描述輿論的傳播過程。基於用戶關注關係所形成的微博網路是一種有向的複雜網路，現有 SIR 模型並沒有考慮微博網路中資訊的"裂變式"傳播特性以及輿論話題的衍生性等因素，不適合用來描述微博網路中輿論的傳播過程。基於有向 BA 網路研究具有直接免疫效應的輿論傳播 SIRS 模型，當輿論事件衍生出新話題時，個體由免疫態轉變為傳播態的機率與社會影響以及個體接收到輿論資訊的次數有關。

2. 輿論傳播控制策略

社交網路是一種新興的資訊傳播媒介，研究社交網路上的資訊傳播動力學，一方面有助於阻斷不良資訊的擴散，另一方面也可藉助社交網路快速傳播積極的資訊。

社交網路是一個有邊界的複雜網路系統，其中：系統的主體是用戶，用戶公開或半公開個人資訊；用戶能建立和維護與其他用戶之間的連接關係及個人預分享的內容資訊；用戶透過連接關係能瀏覽和評價朋友分享的資訊。社交網路與傳統Web 網路最大的不同之處在於：傳統 Web 網路的主體是內容資訊，依靠內容資訊組織在一起呈現給用戶；而社交網路的主體是人，依靠人與人之間的朋友關係組織在一起。社交網路允許用戶建立和維護朋友關係、上傳自己預分享的內容資訊和瀏覽其他用戶分享的內容資訊，這些功能在不同的社交網站上的體現形式可能存在較大差異，如 facebook 只允許用戶周遊 3 層朋友關係，而人人網則沒有這個限制。總之，社交網路上的資訊依附於個人，而非連結到其他資訊內容上，這樣利用傳統搜尋引擎搜尋社交網路上的資訊而得到結果未必準確。因此研究針對社交網路的資訊搜尋演算法顯得非常必要。

綜合已有的研究成果：在社交網路中節點度分佈滿足冪率關係和擁有較短的平均路徑長度，說明網路具有無尺度和小世界特性；社交網路相對於同規模的隨機網路具有較高的聚集係數，說明在社交網路中朋友的朋友也很有可能是自己的朋友；社交網路的聚集係數滿足冪率分佈，結合節點度分佈的特點，說明在社交網路中存在明顯的階層結構；社交網路中的度相關未表現出一致的特性，有些網路節點度表現出正相關，這與實際社交網路相一致，而有些社交網路的節點度表現出負相關，即度值較低的節點傾向於連接度值較高的節點，說明社交網路打破了現實社會中的階層壁壘，使得人們很容易在網路中結交到交往廣泛的節點；在有向社交網路中連接具有較高的互惠指數，說明可縮短社交網路的平均路徑長度。

更好地控制負面資訊的傳播是研究複雜網路上的輿論傳播行為的目的之一，通常採取的控制方法是網路監管，即透過網管員的監督和管理，及時發現管轄範圍內的不良資訊並予以清除，從而使其他網民無法複製並傳播。眾所周知，網民數量龐大無比，網路媒介也極其繁多，資訊的上傳下載十分便利，使得有限的網管員疲於應付、力不從心。因此，研究者們從隨機控制策略、目標控制策略、連結階層區域控制策略等方面，具體研究了基於複雜網路的輿論傳播控制策略。

1）輿論傳播隨機控制策略

輿論傳播過程中，隨機控制策略完全隨機地選擇網路中的部分節點進行控制，而沒有考慮網路中節點之間的任何差異，完全平等地對待網路中連結多的節點和連結少的節點。輿論傳播的臨界值隨著網路規模的無限增長而趨向於 0 時，控制臨界值趨向於 1。這表示如果對傳播網路採取隨機控制策略，需要對網路中幾乎所有節點都實施控制才能保證最終消滅負面輿論資訊的傳播，而這對以網路為基礎的輿論傳播網路而言，幾乎是一件不可完成的事情。

2）輿論傳播目標控制策略

輿論傳播網路中存在著資訊交流巨大的少量關鍵媒介節點，如一般的門戶網站、熱門部落格等，這些媒介連結數目多，存取量大，一旦上傳負面輿論資訊，極其容易在網路中散佈，成為重要的不良資訊傳染源。因此，如果能及時、有效地控制輿論傳播網路中的關鍵節點，對負面資訊傳播將起到極大的抑制作用。目標控制策略，即對選取網路中的那些資訊交流巨大的關鍵節點進行重點監控，及時清除不良資訊，這表明這些節點與其他網路媒介的直接連結都可以從網路中去除，從而使得負面輿論資訊傳播的途徑大大減少。在資源有限的情況下，有目的地選擇資訊量大的節點進行目標控制，其控制效果要大大優於隨機控制策略。事實上，目標控制策略利用了輿論傳播網路資訊流量分佈不均勻的特點，越不均勻的網路，對其採取目標控制策略的效果越明顯，反映了網路拓撲結構對負面資訊傳播和控制的影響。

3）輿論傳播連結階層的區域控制策略

實施輿論傳播目標控制策略取得非常好的效果，必須對輿論傳播網路整體拓撲結構有充分的瞭解，這仍然是一件很困難的事情。基於輿論傳播連結階層的區域控制策略，在網路全域資訊未知的情況下，利用被感染節點周圍的區域資訊，控制被感染節點周圍的部分節點，從而達到控制負面資訊在整個網路大規模傳播的目的。該策略不需要考慮節點的資訊流量，僅考慮感染節點周圍一定連結階層內的所有節點，因此只需要知道部分節點之間的連結關係。從被感染節點出發，用 L 表徵連結階層：$L=1$，表示控制範圍為被感染節點及其周圍的鄰居節點；$L=2$，表示控制範圍為被感染節點、周圍的鄰居以及鄰居的鄰居，依此類推。進行區域控制後，在距離感染節點控制範圍 L 內的節點都受到良好保護，具體表現為被感染節點 L 層連結範圍內的所有節點被感染的機率大大降低。一些研究者在不同網路拓撲結構下研究了該控制策略的有效性，結果表明，採用連結階層 $L=3$ 的區域控制策略，已能將網路中的負面資訊徹底清除。

鑒於網路傳播技術的特點，在網路上進行控制遠比在社會中實現傳播控制要難得多。在實際工作中，對網路輿論的傳播控制可以科學地、合理地組合各種策略。首先，如果從技術上開展對所有網路媒介實行域名申請、備案，建立以站長、版主為主的管理責任架構，這就是輿論傳播隨機控制策略的一種運用；其次，如果從技術上加強對騰訊、新浪、搜狐、網易、天涯等大型門戶網站和大數據的知名部落格、微博等的資訊監督和管理，這就是輿論傳播目標控制策略的運用；再次，利用各種技術手段對負面輿論資訊進行搜尋、追蹤和清除，這就是對輿論傳播區域控制策略的運用。

2.6 本章小結

本章對網路輿論採集涉及到的相關技術及其研究進展情況進行了回顧，論述了主題爬行技術、資訊檢索技術、網頁分類技術以及 Web 資訊抽取技術。從輿論研究機構、輿論分析技術及系統和輿論分析應用領域三個方面，闡述了國外目前研究進展，重點分析了文字資料分析、Web 資料分析、輿論感情色彩分析、人工智慧與決策和複雜社會網路系統等輿論分析技術近年來取得的成果，並對目前已經投入應用的典型輿論監控軟體和輿論系統做概述與評析。國內研究從輿論基礎理論、輿論分析技術、輿論研究機構及相關輿論系統三個方面闡述了目前研究進展，重點分析內容分析法、文字資料採礦法和網路輿論採集與提取技術、網路輿論話題發現與追蹤技術、多文件自動文摘技術、網路文字傾向性分析技術取得的成果，並對目前國內外已經投入應用的典型輿論系統進行分析。從目前的研究趨勢判斷，網路輿論監控的發展完善和網路輿論的深度加工與利用將是發展的方向，基於知識技術主題網路輿論分析框架下將知識技術引入輿論分析的過程中，將使對網路輿論採集、處理和服務中的關鍵問題的研究更加深入。由於社交網路的高度連通性，輿論資訊在網路中傳播的門檻幾乎為零，初始傳播節點的度越大，輿論資訊越容易在網路中迅速傳播，中心節點具有較大的社會影響力。開展基於社交網路的輿論傳播動力學性質研究，以利更加科學、有效地制定網路輿論傳播的控制策略。

Chapter 03

基於主題爬行的網路輿論資訊抽取和整理

快速準確地採集網路輿論資訊是作出網路輿論高效決策分析的基礎。本章研究基於主題爬行的輿論網頁分塊實現方法。3.1 節介紹輿論網頁的結構特徵與分塊處理；3.2 節研究網頁分塊的方法以及網頁分塊的實現技術，特別是開展基於主題爬行的網頁分塊技術的應用研究；3.3 節研究主題網路輿論的語義特徵抽取；3.4 節研究網路輿論的情報價值與情報支援系統；3.5 節對本章內容進行小結。

▌ 3.1 輿論網頁的結構特徵與分塊處理

3.1.1 話題標記和網頁分塊

輿論話題檢測與追蹤是輿論分析研究中的最基本概念之一。一個話題包括一個核心事件或活動以及所有與之直接相關的事件和活動。如果一篇報導討論了與某個話題的核心事件直接相關的事件或活動，那麼也認為該報導與此話題相關，如軍事演習效果評估、軍事演習意義分析都被看作與某次演習事件直接相關。主題是與話題對應的一個概念，它的含義更廣些。話題與某個具體事件相關，而主題可以涵蓋多個類似的具體事件或者根本不涉及任何具體事件。如 "軍事新聞" 是一個主題，而 "2010 年 4 月中國海軍東海軍演" 則是一個輿論話題；"自然災害" 是一個主題，而屬於此主題類別的文字未必有與之直接相關的事件發生，如講述自然災害預防的文章。

網頁設計者在設計網頁時，為了更好地展現自己的網頁，也為了與其他的頁面建立連結關係以便被輕鬆地找到，於是在網頁中增加了一些非主題的素材。因此，一個 Web 頁面除了主題內容之外，通常還包含了大量與主題無關的內容，如導覽列、廣告、修飾、互動資訊以及廣告版權等資訊。雖然這些資訊有助於人們瀏覽網頁和管理網站，但是它們減低了資訊檢索和 Web 採礦的性能。另外，一個 Web 頁面可能包含了多個不是很相關的主題，每個主題分佈在網頁的不同區域，而且各個部分的重要性不一樣。如果能根據網頁相關資訊、相關連結易於聚整合塊的特點，區分出雜訊連結或不重要的塊；主題爬蟲在爬行的時候，不是以網頁為單位，而是以網頁中的塊為處理單位，就能更好地獲取網頁中的資訊，特別是能獲取其中相關的主題連結，這樣就能爬行到更多的與主題相關的網頁。大多 Web 網頁是採用 HTML 語言書寫而成，HTML 文件包含兩種資訊：一是頁面本身的文字，二是表示頁面元素、結構、格式和其他超文字連結的 HTML 標籤。因此，網頁與普通文件不同，它所含資訊主要體現在網頁正文、網頁所含的超文字標記、網頁間的超連結三個部分。下面是一個典型的 HTML 頁面格式：

```
<html xmlns="http://www.w3.org/1999/xhtml">
<head>
```

```
  <meta http-equiv="Content-Type" content="text/html;
charset=gb2312" />
  <title> 網易 </title>
  <base target="_blank" />
  <meta name="Keywords" content=" 網易，郵箱，遊戲，新聞，體育，娛樂，
女性，亞運，論壇，短信，數位，汽車，手機，財經，科技 " />
  </head>
  <body>
  <div class="conW">
  <strong><a href="http://news.163.com/">新聞 </a></strong>
  <a href="http://war.news.163.com/">軍事 </a>
  ......
  </body>
  </html>
```

上面的例子中，<head> 用於包含一些文件的元資訊，如標題、meta 屬性等；
<title> 標記是網頁的名稱，一定程度上表達了網頁的主題，顯示在瀏覽器的標題
欄中；<meta> 標記是網頁的註解內容，這裡顯示的註解內容是網頁的字元集和關
鍵字等；<body> 包含用於顯示的網頁內容，可以嵌套標記來提供豐富的內容和
樣式；<a href="http://news.163.com/"> 新聞 </a> 是一個超連結，其中 "新聞"
是連結的 "錨文字"（是指超連結對應的顯出來的文字內容）；另外，還有一些表
現網頁介面風格的標記，如文字的字體、顏色、大小等，上面例子中的 <strong>
標記就是著重表現的意思。值得注意的是，同一主題的內容往往在外觀上也表現
一致。HTML 標記資訊決定了網頁的結構屬性，例如頁面的版式特徵，如段落的
長短、標題的位置、段落之間的距離等；還有頁面的視覺特徵，如顏色、字體大
小、字體粗細等。而且，每個 HTML 標記的等級也不一樣，它們的分佈有一定的
規律，如相關資訊、相關連結表現形式相同，易於聚整合塊。HTML 標記不僅可
以表示網頁摘要資訊，還決定了文字內容的重要程度。

隨著網路的高速發展，Web 已經成為目前世界上最大的資訊來源。Web 的發展給
人類生活帶來了巨大的方便，人們可以跨越時間和空間界限來共享大量資訊。但
是如何去獲取這些 Web 資訊為我們所用則是面臨的共同問題。整個網路是由無數
的 Web 頁面而構成，因此如果獲取了這些 Web 頁面就相當於獲取了 Web 資訊內

容。事實上，目前很多的 Web 資訊獲取技術都是基於這個基礎。但是把整個頁面作為一個基本的資訊獲取單位並不太合理，原因是一個 Web 頁面除了主題內容之外，通常還包含了大量與主題無關的內容，如導覽列、廣告條、修飾、互動資訊以及廣告版權等資訊。另外，一個 Web 頁面可能包含了多個不是很相關的主題，如網易的頁面中，不僅包含體育類資訊，還可能包含經濟類、健康類資訊。面對當今複雜的網頁結構特徵，如果主題導向的搜尋引擎還把整個網頁作為最小的處理單元，精確度勢必受到影響。因此，如果要更準確地獲取 Web 資訊，需要對指定的 Web 頁面進行更進一步的語義分析和提取。

根據人類的感知，一般把瀏覽一個 Web 頁面視為一個不同的語義物件的集合，而不是一個簡單的物件。有研究結果表明，用戶經常認為一個 Web 頁面的功能部分應當固定地顯示在頁面特定的位置，如重要主題內容在網頁中間，導覽連結在網頁上方或側面等。因此，為了更好地展示網頁資訊、方便用戶閱讀，網頁設計開發人員無論是從審美角度還是資訊組織角度，通常會把頁面資訊按照一定的佈局和結構有規律地放在一起。如各大門戶網站的首頁具有明顯的分塊特徵，圖 3-1 是網易新聞的首頁，從視覺上非常明顯的可以分出各個區域塊，如各主題新聞區域、導覽區、Banner 區、Footer 區以及廣告區等。

↑ 圖 3-1 輿論網頁範例

圖 3-1 表明,當一個頁面呈現在用戶面前時,空間和視覺上的暗示將幫助用戶把 Web 頁面分成不同的語義塊。如果能根據網頁的這些分塊特徵,透過對網頁的結構進行分析,得到其頁面分塊規則,識別、提取該網頁的主題文字內容,從網頁中過濾掉雜訊,區分出資訊塊的重要程度,特別是識別、提取出其中的相關連結塊,必然能提高 Web 檢索和主題爬蟲的性能。

3.1.2 基於 DOM 樹的內容分塊

網頁分塊技術在 Web 語義理解以及資訊檢索中得到了應用,近年來已出現大量的分塊演算法。根據分塊的標準不同來劃分,常見的網頁分塊方法有基於 DOM 的網頁分塊(DOM-based Page Segmentation)、基於位置的網頁分塊(Location-based Page Segmentation)以及基於可視化特徵的網頁分塊(Vision-based Page Segmentation,VIPS)等。

輿論資訊的每一個 HTML 頁面都對應為一個 Document Object Model Tree,即 DOM 樹。其中的 HTML 標記是樹中的葉子節點,正文文字、超連結等都作為葉子節點。圖 3-2 是一個典型的 HTML DOM 樹結構。

▲ 圖 3-2 HTML DOM 樹結構

DOM 為每個 WEB 網頁提供一個詳細的階層化結構,它不但描述了網頁的內容,而且描述了網頁的佈局。在 DOM 樹中可以看到,HTML 語言中的標記不是獨立的,它們之間存在著一定的階層地位關係;而且,每個標記對網頁產生的作用也不同:有的只對視覺特徵起作用,有的只對結構階層顯示起作用,還有的二者兼有之。基於 DOM 的網頁分塊一般是根據 HTML 語言的結構特徵,即根據 HTML

文件裡的特定標籤，將 HTML 文件表示成一個 DOM 樹的結構，然後在此基礎上進行內容分塊和資訊提取。

Gupta 等人提出基於 DOM 樹的內容抽取方法，用一個廣告資料表來移除廣告，利用連結數和文字數的比例來識別連結串列，這種基於規則的方法相對來說比較簡單。有許多研究者認為除了利用 HTML 標記外，還應該考慮內容資訊和連結資訊等。

基於 DOM 的網頁分塊方法依賴於 HTML 的樹形結構，因為不同的網頁其分割標記不同，所以該方法沒有一種固定的方式，而且由於樹節點臨近並不能代表語義相近，所以分塊經常並不準確。但是，對於特定領域的結構簡單規範的網頁來說，基於 DOM 的網頁分塊方法會有比較好的效果。現實的情況是網頁結構複雜且不規則，因此，這種方法適合與其他方法結合起來使用。

3.1.3 基於板塊位置的佈局分塊

網頁中各個模組之間位置是有關係的，Y‧Chen 提出了一種利用網頁頁面的佈局來進行分塊的方法：從頁面根節點開始，獲得網頁中的頁首、頁尾、左或右導覽欄幾個大塊，並獲得各塊的位置關係，將網頁的內容提取後裝入到特徵模板中，把網頁分成幾個特徵塊。Yi 和 Liu 則利用了相同表示風格，定義一個風格樹（Style Tree）用來表示一個網站的風格和內容，節點的重要性被定義成該節點在同一個網站的風格樹上的熵值，把一個網頁映射到該網站的風格樹上就可以識別和消除網頁中的雜訊。該方法是基於以下的兩個假設：①一個元素節點的表示風格越多，該節點越重要；②一個元素節點的內容越不一樣（也就是有該內容的網頁數量少），該節點越重要。最後元素的重要性由這兩方面共同決定。對一個元素節點，如果該節點及其所有子孫節點的組合權重都小於一定值就認為它是雜訊節點。

用這種分析方法對於結構標準、內容簡單的網頁較適合，但實際中的網頁結構要複雜得多，故這種基於位置關係的網頁分塊方法並不適用於所有的網頁，而且用這種方法切分的網頁粒度比較粗，有可能破壞網頁本身的內在特徵和內容一致性，不能充分包括整個網頁的語義特徵。

3.1.4 基於視覺特徵的結構分塊

基於視覺特徵的分塊技術是指利用 Web 頁面中的視覺特徵，即位置特徵、樣式特徵、顯示特徵和內容特徵，對頁面結構進行採礦，實現頁面分塊。在 HTML 檔案中，很多標籤的使用不僅是為了內容的組織，還可用來表示頁面的外觀，如 <TABLE>、<P> 等。這些視覺特徵包括不同的行、空白區域、字體不同的大小和顏色、段落的長短等，用來實現網頁的可視化佈局顯示。頁面的視覺特徵對於網頁分塊是很有用的，目前已有基於視覺的網頁分塊研究成果報導。

微軟研究院的 Deng Cai 和 Shipeng Yu 等提出了基於視覺的分塊演算法（Vision-based Page Segment，VIPS）的概念和規則，為這個演算法的實現提供了理論依據。不同於以往的網頁分塊技術，VIPS 充分考慮了人們的視覺感知對網頁主題獲知的影響。基於視覺特徵的網頁分塊演算法最顯著的特點是：它基於網頁的可視化表示抽取其中的語義結構，將原始網頁表述成一個自上而下的分層結構，這個結構中的每一個節點對應著網頁中的一個具體分塊，這些塊或者是一個基本物件（通常是指 DOM 樹上的葉子節點），或者是一些基本物件的組合，而這些分塊與人們對一個網頁的直觀劃分是較為一致的。每個分塊都被賦予一個表示相關度的值（DoC），用來衡量它與其他分塊的語義相關性。利用這個 DoC 值可以將相關的分塊聚集在一起，而將那些存在語義差異的分塊隔離開。其過程可以簡單地概括為：首先從 DOM 樹中抽取所有合適的塊；然後根據這些頁面塊檢測出它們之間所有的分隔符，包括水平和垂直方向；最後基於這些分隔符來建構網頁的語義樹。另外，對於每一個語義塊又可以使用 VIPS 演算法繼續分割為更小的語義塊，整個 VIPS 演算法自頂向下進行，效率較高。Kovacevic 等人利用視覺資訊建構一個 M 樹，再定義一些啟發規則將一個網頁分成頭部、底部、左部、右部、中間區域 5 個部分，提取中間區域資訊為主題內容區，該方法對網頁的分塊過於簡單，不適用所有的網頁，而且這樣表示語義的連貫性比較粗糙。

利用可視化特徵對網頁進行解析，能在一定程度上滿足複雜網頁分塊的要求。但由於視覺特徵的複雜性，導致內容塊提取過程非常複雜，需要人工來不斷地總結調整規則，性能不高。如 VIPS 在內容塊提取時對 DOM 樹中的每一個節點進行檢查，內容塊提取的規則多達 13 條，而且隨著網路的深入發展，網頁格式越來越複雜，規則並不能完全適用。

3.2　基於主題爬行的輿論網頁分塊

網頁通常分為三種類型：①目錄型網頁（Hub），通常是為用戶瀏覽網站中其他網頁提供指導的網頁，在這類網頁中經常含有一組相關或者是不相關的連結，因此這類網頁是含有超連結非常多的網頁。例如，網易的首頁就是非常典型的目錄型網頁，這一類網頁通常不會描述一個主題，而且這類網頁中連結文字在文字總數中佔有非常大的比例。②主題型網頁，通常透過成段的文字描述一個或者多個主題，雖然也會有圖片和連結，但這些圖片和連結並不是網頁的主體，這類網頁中連結文字相對於非連結文字來說佔有的比例非常小。如各大門戶網站新聞的詳細頁面就是主題型網頁，這類網頁往往還會有主題的相關連結存在。③圖片型網頁，透過使用圖片來表現網頁中所表達的內容主題，這一類網頁所包含的文字資訊很少，而且這極其少的文字也僅僅是對圖片的解釋說明。這裡所研究的分塊演算法主要是針對主題型網頁，對於圖片型網頁和 Hub 網頁，只是進行類型的判斷，不進行分塊處理。本節研究一種主題導向爬行的網頁分塊方法 SPCOLA，該方法充分利用了網頁的空間特徵、內容特徵和標籤資訊。朱建華把這些資訊有效地結合起來進一步對網頁分塊，能最大限度地去除頁面中雜訊和雜訊連結，更易於指導主題爬蟲的爬行。

3.2.1　網頁分塊的典型應用

網頁分塊技術目前已經應用到資訊檢索（Information Retrieval）、資訊抽取（Information Extraction）等許多領域。

1. 網頁分塊與資訊檢索

網路資訊檢索系統可以分成前置處理、索引、查詢三個過程，它透過網頁之間的連結關係爬行網頁，然後分析網頁中的內容和連結，最後索引和儲存網頁中的內容。連結分析是資訊檢索中一個極為重要的工作，對於大部分的資訊檢索系統而言，連結分析演算法的基本前提假設就是如果兩個頁面之間存在連結關係，那麼這兩個頁面整體上肯定存在著一定的關係。但是在大部分情況下，從頁面 A 到頁面 B 的連結僅表示頁面 A 的某部分與頁面 B 的某部分之間可能存在一定的關係，並且網頁中的很多連結只是為了導覽和廣告。透過網頁的連結構來爬行網頁的演算法中，最有效的當屬 HITS 和 PageRank，但是這些演算法是以頁為單位來處理網頁，並沒有把網頁中的雜訊去掉，因此 PageRank 在計算網頁的重要性時可能存在錯誤，而 HITS 也會引起主題漂移，所以用在主題爬行上效果不好。

透過前面的分析可知，如果先利用網頁分塊技術對網頁進行分塊，然後基於塊的等級改進連結分析演算法，一定程度上可以使爬行器只爬行和主題相關的網頁，而不用浪費時間去爬行不相干的網頁，這樣可以節省爬行時間和減少索引數量，減低網路資源和硬體資源。因此，對於網路資訊檢索系統而言，把一個完整頁面分割為不同的語義塊是獲取準確連結關係的前提條件。

2. 網頁分塊與資訊抽取

網頁分塊的另一個應用場合就是資訊抽取。資訊抽取系統是從文件集中抽取事實資訊，並以結構化的形式描述資訊，供資訊查詢、文字深層採礦等應用，為人們提供有力的資訊獲取工具。根據處理物件的不同，基本上有自由文字和半結構兩種形式的資訊抽取系統。傳統的資訊抽取研究是目前文字採礦中最為突出的一項技術，這一技術結合了自然語言處理、語料資源以及語義技術。隨著網路的發展，網路上的資源越來越豐富，傳統的資訊抽取研究已經轉移到從半結構的 Web 頁面中抽取用戶感興趣的資料。從半結構化的網頁中提取資訊時，網頁分塊技術是非常有效的。因為網頁是多語義主題的，而且內容豐富，形式多樣，只有透過分塊技術把網頁分成不同的內容塊，以塊為單元代替以往的以頁為單元分析，這樣可以更好地提高資訊抽取系統的效率和精度。于滿泉等人在綜合權衡各種手段優缺點的基礎上，提出了針對新聞網站中結構複雜網頁的分塊演算法 TVPS，其綜合利用 Table 標記和視覺特徵對網頁進行語義塊劃分並識別各語義塊屬性，然後在分塊的基礎上對網頁進行資訊提取。

近年來，越來越多的人透過平板、手機等移動終端存取網路，但是這些便攜設備都只有一個很小的螢幕，在瀏覽網頁時不能把整個網頁都顯示出來。透過網頁分塊資訊抽取的技術，可以把整個頁面分割為數目不等的區域，去掉不重要的內容，用戶如果對某個特定區域感興趣，則可以重點存取該區域的內容，更方便了人們獲取資訊。

3. 網頁分塊與主題爬行

隨著主題導向搜尋技術的發展，將網頁分塊技術應用於主題搜尋中可以解決很多重要的問題，如處理網頁連結預測問題、多主題問題、隧道問題、網頁去重問題等。

1）網頁連結預測

網頁中的連結是網路爬蟲持續工作的前提，然而網頁中既包含了主題相關的連結，也包含了大量與主題無關的連結，主題導向的網路爬蟲技術需要對即將要下載的連結進行預測，以免下載到與主題無關的網頁。網頁連結預測就是判斷目前已經下載的網頁中的連結所指向的網頁是否與需要的主題相關，這是主題爬行系統的關鍵所在，任何一個主題爬行系統都要求盡可能爬行到和主題相關的網頁，這樣在一定程度上可以避免出現主題漂移現象，也可以以最小的帶寬資源獲得最多的主題相關網頁。近年來，研究者們所做的工作大致歸為兩類：一類是對整個頁面進行綜合評價，但是現在的網頁很多都是多主題的，也就是說在一個網頁內並存幾個主題，或者雖然有個比較主要的主題但是其他主題的內容也很多。面對這樣的網頁，頁面中的每個連結被賦予相同的權重，勢必會有大量的不相關的連結被提取出來，甚至很可能造成下文所述的"隧道"問題。第二類是基於連結的判斷，即網頁中的每一個連結依據它附近的文字賦予不同的權重，有些甚至還考慮了連結所在各級標題，但標題的加入有時候反而會使得主題變模糊，基於連結的判斷最大的問題是因為所取的資訊量偏少，可能有大量的相關連結不能夠被提取出來。

網頁分塊技術能把網頁分成不同的內容塊，每一個內容塊賦予不同的權重，超過一定門檻值的內容塊可以認為是和主題相關的。與主題相關的內容塊裡面的連結就假設都是和爬行主題相關的，把這些塊中的連結放到爬行池等待下一步爬行，而把那些和主題不相關的塊去掉，不爬行裡面的連結。這種方法能更好地預測網頁，既避免了針對整個網頁進行評價的粒度過粗，又避免了基於連結判斷方法的粒度過細，很大程度上能保證爬行下來的網頁是和主題相關的。

2）多主題和隧道問題

隨著網頁製作技術和網站商業化進程的推進，當今網頁中的內容和傳統的文字相比有更多的表示形式，網頁中的主題也不再單一。網頁中有用戶需要的主題內容，有與主題內容相關聯的其他主題連結，還有很多資訊只是為了方便瀏覽，如導覽列、廣告、版權資訊等。網頁中包含的多主題對於用戶來說並不是什麼問題，因為用戶可以快速地識別出哪些是自己需要的主題資訊，哪些是無關緊要的主題資訊。然而這種多主題的網頁卻對網路爬蟲產生了巨大的干擾，讓機器去識別對用戶有用的主題資訊則困難較大。在 Web 中還存在著一種現象，就是從目前已經得到的頁面到目標網頁有時往往需要經過幾個不相關網頁才能夠達到，但是這幾個網頁之間都有著連結的聯繫。這些無關的連結就像長長的隧道一樣連接著兩個主題相關頁面，因此，這種現象被稱為 "隧道現象"。下面給出隧道的定義：

【定義 3-1】隧道。假設 $k1$，$k2$，…，kn 為依序連結且與主題不相關的網頁，p 為與主題相關的網頁，而由 kn 到 p 存在連結，則稱 $k1$，$k2$，…，$kn \rightarrow p$ 為一個隧道。

例如，用戶想查詢關於 "SONY 數位相機" 的情況。關於數位相機的網頁應該是和查詢主題相關的，但是如果網頁對於數位相機的介紹主要集中在 CANON，對於 SONY 數位相機的介紹非常少，只是在網頁的某個地方給出了少量介紹 SONY 的相關連結，用戶在瀏覽時可以快速地判定這個連結就是需要的相關主題連結，而網路爬蟲在抽取網頁的特徵向量的時候，卻有可能會忽略網頁中 SONY 的相關內容，如果這個網頁上面的那個連結正好就是用戶想要找的目標網頁，這就出現了一個隧道問題：既然是無關的網頁，又有著與查詢主題內容相關的連結。原因在於無關網頁並非真正和主題無關，而是由於對網頁的主題內容的分析不當造成了錯誤的結果。如果利用網頁分塊技術將網頁按照不同的主題分成若干的內容塊，對每一塊都給予不同的權重，識別出和主題相關的塊，然後只分析和主題相關的塊中的內容，這樣就有可能避免隧道的出現。

3）網頁去重

由於網路資源廣泛分佈的特點，網站上的資訊存在相互轉載及鏡像網站等情況。出現重複網頁主要有以下幾種情形：網頁的 URL 完全相同；URL 雖然不同，但網頁內容完全相同；URL 不同，並且為不同的網頁形式，但網頁上主要內容是相同的。對用戶而言，如果查詢到的是重複的網頁，會嚴重影響查詢效率；對搜尋引擎而言，如果採集到大量重複的網頁，既浪費資訊檢索時間又浪費儲存空間。對於連結相同的網頁，在爬行的時候可以透過比較連結檢查該頁面是否已經爬行過來消除有重複網頁的隱患；對於內容相同的網頁，消重工作的基本過程是：對網路爬蟲抓取回來的網頁進行淨化，提取出網頁的主題以及與主題相關的內容，然後根據網頁的關鍵字、摘要、正文等資訊提取網頁的特徵項，建構評價函數，根據兩個網頁的特徵項的相似度判斷網頁是否重複。然而這些演算法都是以網頁為處理單位，所以不能解決網頁中只有部分重複的問題。如果透過對網頁進行分塊，然後以塊為單位來比較才能識別那種主要內容重複的網頁，這樣可以顯著消除重複網頁。

除了以上提及的作用，將網頁按照主題分成若干個內容塊，還可以過濾掉大量的主題無關資訊，這樣不僅能夠有效地降低索引檔案的大小，提高檢索的效率，還能提高排序結果的準確性。

3.2.2 網頁的前置處理

1. 頁面的正規化

在 W3C HTML 的標準中，大多數標記會成對出現，符合 HTML 標準的文件稱為格式良好的（Well Formed）。HTML 文件有些是用工具輔助寫的，有些是網頁編寫者手工完成的，他們通常會犯一些錯誤，如無對應結束標記、標記嵌套不合理等。而且由於瀏覽器功能在逐步增強，上述錯誤不會影響 HTML 網頁的正常顯示，因此這些本不該出現的錯誤一直保留了下來，往往會導致網頁解析程式的當機。例如對於如下標籤 <div id="QQ_TW_button" style="width：60px" class="l_qq_com"></div>，如果沒有尾端的標籤，則變成 <div id="QQ_TW_button" style="width：60px"

class="l_qq_com">。如果直接使用這種不完整的頁面進行分塊處理，很容易導致分塊混亂。為了進一步處理的方便，必須對網頁進行掃描，對 Web 頁面進行修復轉換成為符合規範的 XHTML 文件，這裡稱為正規化或清洗。

JTidy（http://jtidy.sourceforge.net）是一個工具包，可用以改正網頁 HTML 程式碼中容易出現的各種不規範，人為或電腦產生的錯誤，可以使用 JTidy 的類別庫將其整合到自己開發的系統當中，Web 頁面透過 JTidy 進行頁面前置處理，將源 HTML 文件轉換成等價的 XHTML 文件，這樣便於後面的分塊和內容提取。

2. 建構 DOM 樹

頁面清理後則對整理好的規範網頁建構 DOM 樹。DOM 是由 W3C 組織發佈和維護的一組標準程式設計介面，其主要目標是為了處理由 HTML 或者是 XML 語言編寫的網頁內的資訊。HTML DOM 樹其實是 Web 頁面的一種描述方式，是根據 Web 頁面中 HTML 標籤的含義而建立的有階層關係的樹狀結構，其上的每個節點都是一個單獨的 HTML 元素。DOM 是一個分層的介面規範，每一層都提供自己的方法和定義。DOM 把文件表示為節點（Node）物件樹，節點物件不但表示了文件中的 XML 元素，而且代表了在一個文件之內的其他所有內容，從文件元素自身到單獨的內容要素，如屬性、註解以及資料等都包括在內。每一個節點都有其專門的介面，這些介面對應於節點所代表的 XML 內容，其實質上也是節點。所有的 DOM 物件都繼承於節點，節點介面則是用來導覽文件樹、增加新節點以修改一個文件結構的主要方法。DOM 是一種與平台和語言無關的程式設計介面，它允許程式和腳本動態存取和修改文件的內容結構和類型，它定義了一系列的物件和方法對樹節點進行各種隨機操作。

使用 JAXP（Java API for XML，用於 XML 處理的 Java API）來建構 DOM 樹，是一種 Java 導向的讀、寫和操作 XML 文件的 API，與現行的 SAX 和 DOM 標準相容，可以將網頁中的標籤按照嵌套關係整理成一棵樹狀結構。

一般情況下，HTML DOM 樹中存在著大量標籤，有表示文字格式的，也有表示顯示效果、頁面布局的，有些標籤是可見的，有些標籤是隱藏的。其中有部分標籤是本書在分析時需要用到的，但是有一些標籤並沒有用處，如果將所有標籤都從始至終地納入到分析過程中，會增加分析時的難度，降低分析的效率。因此，考慮到提高整個過程的效率問題，本節任務是去掉 DOM 樹中的無效節點。如不能表達頁面布局結構的節點，有 <SPAN>、<EM>、<STRONG> 等標記，它們僅僅是用來表示段內的文字區塊，或者說明段內文字區塊的特性，但並不能單獨構成一個視覺特徵塊。

根據 W3C 的 HTML 標準 4.0，以下給出 HTML DOM 節點的相關定義。

【定義 3-2】可視節點。如果一個節點能夠在瀏覽器中表現出來，那麼這個節點就是可視節點。通常可視節點的長度和寬度都不為零，可視節點也稱為有效節點。

【定義 3-3】不可視節點。如果一個節點在瀏覽器中不可見，則該節點為不可視節點，如果一個節點內不含有任何可視節點，則該節點也被視為不可視節點。這種節點也稱為無效節點。

【定義 3-4】文字節點。指普通文字，該節點沒有 HTML 標記。

【定義 3-5】行內節點。如果節點的標籤能夠反映文字的表現形式，並且沒有換行行為，也不能構成一個視覺塊，稱為行內節點。這些節點的標籤類型包括所有文字標籤和連結標籤，如 <BIG>、<B>、<FONT>、<EM>、<I>、<STRONG>、<U> 等，這類節點通常僅僅影響文字的外觀而不會影響文字的佈局。

【定義 3-6】非行內節點。除行內節點外的其他節點，該類節點能夠影響頁面的佈局。這些節點的標籤類型包括所有表格標籤、格式標籤，如 <TABLE>、<HR>、<P>、<DIV> 等。

【定義 3-7】虛擬文字節點。①如果一個節點是文字節點，那麼它自然就是虛擬文字節點；②如果一個節點是行內節點，並且它的所有子節點是文字節點或者虛擬文字節點，那麼這個節點就是虛擬文字節點。

基於上述概念，可以把不必要的或者無效的某些文字節點去掉，僅留下能夠構成視覺塊的節點。如圖 3-3 所示，（b）是（a）經過簡化後的 XHTML 程式碼，可以看出經過簡化後，Web 頁面的程式碼量明顯減少。對應地，透過此程式碼產生的 DOM 樹的節點數量也將呈現銳減的態勢，這有利於後面各步驟執行效率的提高。表 3-1 是對樣本頁面簡化前後 DOM 節點數目的對比統計，可以看出，簡化後的 DOM 節點數基本上減至原來的 1/7 ～ 1/11，從而減少了後續過程中需要分析的節點的數量。

```
<TABLE>
<TR>
  <TD><FONT face=" 黑體 ">
    <span style="font-weight:bold;"> 涉軍網路輿論 </span>
        </FONT>
    </TD>
  <TD><FONT face=" 黑體 "> 監測時間：
  <span style="color:#FF6600:font-weight:bold;">2011 年 8 月 </
span>
        </FONT>
    </TD>
                            (a)
</TABLE>
<TABLE>
  <TR>
    <TD> 涉軍網路輿論 </TD>
    <TD> 監測時間：2011 年 8 月 ></TD>
  <TR>
</TABLE>
                            (b)
```

▲ 圖 3-3 Web 頁面的簡化

表 3-1 簡化前後的 DOM 節點數對比資料

Web 頁面網址	簡化前 DOM 節點數	簡化後 DOM 節點數
http://www.163.com	4322	542
http://www.sina.com.cn	3212	412
http://www.tongji.edu.cn/index.html	342	30
http://war.news.163.com/	2110	208

針對以上簡化處理過程，設計有以下規則集：

【規則 1】不可視節點不影響網頁的佈局，並且不是展示給用戶結果的一部分，首先刪除此種節點。

【規則 2】如果一個節點是虛擬文字節點，並且其內部文字長度為 0，則刪除該節點；如果一個節點的所有子節點都是無效節點，則刪除該節點。

【規則 3】如果一個節點的子節點中存在一個有效節點，並且該有效節點是虛文字節點且是行內節點，則刪除該有效子節點，並返回節點；如果是有效節點但不是行內節點，則返回該子節點，但是對該節點不做繼續分析。

【規則 4】如果一個節點的子節點中存在一個有效子節點，但該有效子節點不是虛文字節點，則進一步分析該有效子節點。

【規則 5】如果目前節點的所有子節點都是文字節點或者是虛擬文字節點，且長度不為 0，則返回該節點；如果一個節點的所有子節點都是虛文字節點，則刪除所有子節點，並返回該節點；如果分析後的節點的子節點個數為 0，則刪除該節點。

面對表現形式多種多樣的網頁，視覺上的結構和位置具有較強的可靠性，而字體顏色、大小等在分析頁面的過程中雖然能起到一定作用，但是鑒於其因人而異的因素太多，如有些網頁設計者可能為了凸顯記錄中某些內容而特意加粗或添加顏色，為了盡可能提高系統的可適應性，在簡化 DOM 的時候不考慮文字節點的顏色、大小所帶來的視覺影響。

3.2.3 網頁分塊的特徵提取及其演算法

1. 塊的有關定義

【定義 3-8】塊。一個塊（或 Web 頁面塊）B 是網頁中的一塊區域，這塊區域有一個明確的主題或者功能，而且這塊區域沒有嵌套在其他的與它具有相同主題或者功能的區域中。一般地，這個區域封裝在一個打開標籤和匹配的關閉標籤裡面，其中打開和關閉標籤屬於一個有序的標籤集 T，該標籤集 T 中包括 <TABLE>、<P>、<HR> 和 <UL> 這樣的標籤。

分塊定義中存在兩個互相矛盾的要求：①要足夠小，使之只包含一個主題或者功能；②要足夠大，使之不被其他的與它具有相同主題或者功能的區域包含。如網易（www.163.com）的首頁可以劃分為在頁面中心位置的新聞標題塊，最上面的導覽塊和左右兩邊的目錄塊等。由此可見，一個網頁能夠劃分為多少個塊，主要依賴於這個網頁中出現的不同的主題或者功能。

根據塊的定義可知，塊是主題內容的最小區域。在主題導向的爬行中這樣的小塊保證了內部連結的相似性，即這些連結是由一個主題塊發出的，因此這比"相關網頁連接性假定"又更進了一步，由相關內容塊指向的頁面的相關可能性，遠比從該頁面任意發出的連結的相關可能性要大得多。

【定義 3-9】分塊標籤集。採用 <TABLE> 作為劃分一個 Web 頁面的首選標籤，之後使用 <DIV>、<TR>、<P>、<HR>、<UL>、<DIR>、<DL> 作為下一步劃分的標籤。這些被用來對 Web 頁面中的塊進行劃分的標籤集合定義為分塊標籤集。

目前在網路上的大多數 Web 頁面仍然用 HTML 寫成，甚至動態產生的頁面也大多用 HTML 標籤寫成。在所有這些標籤中，由於標籤 <TABLE> 具有良好的佈局特性，網路中的頁面大量採用 <TABLE> 標籤來進行頁面格式的佈局。因此，採用 <TABLE> 作為劃分一個 Web 頁面的首選標籤。

【定義 3-10】原子塊。當一個塊處於以下兩種情形之一：①該塊連續被分塊標籤集中的標籤劃分至塊中已不再有分塊標籤集中的標籤；②該塊在演算法執行的中間過程中被演算法認定並標記為不再被進一步劃分，則稱這個塊為原子塊。

透過實驗觀察，原子塊一般只包括一個主題，而且它所含的內容特別少。另外，劃分後很多原子塊的主題是相近或是同一主題的，這樣的原子塊往往擺放位置很緊密。因為網頁設計者是按照一定的規律來組織內容的，主題相近的內容往往能放在一起或者相近的地方，這些啟發資訊有助於設計對應的內容塊合併演算法。

2. 分塊特徵的選取

現有的各種網頁分塊演算法都存在優點和不足之處，SPCOLA 是一種新的網頁分塊方法，它充分利用網頁中的空間特徵、內容特徵和標籤資訊，並且把這些資訊有效地結合起來。其中，空間資訊和標籤資訊可以直接從 CSS 和 HTML 中得到，而內容特徵可以透過對塊進行周遊統計得到。

1）空間特徵

在編寫網頁時，一般會將最重要的資訊放置在網頁的中間部分，而將導覽資訊放在網頁的上方或者左右的一邊，版權資訊、聯繫方式等附帶資訊則被放置在網頁的最底部。除此之外，重要內容通常佔用網頁大幅版面。因此，網頁分塊的空間特徵（如位置、尺寸等）能夠在一定程度上反映分塊的重要性。網頁分塊的空間特徵表示可以分為絕對空間特徵、相對空間特徵以及視窗空間特徵三類。以圖 3-1 為例，網頁被分割成若干矩形區域，每個矩形區域可以用 "塊中心橫座標 x" "塊中心縱座標 y" "矩形塊寬度" 和 "矩形塊高度" 這四個特徵的絕對值來表示，這就是絕對空間特徵。絕對空間特徵的缺點是難以比較取自不同網頁的分塊。例如，使用絕對空間特徵進行比較的話，一個較小網頁中的大分塊往往會比一個較大網頁中的小分塊要小，而實際的結果往往相反。

為了解決上述問題，在相對空間特徵法中，用整篇網頁的高度和寬度來對絕對空間特徵進行標準化。每個矩形分塊可以用 "塊中心橫座標 x/ 網頁寬度"、"塊中心縱座標 y/ 網頁高度"、"矩形塊寬度 / 網頁寬度"，以及 "矩形塊高度 / 網頁高度" 這四個特徵來表示。但是利用相對空間特徵有可能會導致將一些重要的分塊當作非重要分塊來處理。例如，比較重要的內容往往位於一個網頁的上方居中的位置，但是如果網頁的高度超過了螢幕能夠顯示的高度，此時再用網頁的高度進行標準化操作的話，就會使這些位於網頁上部的重要資訊看起來與那些較短網頁中位於頂端的廣告等資訊類似。所以應該避免用整個較長網頁的高度對其上部的分塊進行標準化。

視窗空間特徵針對相對空間特徵出現的標準化問題，做了一定的改進：不再使用整篇網頁的高度而是使用一個固定高度的視窗（如瀏覽器視窗）來進行標準化。

視窗空間特徵可以表示為："塊中心橫座標 x/ 網頁寬度"、"塊中心橫座標 y/ 視窗高度"、"矩形塊寬度 / 網頁寬度"、"矩形塊高度 / 視窗高度"。

2）內容特徵

一個網頁正文內容塊表達的內容所具有的特徵被稱為網頁正文內容塊的內容特徵。內容特徵對重要度區分很有幫助，如新聞網頁的主要部分通常帶有生動的圖片、醒目的標題和大段的描述文字，一條廣告資訊可能只包含一個或者是若干個圖片但是卻沒有任何的文字資訊，而位於網頁頂端或者是左端的導覽區，通常會包含很多連結。

分塊的內容特徵可以概括為如下 8 個參數：分塊中所含圖片數量（ImageNumber）、圖片大小（ImageSize）、超連結數目（HyperlinkNumber）、超連結文長度（LinkTextLength）、帶有 <INPUT> 和 <SELECT> 標籤部分的數目（InteractNumber）、帶有 <INPUT> 和 <SELECT> 標籤部分的大小（InteractSize）、帶有 <FORM> 標籤部分的數目（FormNumber）以及帶有 <FORM> 標籤部分的大小（FormSize）。其中，Interact 指的是那些需要用戶輸入文字或選擇的頁面元素，Form 指頁面上的表單元素。與網頁分塊的空間特徵一樣，內容特徵也需要利用整個網頁的對應特徵進行標準化。

3）標籤資訊

在瀏覽網頁時通常會發現網頁分成了若干個矩形的區域，而且這些矩形區域不僅在視覺特徵上是一致的，它們在主題上也是一致的。這是因為網頁的製作者希望用戶可以很直觀地分辨哪些是網頁的主要內容，哪些是次要內容，才會將相似的內容以相似的視覺特徵加以表現，而且網頁的內部結構也是相似的。因此可以利用網頁的內部結構要素來分割一個網頁，下面分析幾種比較重要的分塊標籤。

(1) TABLE 標籤。網頁的矩形塊通常是利用 <TABLE> 標籤來組織的。事實上絕大多數的網頁都是用 <TABLE> 和 <DIV> 標籤來組織網頁中不同主題的內容，即可以充分利用這個特點來進行網頁的分塊。

<TABLE> 標籤是表格標籤。TABLE 本身的內容就可以說明很多問題，如果一個 TABLE 裡面嵌套了其他的 TABLE，那麼幾乎可以確定它們的主題一定是不相關的。就像我們經常看到的網頁的例子，左側是一個導覽欄，而右側是一個文字；相反，如果一個 TABLE 裡面沒有嵌套其他的 TABLE，那麼它們很有可能是同一主題。這時通常需要考慮 TABLE 的視覺特徵，如果這個 TABLE 的內容是單一的，那麼可以肯定的是，它的視覺觀感也是統一的，如它的字體，顏色，還有字體的大小；相反，如果一個網頁的 TABLE 的視覺特徵是不同的，例如左側的表格是深藍色，而右側的表格是淺綠色，那麼它們的內容就有可能是不同的。當然也可能存在另外一種情況，即通常為了表達內容的主題，如果一個 TABLE 只有兩個格子，它很有可能會在上面的一個格子裡面加入一個小標題，而在下面的一個格子裡面加入的是一段文字。出現這種情況時，雖然它們的觀感不是很統一但是它們的內容確是非常相關的。對於 TABLE 的處理，首先考慮 TABLE 裡面是不是包含多個 TABLE，如果是的話，就認為它們是不相關的。但如果都是文字就要進一步分析，以前面的例子而言，如果兩個表格裡面的內容有明顯的不對稱，也就是說一個表格裡面的內容明顯很多，而另外一個表格的內容明顯很少，就假設它們是相關的。如果 TABLE 裡面的內容是多個表格，而且它們剛好也是一個表格的內容很多，一個表格的內容很少，就將它們兩兩地分成一組。如果表格的內容是對稱的，也就是說它們的內容都很多，而且它們的視覺特徵不盡相同，則將它們分成多個塊。

在塊的劃分時沒有考慮採用 <TD> 標籤，主要原因是為了合理控制原子塊的粒度大小。若採用 <TD> 來劃分塊會造成過多的單元格塊參與計算，會影響演算法的效率，而且頁面主要內容識別結果品質的提升並不是很明顯。因此，如果一個表格是一個原子表格，即其中沒有嵌套子表格，並且只含有文字或數字且單元格在水平垂直方向成規整排列，則演算法會將其識別為一個普通的不起佈局作用的純內容表格，並認為該表格是一個原子塊，對其不會再用 <TR> 及後續標籤進行劃分。

目前，大部分網頁除了用 <TABLE> 標籤來佈局，還存在使用 <DIV> 標籤來佈局的現象，如網易、新浪等門戶網站就是採用 <DIV> 標籤來佈局。

SPCOLA 演算法將 <TABLE> 標籤和 <DIV> 標籤進行等同處理，因此就不再對 <DIV> 標籤的處理作單獨說明。

(2) HR 標籤。<HR> 標籤用來定義一水平線，它雖然不需要使用關閉標籤，但它通常作為頁面中塊與塊之間的間隔線。這個標籤一般不會在主頁上面使用，但是如果到了具體的內容頁的時候，這個標籤的作用就很大。通常在製作網頁時會考慮標題內容的細分，因為這麼多的標題，如果僅透過文字來區分，用戶就不易找到自己想要的內容。因此，通常會在網頁文字的前面加一個標題，或者加一個水平線，如果一段文字之前或之後被加了一個水平線，通常都是為了和其他的文字區分開，也就是說它們的主題是有區別的。對於這樣的標籤，處理時完全可以透過它們來區分兩個分塊。

(3) P 標籤。<P> 標籤用來劃分段落。在編寫網頁時，常常需要把很長的內容段分成幾個自然段，更重要的是不同的內容被放到不同的段中。在網頁分塊中可以充分利用該標籤，把不同的內容分到不同的內容塊中。但是，段落之間的主題聯繫一般是非常緊密的，所以在考慮 <P> 標籤的時候還要參考其他標籤。

4）演算法描述

SPCOLA 分塊演算法結合了網頁中的空間資訊、內容特徵和標籤資訊，其中空間資訊決定了分塊在瀏覽器中顯示的相對位置。一般地，分塊的位置資訊包含在 HTML 文字之中，主要是根據 <Table>、<Div> 等 HTML 標記中的 size 資訊以及正文文字字元的數量決定的。當然，其他可視化特徵並不全部包含在網頁爬蟲所捕獲的 HTML 文字中，而是包含在對應的 CSS 檔案中，這主要是因為目前 CSS 等網頁風格模板的大規模使用。內容特徵主要是透過對塊進行周遊統計得到，它與分塊的重要性相關。輔助決定分塊的類型是導覽模組還是廣告圖片，或者是網頁正文塊。標籤資訊是用一個有序的分塊標籤集 {<TABLE>/<DIV>，<TR>，<P>，<HR>，<UL>，<DIR>，<DL>} 迭代分塊。研究表明，網路中大多數的網頁會使用 <TABLE> 或 <DIV> 標籤組織網頁的內容。透過應用這些標籤來迭代分塊，可以有效地識別網頁中的內容塊。SPCOLA 演算法中還設計了一些啟發式規則來控制分塊的精度和粒度，其演算法流程如圖 3-4 所示。

▲ 圖 3-4 SPCOLA 分塊演算法流程

演算法 3-1 SPCOLA 分塊演算法

【步驟 1】建構 DOM 樹。讀取 HTML 網頁，對網頁前置處理後建構 DOM 樹。很多網頁看上去沒有錯誤，但是內部的 HTML 程式碼並不標準，如有的標籤沒有對應結束標記、標記嵌套不合理等。使用 JTidy 的類別庫對 Web 頁面前置處理，將 HTML 源文件轉換成等價的 XHTML 文件。在頁面前置處理的基礎上，使用 JAXP 建構 DOM 樹。

【步驟 2】簡化 DOM。HTML DOM 樹中存在著大量標籤，有部分標籤是演算法分析時需要用到的，但是有一些標籤並沒有用處，如果將所有標籤都納入到分析過程中，會增加分析時的難度，降低分析的效率。因此需要去掉 DOM 樹中的無效節點提高分析過程的效率。

【步驟 3】視覺資訊分析。在得到了簡化後的 DOM 節點樹後，也就是在頁面中塊的基本元素獲取後，需要對這些節點從視覺方面做進一步的處理，該處理主要從視覺的幾個基本表現入手：背景色、字體顏色、字體特性（字體名稱、大小、粗細、樣式）等。這裡的關鍵是需要獲取 CSS 資訊，首先讀取目前頁面連結的 CSS 檔案，再獲取頁首內嵌 CSS，建構一個以 id、class 為鍵的網站 CSS 列表。分析 DOM 樹節點時根據標籤的 class 和 id 屬性，給 DOM 樹中各節點附上視覺資訊。

因為一個節點可能被重複定義 CSS，故按照瀏覽器解析的就近原則只取最近的 CSS 值。

【步驟 4】綜合網頁的內容特徵，判斷網頁的類型。根據 Hub 網頁、主題型網頁與圖片型網頁的定義，綜合網頁的內容特徵，可以根據網頁中連結文字數（即錨文字書字數）、非連結文字數與圖片的數量大小判斷網頁的類型。如果網頁文字數與圖片數的比值小於某個門檻值，該網頁就是圖片型，如果網頁中連結文字數與非連結文字數的比值大於某個門檻值，該網頁就是 Hub 網頁，否則為主題型網頁。

【步驟 5】結合空間特徵，利用標籤資訊來迭代分塊。前面我們定義了一個有序的標籤集 {<TABLE>/<DIV>，<TR>，<P>，<HR>，<UL>，<DIR>，<DL>}，選擇這樣的一個順序是基於對來自各種資源的 Web 頁面 HTML 編輯格式的研究，這也是很多網頁設計者在設計網頁時用到的一個自然順序。演算法基於列表中的第一個標籤來劃分一個 Web 頁面從而識別各種塊，然後基於第二個標籤再來劃分已識別出的塊，以此類推。連續劃分直到已劃分出的塊集中的任意塊中不再有劃分標籤集中的標籤，這就確保了塊的原子性並且在它們之上不會有更進一步的劃分。考慮到網路中大多數的網頁會使用 <TABLE> 或 <DIV> 標籤組織網頁的內容，在具體分塊的時候本書提出了利用一些啟發式規則來控制分塊的精度和粒度。當然，具體的演算法步驟也要參考產生的 DOM 樹。

下面是 SPCOLA 演算法中控制分塊粒度的一些啟發規則：

【規則 1】如果該節點的子節點中，所有子節點都具有相同的視覺特性（包括背景顏色、字體的顏色大小等），且和該節點的視覺特性相同，則去掉該節點的所有子節點，也就是說該節點合併了該節點所有子節點；如果不相同，則可以根據實際情況進行合併或者不合併。

【規則 2】節點的尺寸限制。如果一個節點的尺寸過小，其一定是非佈局節點。因此如果節點的高度和寬度小於一定的門檻值則不往下進行分塊。

【規則 3】如果節點的子節點為純文字、超連結列表、圖片等，則不再往下細劃，一般為導覽或列表塊。如果節點的內容為 flash 或圖片連結，則一般為廣告塊，也不細分。

SPCOLA 演算法的核心部分使用遞迴完成，對每個 HTML 節點遞迴分析其結構和視覺資訊，其虛擬程式碼如下：

```
public void DivideBlock(High,HTMLNode,pool)
{For each( node in HTMLNode )          // 取出 HTMLNode 下一層所有子節點
{if (node 不是 Table 或 Div 節點)
{DivideBlock(High,HTMLNode,pool);      // 呼叫遞迴函數
} elseif  (node 滿足啟發規則 &&PTH>High)
{DivideBlock(High+1,HTMLNode,pool);   // 標籤深度加 1
} elseif  (node 中文字長度 >0)
{Addpool (node);                       // 將目前節點加入 pool
}}}
```

其中：參數 HtmlNode 是對 DOM 節點進行封裝了的物件，可以從物件中得到網頁分塊要用到的所有資訊，如這個節點的高度、寬度、文字數量、連結數等資訊；參數 pool 是用來專門存放 HtmlNode 的容器；High 是目前節點在標籤樹中所出的層數或稱為高度。該函數利用遞迴來周遊整個 DOM 樹，直到滿足 High 大於門檻值或將整個 DOM 樹周遊完。

3.2.4 輿論內容塊的整合

透過上面的分塊演算法可以得到一個輿論內容塊的集合，這些內容塊在大小、形式和重要性上是不一樣的。為了便於爬行系統能更好地執行，使演算法的精確性得到提高，需要把這些不同的內容塊識別出來。實驗觀察，這些劃分的內容塊有些雖然只包括一個主題，但是它所含的內容特別少；劃分後很多內容塊的主題如果是相近或是同一主題的，往往擺放位置很緊密；網頁中有好多雜訊，這些內容一般分佈在特定的位置或者透過一定的 HTML 標籤來組織的。根據這些啟發資訊，即可得出對應的內容塊識別合併演算法。

1. 內容塊的識別

首先，引入以下定義：

【定義 3-11】連結節點。HTML 標記為 A 的節點，稱為連結節點。

【定義 3-12】文字節點數。一個內容塊中的所有文字節點的數量。

【定義 3-13】連結節點數。一個內容塊中的所有連結節點的數量。

【定義 3-14】有效節點數。一個內容塊中的文字節點數和連結節點數之和。

【定義 3-15】連結率。一個內容塊中連結節點數與有效節點數之比。

【定義 3-16】文字長度。一個內容塊中所有文字的字元的個數。

因為各類語言的編碼有可能不同，統一採用 UNICODE 編碼，即字元個數，而不是文字所佔記憶體空間的多少。

參考前面 Hub 網頁、主題型網頁與圖片型網頁的定義，可以根據內容塊中連結節點數、文字節點數以及分塊的空間位置判斷內容塊的類型。針對主題爬行的需要，主要利用主題型網頁中的主題文字區塊（Subject Block，SB）和連結塊（Link Block，LB）兩種區域塊。其中，主題文字區塊是一個主題型網頁用來描述一個或多個主題的成段文字，主要由文字內容組成；連結塊是由多個連結組成，在視覺上成為一體的一個區域。

主題型分塊的識別方法較為直觀。如果分塊包含的是一個或若干個正文段落，資訊塊中包含了大量的文字資訊和一些連結資訊，且分塊處於網頁視覺的中心位置，系統則認為是主題型分塊。在主題型分塊的識別過程中，值得關注以下兩個問題：

1）包含標題資訊塊的識別問題

該資訊塊往往是在一個主題資訊的開端部分，如一篇報導，分多個段落，而這個標題塊則是起始段落。標題塊的識別是藉助於 HTML 標題標籤：<h1>，<h2>，…，<h6>，<b> 等，因為在網頁設計這些標籤往往顯示為不同程度的標題。當然系統也要考慮其他的視覺效果和位置因素，如雖然沒有使用標題標籤，但是透過 css 視覺分析，發現某分塊中文字區別於上下周圍其他文字且處於視覺中心位置，而且該分塊之後還有大量文字，也將視該分塊為標題塊。在劃分演算法中標題塊不僅可以被認為是一個大的資訊塊的開始，同樣可以用它作為前一個資訊塊的結束。

2）一些資訊小塊的合併

由於劃分演算法的原因，對一些大塊劃分過於細緻導致產生了不少的資訊小塊。這樣的資訊塊文字資訊比較少，它往往處於一些主題型分塊的周圍。這些資訊小塊的識別方法主要是根據資訊塊的文字量和分塊所處的位置。

對於連結型分塊，要根據它們的空間特徵區別對待。實驗分析發現，這些分塊經常代表著導覽欄、廣告欄、版本資訊，其中導覽欄和廣告欄一般富含連結和圖片，而且位置相對比較偏，一般不會分佈在網頁的中心位置。至於版本資訊一般會有固定的啟發資訊，如在版本資訊塊中經常出現的一些關鍵字有 "copyright"、"corporation"。而且版本資訊一般處於網頁的最低端，根據這些資訊，很容易就能判斷出版本資訊塊。另外，在很多頁面塊中的資訊是用圖像表示出來的，沒有任何文字，或者文字僅是對圖像的解釋。這種資訊塊的內容無法提取，如果它的位置不處於網頁的中心位置，我們將其視為雜訊塊。

如果是單純的連結塊，要區分是導覽連結還是相關連結，或者是雜訊連結。如果一個連結塊中的所有連結的錨文字集合與該網頁的主題相關，那麼該連結塊被稱為相關連結塊。相關連結塊中的連結指向的網頁一般與目前網頁的主題是相同（相關）的，而且它的空間位置一般是緊隨著網頁的主要資訊塊。如果一個連結塊中的連結只是為了方便讀者瀏覽和網站的組織，那麼該連結塊被稱為導覽連結塊。導覽連結塊中的連結指向的網頁可能與目前網頁的主題相同，也可能不同。導覽連結一般位置相對較偏，處於網頁的上方或者左右兩側。如果一個連結塊中的連結指向的網頁與目前網頁的主題根本沒有關係，那麼該連結塊是雜訊連結塊。雜訊連結塊一般存在於商業性網站的網頁中，其連結主要由廣告連結組成，而且雜訊連結所處的位置不會是網頁的中心位置（圖 3-5），只有粗線框圍住的區域才是相關連結塊，其他的則是導覽連結區或是雜訊連結塊。

總之，可以得出用來區分和識別 Web 塊的一些特徵：①連結塊中連結率較高，連結標籤比較多，而文字數量相對較少，一般不會具有標點符號；②主題型網頁塊中的正文通常是用成段的文字來描述，中間通常不會加入大量的超連結，而且有較多的標點符號；③版權資訊部分連結率較低，但是文字長度也很短。

對於每一個特徵，不同的分塊都有對應的屬性值。因此，需要對這些特徵進行定量的描述。本書從 CWT200G（CWT200G 是北京大學網路實驗室天網課題組提供的大規模中文 Web 測試集，該測試集是 SEWM 中文 Web 資訊檢索評測和 863 資訊檢索評測指定的資料測試集，它包括 29100 個網站，37482913 個網頁）中隨機地選取 2000 張網頁作為訓練集，透過機率統計方法對上述特徵進行量化。

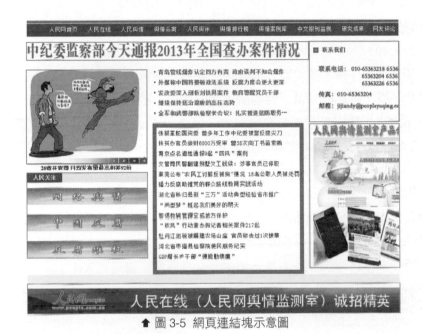

↑ 圖 3-5　網頁連結塊示意圖

基於統計方法來求出特徵中不同的值對分塊類型的條件機率。下面以標點符號特徵為例，用 T^s、F^s 分別表示一個塊是 SB 和不是 SB，$R=\{1，0\}$ 分別表示標點符號出現與否。量化過程如下：首先對訓練集中的每個網頁進行分塊，人工標記出其中的 SB、LB；然後用 $K(L=T^s)$ 表示一個塊 L 是 SB 的機率；標點符號在塊 L 中出現的機率為 $K(R=1)$，則塊 L 中含有標點符號時，是 SB 的機率可由貝氏公式得到，如公式 (3-1) 所示。

$$K(L=T^s \mid R=1) = \frac{K(L=T^s)K(R=1 \mid L=T^s)}{K(R=1)} \tag{3-1}$$

公式中：$K(L=T^S)$ 為 SB 在所有劃分出的塊中所佔的比率；$K(R=1)$ 為包含標點符號的塊在所有劃分出的塊中所佔的比率；$K(R=1|L=T^S)$ 為在所有 SB 中含有標點符號的塊的比率。計算結果 $K(L=T^S|R=1)$ 稱為標點符號存在時 L 為 SB 的條件機率，同樣可以得到標點符號不存在時 L 為 SB 的條件機率。利用同樣的方法可以得到 L 為 LB 時的條件機率。

其他幾種特徵的機率值採用類似的方法計算，其中文字長度的取值離散化為（0，20），（20，40），（40，$+\infty$），對訓練集中的文字平均長度進行統計，得到各個長度取值範圍的條件機率值；而一個塊中的連結標籤的量化方法是透過塊中的連結率來體現。為了將這些特徵綜合利用，將一個塊 L 的各個特徵的條件機率相加，然後求平均，作為判斷該塊類型的機率，分別用 $K(L^S)$ 表示為 SB 的機率，$K(L^L)$ 表示為 LB 的機率，確定塊 L 類型的公式如下：

$$\text{BLTYPE}(L) = \begin{cases} \text{SB} & \text{如果 } K(L^S) \geq n \wedge K(L^L) < m \\ \text{LB} & \text{如果 } K(L^S) < n \wedge K(L^L) \geq m \end{cases} \quad （3\text{-}2）$$

公式中：n 和 m 分別為訓練時所得到的塊為 SB 和 LB 的條件機率的門檻值，當滿足 $K(L^S) \geq n \wedge K(L^L) < m$ 時，L 是一個主題文字區塊；當滿足 $K(L^S) < n \wedge K(L^L) \geq m$ 時，L 是一個連結塊。值得注意的是，如果滿足 $K(L^S) \geq n \wedge K(L^L) \geq m$ 時，表明 L 可能是一個文字區塊和連結塊的組合，需要對其進一步細分。

2. 內容塊的合併

從上一節各種內容塊識別的過程不難看出，頁面的主要資訊都包含在主題型分塊和一些小的資訊塊，這些小的資訊塊需要合併。除此之外，標題塊中很可能提供了整個內容塊的主題，但是對主題資訊來說往往字數特別少，難以把握具體的關鍵字。另外，對一些明顯是雜訊的分塊則還要進行清理。

把識別後的頁面塊順序地存放在堆疊中，指標讀取堆疊頂端的分塊後根據分塊的類型採取對應的動作。為了便於處理和演算法說明，設定了頁面塊的臨時存放區，初始狀態時該區域為空。

演算法 3-2　內容塊的合併

【步驟 1】首先進入起始狀態讀取堆疊頂端的分塊類型。

【步驟 2】如果分塊的類型是標題塊，這是一個大資訊塊的起始，且前面的塊已經結束。先將頁面塊臨時存放區的內容塊輸出，此時輸出的是合併以後的資訊塊，然後將新的標題塊放入頁面臨時存放區，最後返回到讀取堆疊頂端資料的初始狀態。

【步驟 3】如果分塊的類型是主題型，即這一塊是資訊的主要塊，將它與頁面臨時存放區的內容合併後，返回到初始狀態重新讀取標籤；如果分塊的類型是資訊小塊，則執行同樣的操作，將臨時存放區內的內容塊和目前塊合併，之後返回到初始狀態。

【步驟 4】如果分塊的類型是連結和圖片型的，則根據不同的空間位置分別對待；如果是廣告塊和版權塊，則說明這個是雜訊塊；如果是單純的連結塊，則要區分是導覽連結還是相關連結，或者是雜訊連結。導覽連結和相關連結塊放入頁面臨時存放區，雜訊塊刪除，之後返回到初始狀態。

【步驟 5】當堆疊為空時，將臨時存放區的內容作為最後一個內容塊輸出，進入結束狀態。

經過劃分與合併以後的網頁，變成了一組資訊塊的集合。這樣的資訊塊不僅主題單一，區分了文字內容資訊塊和連結資訊塊，而且最大限度地去除了頁面中雜訊內容，包括雜訊廣告連結、不相關連結和版權資訊等。因此，能更好地指導主題爬蟲在主題塊中追蹤新的連結。

3.3 主題網路輿論的語義特徵抽取

主題網路輿論語義特徵抽取分成兩個階段：第一階段是基於關鍵字的輿論資訊特徵項選擇，第二階段是在特徵選擇的基礎上利用 SIPO 本體進行語義特徵轉換。本節研究第一階段的特徵分類及對主題網路輿論語義特徵抽取的策略，研究基於 N-Gram 的主題網路輿論特徵項選擇，研究基於網頁 DOM 分塊的權重計算策略。

3.3.1 網路輿論語義的特徵

從網路上獲取的主題網路輿論最終表現為輿論 Web 文字資料。從電腦處理角度看，Web 文字由其特徵項構成，主題網路輿論特徵選擇指的是獲取關於 Web 文字的中繼資料特徵項。主題網路輿論特徵分為描述性特徵和語義性特徵，描述性特徵一般包括資訊來源、發佈日期、文件作者、機構、文件類型等，語義性特徵一般包括標題特徵、內容特徵等。描述性特徵較易獲取，而語義性特徵是對於文件內容的描述，一般需要採用專門的文字採礦技術進行獲取，本書重點討論主題網路輿論的語義性特徵。如果以資訊分類或叢集作為應用目的，將精心選擇之後的特徵項作為電腦的處理物件，則特徵選擇能有效節省計算過程中所需的儲存空間和運算時間，因此特徵項的選擇品質直接影響到對輿論資訊分析處理的效果。從語法階層上看，構成文字的要素包括詞、片語、句子和段落，理論上這四類要素都可以作為文字的特徵，但從機率統計上看，隨著文字特徵要素的語法階層的提高，其組合而成的特徵項數量會呈指數級增長，使得電腦處理的難度急劇增加，而且效果也不理想，所以在實際應用中一般較少考慮基於句子和段落的文字特徵。

1. 特徵選擇的意義和特徵分類

主題網路輿論資訊以文字的形式付諸電腦進行處理，文字資料通常是半結構化或非結構化的，其內容不僅包含了一些結構化欄位，同時也含有大量的非結構化內容。為了便於電腦自動處理，將文字轉換為機器可以識別的資料格式是一個必須的過程，目前有代表性的文字表示模型主要包括布林模型（Boolean Model）、向量空間模型（Vector Space Model）、機率模型（Probabilistic Model）等，而如何選擇文字特徵對這些模型的表示效果有重要的影響。

文字特徵過多會導致資料的高維性，高維資料不但難於理解，維度的增長使得資料分析變得更加困難，同時還可能存在資料稀疏、距離度量方法失效等一系列問題，即"高維詛咒"問題（Curse of High Dimension），這樣不但增加了系統的複雜度，還會嚴重影響文字處理的速度和效果。對於某個特定的文字，並不是所有的特徵都具有實質性的特徵功能，可能存在著無關特徵、冗餘特徵或雜訊特徵。特徵選擇透過刪除無關特徵、冗餘特徵或雜訊特徵以減小特徵集的規模，能在很大程度上減少時間複雜度和空間複雜度，用最具代表性的特徵作為文字的屬性，可以增強文字的可理解性和資料的準確性，對文字分類、叢集等資訊處理技術的應用具有重要價值。觀察目前的研究現狀，常用的作為文件特徵的要素包括詞語、片語、N-Gram 項和詞性等。

1）詞和片語

將詞和片語作為表徵文件語義的特徵項是目前最常用、最直觀的方法。在中文文字中，由於構成詞和片語的單個漢字之間不存在分隔，因此在選取前需要藉助詞典和分詞技術對文字進行分詞，然後去掉其中無意義的助詞、語氣詞和其他停用詞，最後得到構成中文文字的所有詞和片語。對於英文文字來說不需要分詞，但英文單詞存在詞形的變化，若干詞語是由同一詞根演變而來，互為語法變體。如名詞的單複數、動詞的時態變化、形容詞的比較級變化，以及詞的前綴和後綴變化等，這些詞語的詞形發生變化，而詞義卻沒有很大區別，互為語法變體的詞語沒有必要作為單獨的特徵，因此只需將詞根作為特徵。透過還原詞根，只用一種形式表示所有詞義相近的詞語，如詞語"interpretable""interpretability""interpreted""interpreting""interpretableness"的出現都可以用"interpret"代替。

2）N-Gram 項

N-Gram 演算法的基本思想是：將文字內容按位元組串流進行大小為 N 的滑動視窗操作，形成長度為 N 的位元組片段序列，每個位元組片段稱為 Gram，統計所有 Gram 的出現頻度，根據設定的門檻值對 Gram 進行過濾，得到文字特徵的 Gram 項。用 N-Gram 項作為文件的特徵可以避免在分詞過程中需要依靠龐大的詞典和複雜的分詞程式。研究表明，在特徵數目較小的情況下，基於 N-Gram 項的文字分類效果優於基於詞和片語的分類效果。提取 N-Gram 項作為文字特徵的過程相對容易，但在語義表達效果上，N-Gram 項的比不上真正的詞，而且隨著 N 的增長，N-Gram 項的數量呈指數級增長，大大增加了演算法的時間複雜度和空間複雜度，所以在實際運用過程中，N 的取值一般不宜過大。

3）詞性

詞語的語法類別即是詞性，在語法階層上詞性的總數目較少，且劃分粒度太粗，基本上無法表徵文件的語義，所以通常很少單獨用詞性作為文字特徵。在實際應用中一般將詞性與其他種類的特徵一起組合使用，例如在文件的語體分類中，小說使用形容詞和副詞的頻率較高，而科技文獻則使用名詞較多。詞性自動標註目前還是一個沒有很好得到解決的問題。而且，語言學界對詞類劃分的目的、標準等問題上還存在著分歧。

除以上三種類別之外，還有的學者研究了將語義模式和標點符號作為文件特徵。

2. 特徵選擇演算法

使用特徵集中所有的特徵項來表徵文字往往達不到理想的效果，實際應用中透過一定演算法選擇的特徵子集能取得更好的效果和性能，而且在某些特定應用中，特徵子集的選擇還能降低特徵之間的相關性，提高文字分類的準確性。常用的特徵選擇演算法可以分為基於字典的方法和基於統計的方法兩大類，基於字典的方法精度高，但需要字典的支援，與領域緊密相關，所以較少採用；而基於統計的方法，無須建立字典，與領域無關，儘管精度相對要低，但需要較少的人工支援，現在已被廣泛使用。常見的基於統計的特徵選擇演算法有特徵頻率 (Term Frequency, TF)、文件頻率 (Document Frequency, DF)、資訊增益 (Information Gain, IG)、互資訊 (Mutual Information, MI) 和 χ^2 統計量（Chi-square Statistic, CHI）等。

1）特徵頻率 TF

特徵頻率（Term Frequency, TF）方法認為越有用的特徵在文字集中出現的次數越多，常被用來初步過濾無關特徵。如果文字集中存在大量的低頻特徵，TF 方法可以有效降維。然而，如果高頻特徵在各個類別中均勻分佈，這樣的高頻特徵對分類實際上沒有太大的貢獻，因此 TF 具有一定的侷限性。

2）文件頻率 DF

特徵詞的文件頻率（Document Frequency, DF）是指在訓練語料中出現該詞條的文件數。可用公式 (3-3) 進行計算。

$$DF(t) = \frac{出現特徵性\ t\ 的文件}{數訓練集的總文件數} \tag{3-3}$$

基於 DF 的特徵選擇是最簡單的一種方法，其基本思想是：首先設定門檻值，如果特徵詞的 DF 值低於門檻值則為低頻詞，認為它們不含或含有較少的類別資訊。將這樣的詞條從原始特徵集中移除，不但能夠降低特徵空間的維數，而且還有可能提高分類的精度。

3）資訊增益 IG

特徵詞的資訊增益是指該特徵在文件中出現前後的資訊熵之差，用來衡量特徵中包含的類別資訊。一般地，特徵詞 t 的資訊增益 IG(t) 可以用式（3-4）計算。

$$
\begin{aligned}
IG(t) &= H(C) - H(C\mid t) \\
&= P(t)\sum_i P(C_i\mid t)\log\frac{P(C_i\mid t)}{P(C_i)} + P(\bar{t})\sum_i P(C_i\mid \bar{t})\log\frac{P(C_i\mid \bar{t})}{P(C_i)}
\end{aligned}
\tag{3-4}
$$

$$(i = 1, 2, 3, \cdots, M)$$

公式中：$P(C_i)$ 為 C_i 類文字在語料中出現的機率；$P(t)$ 為語料中包含特徵項 t 的文字的機率；$P(C_i|t)$ 為文字包含特徵項 t 時屬於 C_i 類的條件機率；$P(\bar{t})$ 為語料中不包含特徵項 t 的文字的機率；$P(C_i|\bar{t})$ 為文字不包含特徵項 t 時屬於 C_i 類的條件機率；M 為類別數。

t 的資訊增益值越大，則表示 t 對分類也越重要。在進行特徵選擇時，通常選取資訊增益值大的若干個單詞作為文字的特徵項。

4）互資訊 MI

互資訊用於表徵兩個變數間的相關性，其計算公式如下：

$$\text{MI}(t) = \sum_i P(C_i) \log \frac{P(C_i \mid t)}{P(t)}$$ （3-5）

公式中：$P(C_i)$ 為 C_i 類文字在語料中出現的機率；$P(t)$ 為語料中包含特徵項 t 的文字的機率；$P(C_i|t)$ 為文字包含特徵項 t 時屬於 C_i 類的條件機率。

當特徵項 t 獨立於類別 C_i 時，即 t 與 C_i 類的相關度為 0，此時 $\text{M}_I(t)$ 為 0；$P(t)$ 越小而同時 $P(C_i|t)$ 越大的情況下，特徵項 t 提供給類別 C_i 的資訊量越大，則這個特徵項 t 越能夠代表這一類；反之，$P(t)$ 越大而同時 $P(C_i|t)$ 越小，則可能會得到負的 $\text{MI}(t)$，在這種情況下，該特徵項 t 對分類的意義同樣很大。因此，在應用中可以用如下改進的公式：

$$\text{MI}(t) = \sum_i P(C_i) \left| \log \frac{P(C_i \mid t)}{P(t)} \right|$$ （3-6）

5）χ^2 統計量。

χ^2 統計量方法認為特徵 t 和類別 c 之間的非獨立關係類似於具有一維自由度的 χ^2 分佈，特徵詞條對於某類別的 χ^2 統計值越高，它與該類之間的相關性越大，令 N 表示訓練語料中的文件總數，C_i 為某一特定類別，t 表示特定的詞條，A 表示屬於 C_i 類目且包含 t 的文件頻數，B 表示不屬於 C_i 類但是包含 t 的文件頻數，C 表示屬於 C_i 類但是不包含 t 的文件頻數，D 是既不屬於 C_i 也不包含 t 的文件頻數，則 t 對於 C_i 的 CHI 值可以表示為

$$\chi^2(t, C_i) = \frac{N \times (AD - BC)^2}{(A + C) \times (B + D) \times (A + B) \times (C + D)}$$ （3-7）

在文字分類等應用中，常用的特徵選擇演算法還有期望交叉熵（Expected Cross Entropy），文字證據權（Weight of Evidence for Text）等。各種特徵選擇演算法都基於大量真實資料的實驗證明，不存在任何一種演算法在所有的資料集上都是最優的，特徵選擇演算法的設計需要考慮資料集本身的特性和分類器的工作原理，不存在某一種演算法適合於所有的應用。

3. 語義特徵抽取分析

主題網路輿論特徵抽取分兩步進行：第一步是在分詞的基礎上進行特徵選擇，第二步是在特徵選擇的基礎上進行特徵的二次變換完成抽取過程。

我們知道，特徵選擇可以認為是一組特徵中選出一部分最有代表性的特徵，如果將全部特徵用集合 $A=\{t_1,t_2,t_3,t_4,\cdots,t_n\}$ 來表示，選擇得到的特徵用集合 $S=\{t_x,t_y,\cdots,t_z\}$ 表示，可以推斷：$S \subset A$。

特徵抽取和特徵選擇的目的都是為了降低特徵空間的維數，從而降低計算複雜度，但特徵抽取是一種特徵重參數化（Feature Re-parameterization）的過程，透過對原始特徵空間進行旋轉、拉伸或者扭曲等變換，得到一個新的低維空間，其過程可以看作從測量空間到特徵空間的一種映射（Mapping）或變換（Transform）。

透過特徵抽取過程得到特徵稱為二次特徵，它是原始特徵的某種組合，可看作是用一個新的特徵空間描述資訊內容，二次特徵中的某些元素可能與原始特徵中的元素重合，也可能二者之間沒有交集。如果將全部原始特徵用集合 $A=\{t_1,t_2,t_3,t_4,\cdots,t_n\}$ 來表示，經過抽取得到的特徵用集合 $E=\{ta,tb,\cdots,tn\}$ 表示，則 $E \cap A \neq \phi$ 或 $E \cap A= \phi$ 都有可能。常用的特徵抽取方法包括：主成分分析（Principle Component Analysis，PCA），潛在語義索引（Latent Semantic Indexing，LSI）和非負矩陣分解（Non-negative Matrix Factorization，NMF）等。

主題網路輿論的語義概念特徵抽取理論是在特徵選擇的基礎之上進行語義概念特徵的抽取轉換，本書採用改進 N-Gram 的演算法對主題網路輿論資訊進行特徵項選擇並計算權重，然後利用 SIPO 本體對原始特徵進行抽取轉換（具體見 6.1 節的研究），得到主題網路輿論語義概念特徵向量。

3.3.2 基於 N-Gram 的特徵抽取及其改進演算法

基於純統計學的 N-Gram 演算法有如下優點：一是語種無關性，可以同時處理中文或英文等文字資訊，而且對中文簡體或是繁體都可以進行處理；二是在對文字資訊進行處理時，對拼寫錯誤的容錯能力較強；三是在分詞過程中不需藉助詞典或是複雜的規則。用 N-Gram 項作為特徵項可以避免在分詞過程中需要依靠龐大的詞典和複雜的分詞程式，但是在處理多字特徵時，N-Gram 又有一定的侷限。

進一步改進 N-Gram 演算法，即在 N-Gram 的基礎上透過統計合併產生多字特徵詞，從而彌補 N-Gram 的缺陷。由於 N-Gram 演算法採用長度固定為 N 的視窗進行滑動操作，因此對長度為 N 的特徵詞處理較好，但對長度小於或大於 N 的特徵詞要進行切分處理，容易造成語義上的偏差。特別是在中文處理，雖然雙字詞佔絕大多數，但是也存在一些多字詞，三字詞和四字詞居多，因此在 N-Gram 的改進演算法中主要考慮三字詞和四字詞。

N-Gram 的改進演算法基本思想是：首先對文字按中英文和語段標點進行劃分形成語段系列，然後對每一語段進行 N=4 的 Gram 項切分，在切分過程中同時記錄 Gram 出現的頻率，並統計某個 Gram 與其前鄰 Gram 同時出現在一起的情況，將其記錄在 Gram 的關聯矩陣中，最後處理 Gram 關聯矩陣，將接連出現頻率較高的 Gram 合併成多字特徵。其演算法流程如下：

演算法 3-3 N-Gram 改進演算法

【步驟 1】對文字按中英文和語段標點進行劃分形成語段系列；

【步驟 2】對每一語段進行 $N=4$ 的 Gram 項切分，產生的 Gram 記為 G_i，其頻度記為 F_i；

【步驟 3】如在目前語段內 G_i 之前存在 G_{i-1}，將其記入關聯矩陣 $A(G_{i-1}, G_i, m)$，m 為 G_{i-1} 和 G_i 接連出現的頻度；

【步驟 4】如在目前語段內 G_i 之前存在 G_{i-2} 和 G_{i-1}，將其記入關聯矩陣 $B(G_{i-2}, G_{i-1}, G_i, n)$，$n$ 為 G_{i-2}，G_{i-1} 和 G_i 接連出現的頻度；

【步驟 5】重複步驟 2~ 步驟 4，至所有語段系列處理完畢；

【步驟 6】設定 Gram 項頻度門檻值 δ_G，去掉 F_i 小於 δ_G 的 Gram 項，同時刪除矩陣 A 和 B 中的相關記錄；

【步驟 7】設定合併門檻值比例 δ_C，從矩陣 $A(x,y,m)$ 中找出符合條件的記錄 I，條件如下：

$$m > \text{criteria} \text{ 且 } m > \delta_G , \text{其中 criteria} = \begin{cases} \delta_C \times F_x & x \text{ 為多字詞} \\ \delta_C \times F_y & y \text{ 為多字詞} \\ \delta_C \times \max(F_x, F_y) & x,y \text{ 為雙字詞} \end{cases}$$

對符合條件的記錄作如下操作：

① 產生新的特徵項 xy，其頻度 $F_{xy}=m$；

② 原特徵項 x 頻度變為 $F'_x=F_x\text{-}m$；

③ 原特徵項 y 頻度變為 $F'_y=F_y\text{-}m$；

④ 從矩陣 $B(x,y,z,n)$ 中找到 Gram 內容與排列次序相同的記錄並移入矩陣 A，即 $B(x,y,z,n) \rightarrow A(xy,z,n)$，$B(w,x,y,n) \rightarrow A(w,xy,n)$；

⑤ 將矩陣 A 中的記錄 I 刪除；

⑥ 重複以上過程，直至矩陣 A 中找不到滿足條件的記錄為止。

【步驟 8】根據設定 δ_G，新特徵項的按照頻度進行二次篩選，最終產生文字的特徵項。

3.3.3 基於 DOM 樹分塊的特徵項權重計算

特徵選擇是用最具代表性的特徵來表徵文字內容供電腦進行自動處理，如果用向量空間模型（VSM）來表示輿論資訊文件，則文字特徵組成 VSM 的特徵向量，並為其賦以權重，則 "最具代表性的特徵" 指的就是權重值高的特徵。考慮到網路輿論資訊文字是一種半結構化的資料文字，其資訊分塊結構比較明顯，且各內容塊資訊特徵的權重有明顯的差異，因此本書採用分塊對待的方法進行權重結果計算。

1. 網頁 DOM 樹的結構

文件物件模型（Document Object Model，DOM）是一個物件化 HTML 資料介面，該介面規範獨立於語種且與平台無關，它定義了 HTML 文件的邏輯結構並給出了存取和處理的方法。從 DOM 的角度來看，文件的邏輯結構通常是樹形結構，DOM 透過讀取一篇 HTML 或 XML 文件，並根據網頁內容的 Tag 標籤建立節點之間的樹形結構，則網頁可以轉化為一棵階層化的 DOM 樹，如圖 3-6 所示。

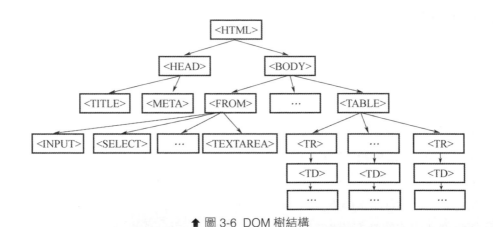

↑ 圖 3-6 DOM 樹結構

2. 基於 DOM 樹的網頁分塊

對以上 DOM 樹進行考察，我們對與特徵選擇密切相關的幾個分塊做如下分析。

1）標題

在網頁源碼中，標題部分一般用 < TITLE > 和 < /TITLE > 標籤進行標記。在瀏覽器中顯示時，標題一般出現在最上方的標題欄中，其內容與網頁的主題的關係非常密切，一般都能概括整篇文章的中心意思。本書在研究中隨機選取了網路上的 4000 份網頁並對其進行統計分析，其中 96% 的網頁標題中的關鍵字與網頁主題密切相關，由此可見標題中關鍵字對網頁內容的揭示具有重要作用，其權重值很高。

2）關鍵字

在網頁源碼中，關鍵字部分一般出現在網頁首部說明中，使用 < META NAME=" KEYWORD" CONTENT=" ……" /> 標籤進行標記，在製作規範的網頁中，關鍵字直接說明了網頁內容的類別屬性特徵，因此關鍵字部分的對網頁內容的揭示也具有重要作用，其權重值也很高。

3）頁面描述

頁面描述部分類似於關鍵字部分，使用 < META NAME="DESCRIPTION" CONTENT="……" /> 標籤進行標記，其性質與網頁內容摘要相似，可以簡要說明本頁的內容。由此可以推斷：與正文中的特徵詞彙相比，在頁面描述部分中出現的特徵詞彙同網頁內容類別的關係更為密切，更能揭示網頁內容。

4）正文

正文部分一般使用 <BODY> 和 </BODY> 標籤進行標記，一般使用自然語言描述，有的詞彙與網頁內容並無關係，因此在特徵選擇時只需要選擇其中權重值較高的特徵詞彙。

3. 改進 TF-IDF 的特徵權重計算方法

1）反文件頻率 IDF

前述的特徵項頻率 TF 是指特徵項在文件中出現的頻率，不同類別的文件在某些特徵項出現的頻率上有很大的區別，如科技文件中科技名詞的出現頻率較高，而一般新聞文件中則時間地點名詞的出現頻率較高。因此特徵項的頻率資訊是在進行權重計算時需要考慮的一個重要因素。反文件頻率 IDF 是特徵項在文件集中分佈的量化表示，其基本思想是：在大多數文件中都出現的特徵項的重要程度不如只在小部分文件中出現的特徵項。IDF 常用的計算公式為：

$$\mathrm{idf}(T_{ik}) = \log\left(\frac{N}{N_k} + L\right) \tag{3-8}$$

公式中：i 為文件號；k 為特徵項序號；N 為文件總數；N_k 為含有特徵 k 的文件數；L 為經驗常數。

IDF 演算法能弱化在大多數文件中都出現的特徵項的重要程度，同時又能增強一些隻在小部分文件中出現的特徵項的重要程度。

2）TF-IDF 公式

計算特徵權重時應該考慮的重點是能將特定文件與文件集合中的其他文件區分開來的特徵項，該類特徵項一般有兩個特點：①特徵出現的頻率較高；②特徵只在文件集合中較少的文件之中出現，因此在計算時通常將 TF 和 IDF 相乘得到特徵的權重結果，這也就是 TF-IDF 公式：

$$\text{Weight}_{\text{TF-IDF}}(T_{ik}) = \text{tf}(T_{ik}) \times \text{idf}(T_{ik}) \tag{3-9}$$

公式中：i 為文件號；k 為特徵項序號。

為消除文件長度對計算結果的影響，引入規則化因子使權重值落在 [0,1] 區間之中，假定 W 代表特徵項的權重，規則化因子定義為

$$\frac{W}{\sum\limits_{\text{vectori}} W_i} \text{ 或 } \frac{W}{\sqrt{\sum\limits_{\text{vectori}} W_i^2}} \tag{3-10}$$

則 TF-IDF 的正規化公式可以表示如下：

$$W_{ik} = \frac{tf_{ik} \times \log\left(\frac{N}{N_k} + L\right)}{\sqrt{\sum\limits_{k=1}^{n} \left(tf_{ik} \times \log\left(\frac{N}{N_k} + L\right)\right)^2}} \tag{3-11}$$

公式中：i 為文件號；k 為特徵項序號；tf_{ik} 表示特徵 k 在文件 i 中出現的次數；N 為文件總數；N_k 為含有特徵 k 的文件數；n 為特徵項總數；L 為經驗常數。

3）TF-IDF 公式改進

TF-IDF 公式對所有特徵詞彙的權重都按照同一標準進行計算，比較適用於長文字，但是在經過 DOM 分析之後，網頁中各分塊出現的特徵項與網頁內容的關聯程度各有不同，其中標題塊、關鍵字塊和頁面描述塊中的所有特徵項與網頁內容的關聯程度較高，也就是說這三個塊中出現的特徵項的權重值較高。基於以上考慮，進一步對 TF-IDF 公式加以改進。

$$W_{ik} = \frac{\alpha_t \times tf_{ik} \times \log\left(\frac{N}{N_k} + L\right)}{\sqrt{\sum_{k=1}^{n}\left(tf_{ik} \times \log\left(\frac{N}{N_k} + L\right)\right)^2}} \tag{3-12}$$

公式中：α_t 為特徵項的權重調整係數且 $\alpha_t > 1$，$\alpha_t = $
$$\begin{cases} \alpha_{\text{Keywords}} & t_k \in T_{\text{Keywords}} \\ \alpha_{\text{Title}} & t_k \in T_{\text{Title}} \\ \alpha_{\text{Description}} & t_k \in T_{\text{Description}} \\ 1 & t_k \in T_{\text{Content}} \end{cases}$$

其中：t_k 為序號為 k 的特徵項；$T_{Keywords}$ 為關鍵字塊特徵項集合；T_{Title} 為標題塊特徵項集合；$T_{Description}$ 為頁面描述塊特徵項集合；$T_{Content}$ 為正文塊特徵項集合；i 為文件號；k 為特徵項序號；tf_{ik} 表示特徵 k 在文件 i 中出現的次數；N 為文件總數；N_k 為含有特徵 k 的文件數；n 為特徵項總數；L 為經驗常數。

在改進的 TF-IDF 公式中，將網頁的分塊特徵作為權重計算的一個重要因子，並將特徵權重調整係數 α_t 細分為四類取值。

在實際應用過程中，需要注意以下幾點：

(1) 在分詞過程中應該記錄特徵詞所屬的塊位置，以便在計算權重是應用對應的權重調整係數；

(2) 研究表明，α_t 的取值在 $t_k \in T_{Keywords}$ 時最大，在 $t_k \in T_{Title}$ 時最小，$tk \in T_{Description}$ 時位於兩者之間，即 $\alpha_{Keywords} > \alpha_{Description} > \alpha_{Title} > 1$；

(3) 如果特徵項 t_k 可能在不同的分塊中同時出現，則 α_t 取最大值進行權重計算。

在應用改進的 TF-IDF 公式計算了特徵項的權重之後，根據設定的門檻值可以達到有效降維的目的。

3.4 網路輿論的情報獲取與整合

3.4.1 網路輿論的情報價值與情報支援

網路輿論具有重要的情報價值。透過有規劃的收集、整理、分析、採礦等情報研究方法和手段，對各種網路媒體傳播的話題或事件中具有一定影響力和傾向性的輿論資訊進行獲取和處理，得到具有情報更大利用價值的資訊產品。

公開資訊源的情報採礦是從網路線上網站等資訊源上檢索、分析和提取有關資訊，美國情報機構的情報有 80% 是來自於公開發行渠道或廣播、電視和網路等公開的資訊源，德國新聞情報局的《每日新聞簡報》彙集了大量公開情報資料，以色列情報機關也曾公開承認其情報有 65% 來自於報刊、廣播、電視和學術研究論文等公開渠道，日本對國際形勢的判斷與分析也多來自於公開領域情報。公開情報從公開的媒體中收集情報素材，經過分析得到有價值的情報，與秘密情報相比具有內容覆蓋面廣、資訊及時等特點。公開情報活動在軍事情報、企業競爭情報、科技情報等領域都有廣泛的實踐，且在機構情報中所佔的比例越來越大。

網路輿論將網民意見集中表達出來，是一種重要的公開情報來源，專業的情報人員從網路輿論中主動收集情報，內容覆蓋更廣，速度也更快。有文獻介紹以英國歷史上參與對阿富汗、伊拉克和利比亞的軍事干預為例，探討網路輿論對軍事行動中北約國家態度、情報戰略支援、社會群體態度差異以及民眾情緒指標等內容。文獻還研究了支援戰爭的決定因素，發現電視新聞中的戰爭消息對美國軍事行動公眾態度的影響有限，因而要注重開展網路輿論的探索。網路輿論的出現為網路上情報資訊的自動獲取帶來新的途徑，其因具有即時性、多樣性、互動性等特點而越來越受到情報工作者的重視，網路輿論業已逐漸成為公開情報資料收集的重要途徑。

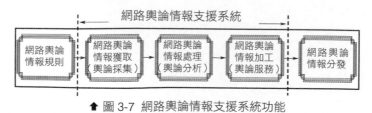

↑ 圖 3-7 網路輿論情報支援系統功能

圖 3-7 描述了一個網路輿論情報支援系統應具有的如下功能。

(1) 網路輿論情報規劃。依據主題情報特徵，從網路輿論分析中抽取情報要素並進行描述，建成規範的輿論情報庫並進一步服務於網路輿論資訊採集策略的回饋調整，從而實現輿論情報採集與網路輿論情報支援的主題內容匹配，簡化了情報人員的工作。現有的網路輿論服務具有自動產生輿論簡報的功能，但是其內容主要侷限為輿論熱點資訊的羅列，輿論情報支援則會基於對輿論熱點資訊的判斷，提供指揮決策所需的預警情報。

(2) 網路輿論情報獲取。網路輿論資訊採集的目的是充分佔有可以獲得的一切輿論資訊材料，將各種輿論資訊源提供的網路輿論資訊進行匯總，自動採集最新的輿論資訊。網路輿論資訊採集是整個輿論情報實踐活動的基礎，也是情報分析研究的前提和條件，因而及時性和準確性是網路輿論資訊採集和輿論情報獲取的兩大要求。

(3) 網路輿論情報處理。根據各媒體輿論出處權威度、發文時間密集程度等參數，結合相關背景知識，分析理解網頁文字的內容語義，關聯話題相似的論壇、貼文，從而幫助情報人員有效識別出相關的輿論情報，並進行情報資訊資源的組織和整理。

(4) 網路輿論情報加工。進一步利用預置敏感資訊列表和採取語義分析等方法，識別敏感話題、提取敏感資訊的關鍵情報線索。目標用戶按規定的方法或規則，從輿論情報的目錄、索引、文摘等載體中進行情報檢索，可以採取人工傳統方式查詢所需情報，也可以透過關鍵字、主題詞等電子化方式來檢索情報資料，之前須對輿論情報做好各種加工。

(5) 網路輿論情報分發。在情報分析與研究的基礎上，按照不同用戶對情報的需求，將情報研究判斷的結果服務於行動決策，才能使情報真正發揮效力。實現網路輿論情報支援主要形式是根據目標用戶的自訂需要，將處理好的輿論情報資訊按日期、時間順序顯示熱點輿論排行，並依據用戶需求特徵和權限以及有關規約將情報發送給用戶，以便於及時有效地彙集和分析突發事件資訊，以全面掌握與該事件密切相關的輿論情報。

3.4.2 網路輿論情報支援系統

網路輿論情報支援系統的總體框架由五個功能模組和四個功能資料庫構成。五個功能模組分別是網路輿論情報預警與規劃模組、網路輿論情報採集與獲取模組、網路輿論情報分析與處理模組、網路輿論情報加工與追蹤模組、網路輿論情報分發與決策支援模組。四個功能資料庫分別是用戶情報需求庫、輿論主題知識庫、輿論情報庫、決策方案庫。五個功能模組與四個功能資料庫協同工作，實現系統的設計功能，系統的總體框架如圖 3-8 所示。網路輿論情報支援系統主要體現高效性、全面性、及時性、精準性和相容性的特點。

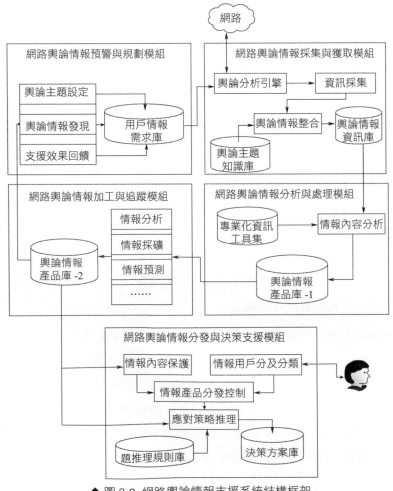

↑ 圖 3-8 網路輿論情報支援系統結構框架

(1) 高效性。網路輿論情報支援系統的高效性是其根本和中心屬性，現有網路輿論系統收集到的輿論情報存在大量重複冗餘而與用戶無關的，用戶被淹沒在輿論資訊的大數據中。"911" 恐怖襲擊事件發生前，美國的情報機構就收到了相關預警情報，但是由於缺乏高效的分析方法，使之埋藏在各類情報資料當中。網路輿論情報支援系統具備高效分析能力，藉助大數據等先進技術分析各種情報，將具有潛在價值的情報從中採礦出來，實現快速篩選並提供有價值情報，從而提高情報支援的效率。

(2) 全面性。現有系統的主要問題在於資訊龐雜缺流於片面，網路輿論情報支援系統要求其資訊來源的全面性與內容的全面性。資訊來源的全面性是指覆蓋論壇、部落格、追蹤貼文、回覆貼文等多種情報來源，每個種類是否覆蓋了主流網路媒體；內容的全面性是指採集的內容是否包含了文字、圖片、聲音、視訊等多媒體內容。

(3) 及時性。網路輿論情報支援與傳統輿論服務最大的區別在於其時效性強，體現為情報資訊獲取與處理的及時性。從情報獲取到情報分發的時間間隔越短越好，要求延遲在分鐘級；情報處理的高效性要求情報進入系統經過處理到分發的延遲越短越好，其延遲通常在分秒級。

(4) 精準性。網路輿論情報內容構成複雜，網路輿論情報支援系統精準抽取其中的各類要素，包括內容、摘要、作者、發表時間、點擊率、評論數等。目前的網路輿論系統多基於規則推理，擴充性能較差，且處理結果仍需要大量的人工支援。話題的表徵、提取、追蹤都是重大挑戰。因此輿論分析技術是否先進，是輿論監測的關鍵因素。

(5) 相容性。多個情報系統能夠相互合作的基礎條件是它們的處理結果或輸出的產品能夠互相交換使用，也即系統之間具有相容性。一般認為，當兩個系統的處理結果或產品並無差異或可以立即交換使用時，則認為這兩個系統是相容的。相容性的重要作用在於使情報系統或網路互相連接起來達到資源共享，情報用戶使用不同的終端，能夠檢索多個系統的資料庫，並得到統一的輸出結果，不但大大地方便了用戶，對情報資源的充分利用也是十分有利的。要達到系統之間的相容性，必須具備通訊協議的相容性、資料庫記錄格式的相容性、各資料庫所用詞表的相容性，以及各系統輸出目錄記錄的相容性等。不同系統獲得相容的最直接的方法是採用或遵守相同的技術標準或規範，它們是系統建設規劃各種因素綜合作用和影響的結果。

■ 3.5 本章小結

對網路輿論資訊的快速準確採集是作出高效分析、決策的基礎。本章從 Web 頁面結構特徵入手研究了網頁分塊技術，結論是網頁分塊技術將網頁分成若干內容塊，可以有效地去除網頁中的雜訊，較好地處理網頁連結預測問題、多主題問題、隧道問題等。在理論分析的基礎上得出一種主題導向爬行的網頁分塊方法 SPCOLA，產生的資訊塊不僅主題單一，區分了文字內容資訊塊和連結資訊塊，而且最大限度地去除了頁面中雜訊和雜訊連結，能夠更加準確地分析頁面的主題相關性和計算待爬行 URLs 的優先權，從而有效地提高了主題爬行演算法的性能。本章還研究了特徵分類及對主題網路輿論語義特徵抽取的策略，得出基於 N-Gram 的主題網路輿論特徵項選擇方法和基於網頁 DOM 分塊的權重計算策略。主題網路輿論特徵選擇的品質直接影響輿論分析的效果，為彌補 N-Gram 演算法處理多字詞的缺陷進一步研究了其改進演算法，即使用網頁 DOM 分塊的權重計算策略。根據網頁 DOM 分塊的權重計算策略，引入特徵項的權重調整係數 αt，改進了 TF-IDF 的特徵權重計算方法，並得出實際應用過程中需要注意的問題。透過有規劃地收集、整理、分析、採礦等情報研究方法和手段，對各種網路媒體傳播的話題或事件中具有一定影響力和傾向性的輿論資訊進行獲取和處理，能得到具有情報更大利用價值的資訊產品。

04

輿論網頁與話題
相關性的判定分析

網路輿論採集使用主題搜尋引擎機制，頁面內容的主題相關性判定是主題搜尋引擎的關鍵技術。主題搜尋引擎與通用搜尋引擎的區別在於主題搜尋引擎是某個領域導向的，網路蜘蛛抓取一個頁面後，需要對頁面的內容和連結資訊進行分析，進而計算頁面與領域主題的相關度，與主題無關的網頁將被丟棄。採用傳統的分析方法不能有效預測 URL 連結的真實價值，為了提高連結價值預側的準確性，綜合基於連結構和網頁內容的分析方法，從連結的權威性和主題相關度兩方面對連結進行主題相關預測。本章分為 5 節，4.1 節給出相關性的幾種判別演算法 ;4.2 節研究頁面間連結分析的判斷方法 ;4.3 節具體研究網頁主題相關性的分析 ;4.4 節具體研究基於語義和連結分析的主題相關性的分析 ;4.5 節對本章內容進行小結。

■ 4.1 內容相關性的判定方法

主題導向的 Web 搜尋系統要對採集到的頁面進行主題性相關過濾，同時還要對待提取的 URL 進行主題性相關修剪，完成這些任務的核心就在於頁面、URL 的主題相關性判別演算法的使用。目前，主題相關性判別演算法的研究主要可以分為基於中繼資料的判別、基於連結標籤資料的判別、基於連結構分析的判別和基於頁面內容的語義判定等四類。

4.1.1 中繼資料方法

中繼資料（Metadata）是關於資料的資料。人們在研究 Web 資訊檢索的早期就發現，利用中繼資料來增加 HTML 的結構特徵對 Web 資訊檢索有幫助。因此，HTML 規範從 2.0 版本開始引入了 <Meta> 這一標籤，用以在 Web 頁面中標註中繼資料，通常表達形式為：<Metaname="..." content="...">。但為 Web 頁面指定中繼資料標準是一項十分困難的任務，因為 Web 所涉及的學科領域、語種、國家地域、文字種類都非常多。目前，關於中繼資料書寫格式方面的 Meta 標準已經大致確定，但在中繼資料標準取值方面，例如元資訊的屬性組成、各屬性的標準命名、每個屬性的有效取值範圍、每個取值用什麼標註符號來表示等，還沒有一個普適的標準。目前，描述網路資源和支援網路檢索而建立的中繼資料重要模式 DC 起源於 1995 年 3 月由線上電腦圖書館中心（Online Computer Library Center，OCLC）和國家超級計算應用中心（National Center for Supercomputing Applications，NCSAC）聯合在美國俄亥俄州都柏林市召開的中繼資料研討會，透過國際性合作的不斷完善，現在網路中已得到廣泛承認和應用，成為 Internet RFC2413 和美國國家資訊標準 Z39.85。DC 標準定義了 15 個輔助 Web 資訊檢索的核心元素，如 "Title" "Subject" "Date" 等。但是 DC 也只是就各種頁面所共有的最基本屬性的確定和命名指定了一個比較寬泛的標準，雖然在各學科專有屬性的確定及各屬性有效範圍的定義方面存在不少提案，但並沒有達成一個普遍接受的標準。

中繼資料資訊對於主題相關性判別是有用的，已經有一些研究人員嘗試使用中繼資料資訊來對 URL 的主題相關性進行預測。但是，利用中繼資料資訊需要人們事先按照標準書寫 HTML 頁面，這就增加了頁面的寫作代價，而網路設計者往往習慣了原來的編寫方式，很難遵照中繼資料標準。同時，由於在不同的領域，還沒有一個普遍接受的標準，因此，中繼資料資訊目前在主題導向的 Web 資訊檢索領域應用不是很多。

4.1.2 連結標籤資料方法

頁面作者添加到另外一個頁面的超級連結的行為，實際上表明了頁面作者對所連結頁面的認可。透過對連結標籤屬性、連結文字、連結上下文文字等連結標籤資料進行主題相關的評價和描述，連結相關資料資訊就能夠有效地指導主題網路爬蟲進行主題導向的 Web 資訊採集。

在 HTML 頁面中，主要有 4 種標籤用於超連結：① Anchor 標籤；② Image 標籤；③ Map 和 Area 標籤；④ Frame 和 IFrame 標籤。在這 4 種標籤中，Anchor 標籤最常用，和超連結相關的有 title、href 和內嵌文字（連結文字）等幾種屬性。Image 標籤和超連結相關的屬性有 sro 和 alt。對於 Map 和 Area 標籤，它們相關的屬性和 Anchor 標籤基本相同。Frame 和 IFrame 一般與 Frameset 一起使用，用於進行網頁分割，相關的屬性主要包括 src 和 name 等。對 HTML 連結標籤的統計分析表明，連結標籤的 href 屬性和 title 屬性、連結錨文字和連結上下文文字在 Web 中分佈最為常見。其中，連結上下文文字的使用雖然可以使得檢索得到的相關文件數增加，但同時也帶入了很多雜訊資料，這些雜訊資料在檢索的過程中起到了相當大的負面影響，使得檢索精確度下降。因此如何提取使用連結上下文文字也是值得研究和關注的問題，將在 4.2 節中對該問題進行探討研究。

為了估算連結所指頁面與主題的相關性，常見的方法是判斷在 URL、連結文字（Anchor Text）、連結標題（Anchor Title）中是否包含主題關鍵字來計算相關性權重值。考慮到自然語言中常見的詞性近似現象，因而，還需要考慮近義詞的情況。一般地會需要一個相似詞庫，用以判定連結標籤資料中詞與主題詞之間的相似度。例如,同義詞之間的相似度為 100%,近義詞之間的相似度為 50% ～ 100%,遠義詞之間的相似度為 0 ～ 50%。

4.1.3 連結構分析方法

Web 與普通文件資訊庫的最大區別之一,在於前者中存在著大量的超連結。多項研究表明,利用 Web 中豐富的超連結資訊,可以對 Web 進行更深階層的採礦。針對超連結資訊的分析對進一步理解超文字語義,以及給用戶提供更優質服務有著相當大的幫助。這些研究超連結的工作稱為超連結分析。連結分析的研究思路基於這樣一個認知假設:即把超連結看作是對它所指的頁面的認可。在這樣的假設之下,如果網頁 A 連結到網頁 B 時說明兩點:① 頁面 B 與頁面 A 是相關聯的;② 頁面 A 認為頁面 B 是值得關注的品質較好的頁面,如果頁面 B 被多次連結,則它可能是很重要的。當然連結並不都是完全可靠,超連結中也有純粹起導覽作用的或者用於廣告宣傳的,或者有時為了達到某種目的而添加的欺騙性連結。但是總體上來看,Web 上整個連結集合所反映的情況還是比較有價值的,因為不良連結的整體效應遠沒有重要連結的整體效應強。為了準確和有效地評估連結,在進行具體的演算法分析之前需要識別和去除雜訊的工作。

基於連結構分析的搜尋策略,正是透過分析 Web 頁面之間關聯、引用、從屬、包含等關係來確定連結的重要性,可以用來提高搜尋引擎的查詢效果,可以發現因特網路上的重要社群,可以分析某個網站的組織結構和權威性,可以用來實現文件的自動分類。目前,基於 Web 超連結分析演算法主要有 PageRank 演算法、HITS 演算法以及一些改進演算法。

4.1.4 頁面語義資訊方法

對頁面主題相關性判定最準確的方法還是要根據頁面內容進行語義判定,但是這樣做往往要花費更高的計算代價。從目前應用的實際情況來看,文字的主題相關性判別方法仍然是基於關鍵字。主要有全文字掃描、布林模型、向量空間模型、機率模型等,這些方法都是資訊檢索領域中的經典方法。

1. 全文字掃描

要確定頁面是否主題相關，最簡單的方法是進行全文字掃描。在進行分詞、去除停用詞、詞根還原等處理步驟後，檢索主題關鍵字是否都在頁面內容中出現。如果出現則表示主題相關，否則為主題不相關，主題關鍵字出現的頻率越高，頁面的主題相關度越大。全文字掃描的優點是簡單直觀，即不需要預先對文字進行特殊的處理，也不需要耗費空間儲存索引。其缺點在於它是一種非常低效的方法，任何字串的查找都需要對檔案進行整篇的周遊。但是在資料量較少的情況下，全文字掃描仍不失為一種簡單有效的方法。

2. 布林模型

布林模型的理論基礎是集合理論與布林代數，它用關鍵字組合來表示文字資訊，關鍵字的權重為布林變數，如果某關鍵字在文字中出現，其取值為 1，否則為 0。採用這種模型的檢索系統，用戶查詢表示為用布林操作符 "與"（AND）、"或"（OR）、"非"（NOT）連接起來的布林表達式。在布林模型中，一個文件透過一個關鍵字集合來表示。同時，某個主題也以關鍵字集合的形式來表示。在判斷文件與某主題的相關度的過程中，相當於是計算兩個關鍵字集合的交集。對基於布林模型的主題判別模型來說，交集中含有的元素越多，則認為與主題的相關度就越高。布林模型的優點是易於實現，檢索速度快，很容易被資訊檢索用戶理解、接受。該模型構成了幾乎所有資訊檢索和資料庫系統的基礎，在過去的幾十年裡贏得了研究人員的巨大關注，直到今天仍然如此。

布林模型是基於二值評價架構的，沒有等級（Grading Scale）概念。也就是說一個文件要麼是相關的，要麼不相關。這種判定方式顯然十分僵化：在 OR 方式中，包含很多主題詞的頁面和包含少數詞的頁面在與主題的相關度上是等同的；在 AND 方式中，即使缺少一個詞，結果也是 FALSE，等於一個詞也沒有。嚴格地說，它更像是在做資料檢索而不是資訊檢索。由於無法精確表達文字資訊的內容，這使得它在很多情況下，不能將一個資訊需求很好地轉化為布林表達式，因此檢索性能較差。另外，由於所有檢索出的文件有相同的權重，布林模型很難將文件按照與查詢的相關性進行排序。由於布林模型的種種弊端，人們對它進行了改進，建立了擴充布林模型和模糊集合模型。

擴充布林模型也稱為 P 範數模型，它克服了簡單布林模型匹配函數過於嚴格而導致漏檢率高的致命缺陷。在 P 範數模型中，假設文件 D 可表示為（d_1，d_2，…，d_n），用戶查詢 Q 可表示為（q_1，q_2，…，q_n），其中 d_i 和 q_i 分別表示第 i 個特徵基元對文件內容和查詢內容的貢獻程度，也就是關鍵字的權重，d_i、q_i 在 [0，1] 的區間上取值。定義文件與用戶查詢間的相似度如下：

$$\text{Sim}(\boldsymbol{D},\boldsymbol{Q}) = 1 - \frac{\left[\sum_{i=1}^{n} q_i^p \left(1 - d_i\right)^p\right]^{1/p}}{\sum_{i=1}^{n} q_i^p} \tag{4-1}$$

公式中：$1<p<\infty$，實際應用中需要根據具體應用改變 d_i，q_i 和 p 的取值。當 $p=\infty$，且 d_i 的取值為 0 或 1，$q_1=q_2=\cdots=q_n=1$ 時，P 範數模型則退化為簡單布林模型。實際系統中 p 的取值範圍一般為 [2，5]。

模糊集合模型是以模糊集合理論為基礎的，它以取值在 [0，1] 之間的隸屬函數來描述中間過渡狀態。在查詢結果處理過程中引入模糊邏輯運算，將所檢索的檔案資訊和用戶的查詢要求進行模糊邏輯比較，按照相關性大小對查詢結果進行排序。

3. 向量空間模型

向量空間模型（Vector Space Model）是由 Salton 等人在 1965 年提出來的概念，該模型使用向量來表示文字和頁面。向量空間模型基於這樣一個關鍵假設：文章中詞條出現的順序是無關緊要的，他們對於文件的類別所起的作用是相互獨立的，因此可以把文件看作一系列無序詞條的集合。該模型以特徵項作為文件表示的座標，以向量的形式把文件表示為多維空間中的一個點，特徵項可以選擇字、詞、和詞組等（根據實驗結果，普遍認為選取詞作為特徵項要優於字和詞組），表示向量中的各個分量。根據該假設，文字可表示為

Document=$D(t_1,t_2$，$\cdots,t_n), n \geq 1$ $\qquad$ (4-2)

公式中：t_n 為各個特徵項。由這些特徵項組成了向量空間，每個項表示向量空間的一個維。文件向量中的每一個座標都透過對應的項的權重來表示，權重越大，則對應的項對於該文件的表示來說越重要，權重一般都是基於特徵項出現頻率進行計算的。現在比較常用的是 TF-IDF 公式，該演算法也是 Salton 教授在 1989 年提出的，用來計算文件中詞語的主題貢獻度，被公認為資訊檢索中最重要的發明。在文件中，各個詞語對主題的重要性顯然不同。例如 "的" "這個" 等詞語出現的頻率相當高，但對文件主題的作用完全可以忽略不計。該演算法基於這樣的假設：在文件中出現頻繁但在整個文件集中出現較少的詞重要性較大，相反在文件集中普遍出現的詞重要性較小。

變換一下公式 (3-9) 的描述，TF-IDF 公式也可定義如下：

$$\text{Weight(word)} = tf_{ik} \times \text{IDF}_i = tf_{ik} \times \log(N/n_k + 1) \tag{4-3}$$

公式中：tf_{ik} 為詞條 T_k 在文件 D_i 中的出現頻數；IDF_i 為逆文件頻數；N 為統計語料中的文件數；n_k 為出現詞條 T_k 的文件數。若考慮詞長因素，可進行標準化處理可得：

$$\text{Weight(word)} = \frac{tf_{ik} \times \log(N/n_k + 1)}{\sqrt{\sum_{k=1}^{n}(tf_{ik})^2 \times \log^2(N/n_k + 1)}} \tag{4-4}$$

經過權重計算後的文字就表示為

$$\text{Document} = D(w_1, w_2, \cdots, w_n),\ n \geq 1 \tag{4-5}$$

此時，特徵項 t_n 對應的權重為 w_n。

在向量空間模型中，為了簡化分析，減小計算量，通常忽略關鍵字在文字中出現的先後次序，從而一個文字可以表示成經過關鍵字權重處理後的向量空間中的一個向量。在獲得了文件向量和主題向量後，就可以計算出文件向量與主題向量之間的相似度，即主題相關度，主題相關度是透過向量間的內積計算得出：

$$\text{Sim}(\boldsymbol{D}) = \sum_{k=1}^{n} W_k \times T_k \tag{4-6}$$

或者用向量夾角餘弦表示：

$$\mathrm{Sim}(\boldsymbol{D}) = \cos\theta = \frac{\sum\limits_{i=1}^{n} \boldsymbol{D}_i \times \boldsymbol{T}_i}{\sqrt{\left(\sum\limits_{i=1}^{n} \boldsymbol{D}_i^2\right)\left(\sum\limits_{i=1}^{n} \boldsymbol{T}_i^2\right)}} \tag{4-7}$$

公式中：D 為關鍵字向量；T 為主題向量。向量空間模型可以很好地運用到主題判別中，使得對關鍵字中的權重值成為可能。

向量空間模型的優點在於它在知識表示方法上的巨大優勢。在該模型中，它把對文件內容和查詢要求的處理簡化為向量空間中向量的運算，使問題的複雜性大為降低。正是因為把文字以向量的形式定義到實數域中，才使得模式識別和其他領域中的各種成熟的計算方法得以應用，極大提高了自然語言文字的可計算性和可操作性。另外，該模型還克服了布林模型的二值評價的缺點，可以根據文件向量與查詢向量之間相似度值的大小對文件進行排序。其主要缺點是模型假設向量空間的各維之間相互正交，即關鍵字被假定為相互獨立的，而實際上一個文件中的關鍵字之間可能存在著一定的聯繫，這顯然是不太合理的，不能很好地反映自然語言的特徵。另外，向量空間模型不考慮特徵項的出現順序，這雖然帶來了計算和操作上的方便，但是卻損失了大量的文字結構資訊，而這些資訊在自然語言中是至關重要的。目前，很多研究者也對向量空間模型進行了擴充，產生了一些新的模型，如廣義向量空間模型、潛在語義索引模型、神經網路模型等。

4. 機率模型

每一篇文件都存在一個主題，用戶在檢索資訊的時候，其頭腦中就有關於資訊需求的主題。機率模型的任務就是用數學方法推斷出用戶需求的主題，以及文件所表達的主題，並根據用戶需求主題和文件表達主題之間的相似度來對文件進行排序。最早的機率模型由 Roberston 和 Sparck Jones 提出，他們以貝氏機率論原理為理論基礎，利用相關回饋的歸納學習方法獲取匹配函數。

二元獨立檢索模型（Binary independence Retrieval）是一種實現簡單且效果較好的機率檢索模型。該模型中，假設文件 D 用向量（d_1，d_2，d_3，…，d_n）表示，用 $T=\{t_1，t_2，t_3，…，t_n\}$ 表示文件集合中的各個索引項集合，則任意一個文件 dj 的索引項集合 dTj 可以表示為 $x=（x_1，x_2，…，x_n）$。如果 $x_i \in dTj$，則 $x_i=1$，否則 $x_i=0$。利用 Bayes 公式並經過簡化後可得到文件與用戶查詢間的相關函數：

$$\text{Sim}(\boldsymbol{D},\boldsymbol{Q}) \;=\; \sum_{i=1}^{n} \log \frac{p_i(1-q_i)}{q_i(1-p_i)} \tag{4-8}$$

式中 :$P_i=r_i/r$，$q_i=（f_i-r_i）/（f-r）$，f 為訓練文件集中的文件總數，r 為訓練文件集中與用戶查詢相關的文件數，f_i 為在訓練文件集中包含詞條 T_i 的文件數，r_i 為 r 個相關文件中包含詞條 T_i 的文件數。

需要注意的是，在檢索初期作為查詢的描述是很不充分的，但經過一個不斷重複的回饋過程，即用戶在返回的文件集中指定哪些是真正相關的文件，模型可以逐漸掌握足夠的描述資訊，可以較為準確地估計相關文件的描述，從而為文件進行排序。

人們對機率模型也做了對應的擴充，產生了推理網資訊檢索模型和信度網檢索模型。這兩個模型的主要思想也都是基於對機率的主觀性理解，將求解資訊檢索問題的一般過程轉化為一個基於給定證據的推理過程。具體方法是為檢索過程中的各個要素，包括文件、用戶檢索、索引項等建立隨機變數，並利用機率網模型表示這些隨機變數之間的機率依賴關係，從而建立一種解決資訊檢索問題的通用框架。

在實際應用中，向量空間模型表示頁面內容，不僅演算法簡單而且文件相關性計算的複雜度比較小，非常適合網頁即時處理的需求，因此主題爬蟲對網頁相關性的判定主要使用向量空間模型。

■ 4.2　連結相關性的判定方法

比較傳統基於 Web 的採集方法，基於主題的 Web 資訊採集特點是在採集的同時對提取出來的 URL 連結進行主題相關性判斷。在不下載網頁的前提下，透過父網頁的資訊來預測 URL 所指向的網頁與採集主題的相關度，然後按照預測的結果將 "最有價值" 的 URL 加入待採集佇列，並對不相關的 URL 進行剔除，確保與主題相關度高的連結得到優先處理，避免下載無價值的頁面。因此，URL 與主題的相關性判定也叫做 URL 過濾或 URL 預測。

目前，常用的主題爬蟲爬行演算法是基於內容分析的演算法和基於連結構分析的演算法。基於內容分析演算法的優點是具有較好的理論基礎且計算簡單，但由於這類方法忽略了連結構資訊，因而在預測連結價值的重要性方面存在一些不足；以 PgaeRank 和 HITs 為代表的基於連結構的演算法，透過分析 Web 頁面之間的相互引用關係來確定網頁的重要性，進而決定連結存取順序，該方法雖然考慮了連結構和頁面之間的引用關係，但忽略了頁面與主題的相關性，在某些情況下，HITs 會出現搜尋偏離主題的主題漂移問題，而 PageRank 演算法只適合於發現權威網頁，不適合於發現主題資源。為了找到主題相關頁面，需要從多個方面捕捉有用資訊，將其融入主題爬蟲的搜尋策略中。在分析之前，本節首先考查以下幾種重要的網頁屬性特徵，它們對於某個 URL 所指向頁面的主題相關性判斷提供了幫助。

(1) 父頁面資訊。如果頁面 u 中包含頁面 v 的連結，則稱 u 是父頁面，v 是子頁面。根據主題頁面分佈的 Linkage/Sibling 特性，若父頁面的內容與主題的相關度較高，那麼父頁面所包含的連結與主題的相關度也可能比較高。雖然父子頁面的內容相關性不是絕對的，但仍然把父頁面的網頁內容與主題的相關度作為待爬行子頁面內容與主題相關度的一個參照。因為有很多實例表明，兩個透過連結聯繫起來的網頁在內容上相近的可能性，比兩個隨機選取的網頁之間內容相近的可能性大得多。該因素體現了對網頁的連結分析和內容分析。因為相似度是內容分析的結果，繼承父頁面的相似度則是連結分析的結果。

(2) URL 網址及相關屬性。在網頁製作中，一個頁面反映什麼主題，網頁設計人員一般傾向於在該頁面 URL 中用到與該主題相關的主題詞，以用來區別於其他頁面。因此，URL 網址也經常會包含比較重要的主題資訊。比如在網址中含有 "news"，那麼它所對應的頁面就很可能與新聞主題有關。另外，URL 標籤中的 title、name 等屬性對於連結的主題識別也是有幫助的。

(3) 錨文字資訊。超連結中的錨文字，即標記文字（Anchor）對該連結所指向的頁面起到了概括描述的作用，這種概括在一定程度上可能會比該頁面的作者所作的概括（頁面的標題）更為客觀、準確。如對於資訊 <a href="hyperlink">軍事 </a>，所代表的頁面主題很可能是 "軍事" 方面的。除此之外，連結周圍的上下文文件也可以被視作連結的描述文字。

(4) 兄弟連結的預測。如果 A 連結 B，A 連結 C，則 B、C 稱為兄弟連結。兄弟連結在本書中是指處於同一個網頁之中，且在同一個內容塊的頁面。它也可以作為待爬行頁面內容是否與主題相關預測的依據，如果一個 URL 的兄弟連結所指向的頁面內容都與主題相關，則這個待爬行 URL 所指向的頁面內容也很有可能是主題相關的。

4.2.1 連結錨文字標記及其資訊提取

網路爬蟲能夠自動進行網頁爬行，其原因是在很多網頁之間都存在著超連結，大多數內容相關的 Web 頁面通常會藉助於 HTML 錨標籤連結聯繫在一起。網路爬蟲爬行網頁的過程，就是沿著這些存在於網頁之間的超連結爬行網路的過程。HTML 錨標籤連結周圍的文字通常都很精煉地描述了目標網頁的主題內容，用於提示用戶該連結所指向的 Web 頁面的主題內容。用戶在瀏覽網路內容的時候，透過錨文字的提示就可以預測目標網頁的價值，同樣，也可以利用這些文字資訊來幫助網路爬蟲，指導網路爬蟲在網路上進行有目的的爬行。這裡把連結錨文字以及擴充連結錨文字作為連結的描述文字，並以此為基礎對連結的價值進行預測。

1. 連結錨文字與擴充連結錨文字

【定義 4-1】連結錨文字（Anchor Text）。也稱錨文字，就是在 Web 頁面當中可以點擊的高亮顯示的文字（Highlighted Clickable Text），文字在點擊後顏色會發生改變，當用戶用滑鼠游標點擊這些連結屬性時，瀏覽器就會打開或跳轉到該連結的網頁。在網頁的源檔案中，連結錨文字是由連結標籤 <a> 所包圍的文字，其 HTML 程式碼形式如下：

<a href= 頁面 URL> 錨文字 </a>

由於連結錨文字是對該連結所指向的目標網頁內包含的主題資訊的高度概括，因此，有不少研究人員有效地利用了 Web 頁面錨文字進行 Web 搜尋，McByan 使用錨文字對網路爬行中的 URLs 建立索引，Iwazume 等人把錨文字和本體論的知識結合起來指導網路爬蟲的爬行，著名的 Google 搜尋引擎的創始人 Brin 和 Page 也在 Google 中使用錨文字對 URLs 建立索引。連結錨文字是對連結所指向的網頁的主題資訊的精煉概括，但是由於連結錨文字本身所包含的字元數目有限，從而制約了連結錨文字的發展，影響其發展的主要因素是：相對於網頁中其他元素，錨文字所包含的內容太少，因此其內容所表達的資訊非常有限。在很多時候，網頁設計者甚至不在錨文字中給出目標網頁的概括，往往只在錨文字裡寫上 "下一頁" "更多"。

對於能夠理解自然語言以及掌握相關領域知識的用戶來說，即使是短小精煉的錨文字提供的資訊也足夠讓他們判斷是否需要點擊連結打開目標網頁。但是對於電腦程式來說，連結錨文字所表達的有限的文字資訊卻不能讓它準確判斷連結所對應的目標網頁的主題，從而導致其不會打開目標網頁。當連結錨文字所表達的資訊不能對連結所指向的網頁的主題資訊內容做出有效預測的時候，提取連結錨文字本身之外的其他資訊，此時就顯得至關重要了。用戶在判斷 "下一頁" "更多" 等連結是否有價值的時候，往往會考慮連結附近的文字是否和自己尋找的主題相關，同樣的，對於電腦程式來說，錨文字附近、相對品質較高的文字在確定目標網頁內容是否和主題相關時，會有很大的幫助。通常，這些連結周圍的文字被稱為連結上下文，或者是擴充連結錨文字。

【定義 4-2】連結上下文（Link-contexts）。在一個 Web 頁面當中，出現在超連結周圍的文字統稱為連結上下文，習慣上是按經驗值從錨文字的左右取一定數量的文字資訊作為連結上下文。它的 HTML 程式碼形式如下：

文字 1<a href= 頁面 URL> 錨文字 </a> 文字 2

其中：文字 1 和文字 2 即為連結上下文。

提取連結上下文的策略是多種多樣的，可以把錨文字周圍上下各固定數量的字元當作連結上下文或利用 HTML DOM 樹進行提取，也可以將兩種方法結合起來進行提取。近年來，連結上下文資訊被應用到了資訊檢索的許多領域，在網頁分類、搜尋引擎、主題爬行等許多領域的研究中都證明了連結上下文資訊的重要性。1999 年，G.Attardi 等人透過分析連結上下文來對網頁進行自動分類，其試驗效果是很令人鼓舞的。主題爬行器可以根據 Web 頁面的連結構在連結上下文資訊的指導下沿著該連結前進去獲取更多的主題相關頁面。

2. 連結上下文提取演算法

早期對連結上下文提取的研究只是侷限在對連結錨文字所描述的文字做最簡單的應用，之後很多研究人員把錨文字附近固定數目的文字內容作為連結上下文資訊。SharkSearch 把錨文字和在錨文字附近出現的文字結合在一起，利用兩者的結合資訊來對連結指向的網頁進行相關度預測。Chakrabarti 等人開發的 Clever 系統利用一個固定位元組的文字視窗在錨文字周圍獲取連結上下文，透過 5000 篇網頁的實驗，發現文字視窗定義成 50 個位元組大小比較合適，再離錨文字遠的文字精度就急劇降低了，可以不用考慮。還有一些學者也提出了使用出現在對應超連結周圍區域的文字來指導爬蟲程式。

HTML 文件結構具有階層性，這些階層性也包含有很多對連結提取有用的資訊。研究人員認識到，可以利用 HTML 文件結構的這一特點來豐富錨文字的資訊含量進行連結上下文的提取工作。研究者一般使用 HTML DOM 樹的形式來提取連結上下文，這些方法都把 HTML 文件看成是以 <html> 標籤為根節點的樹，其他各種標籤和網頁中包含的文字資訊作為這棵樹的各個子節點。

Attardi 提出了使用連結上下文資訊作為參考，從而對連結所指向網頁進行歸類的技術，同時結合某些標誌做一些前置處理的語義分析。例如，出現在表格中某一行或列的超連結需要同它所在的行或列的標題相對應。他們的不足在於研究分析嚴格限制在一些特定的 HTML 標記上，而且從這些標記提取文字的方法也具有很大的隨機性。Attardi 提出了連結上下文路徑的概念，這一概念對後來的工作有很大的啟發作用，關聯的文字字串出現在某些標誌節點下或是沿著佈局標籤樹的階層結構的一些標誌節點的特定位置。

Attardi 的研究為圍繞錨文字展開的連結上下文提取提供了一個比較基礎的演算法。之後人們開始重視研究連結上下文在網路爬行和網頁內容預測方面的應用。

Chakrabarti 等人在 2001 年首次提出利用 HTML DOM 樹結構來更好地確定錨文字的連結上下文資訊，該方法使用 DOM 位移（DOM Offset）內容的思想。DOM Offset 就是指先把網頁解析成 DOM 樹的形式，然後把連結周圍距離連結小於某一區間的 tokens 與連結一起進行評分，以此實現對待爬行 URLs 的爬行優先權排序。G.Pant 在 2003 年提出使用 DOM 的階層結構資訊來提取連結上下文資訊，取錨文字所在節點的祖先節點為根節點的 DOM 子樹下的所有文字為連結上下文資訊。

本書的連結上下文提取演算法是採用基於語義塊的連結上下文提取演算法。此演算法綜合考慮錨文字附近固定數目文字和 DOM 樹模型，對於類型不同的語義塊採用不同的連結上下文提取策略。在目錄型語義塊中所包含的文字資訊很少，甚至沒有該主題的資訊，這時候需要採用 DOM 樹對該連結上下文進一步擴充，而對於主題型的語義塊，由於這類語義塊所包含的非連結文字非常多，將這些文字都作為主題型語義塊的連結上下文是不合理的，於是對主題型語義塊連結上下文的提取採取的策略是提取固定位置的內容作為主題型語義塊的連結上下文。

4.2.2 基於分塊的主題連結上下文資訊提取

一般情況下，不同類型的語義塊中所包含的文字資訊量會有很大的不同，主題型的語義塊所包含的文字資訊一般情況下比較多，但是圖片型語義塊和目錄型語義塊所包含的文字資訊量一般情況下是比較少的，或者是不包含任何文字資訊。如果用相同的連結上下文演算法來提取不同類型語義塊中的主題連結的話，那麼很有可能造成文字提取過多而出現雜訊或文字資訊提取過少而使連結描述資訊不夠等問題。因此，本節在對網頁分塊的基礎上，對不同類型語義塊使用不同的上下文提取策略。

1. 主題型語義塊中連結上下文提取

由於主題型語義塊中所包含的文字資訊比較多，所以在提取的過程中如果提取的文字資訊過多，那麼很多不相關的文字資訊就會被提取出來當作主題資訊，這樣會使連結上下文中包含雜訊，使連結的主題發生漂移。考慮到連結錨文字向前以及向後的文字一般情況下都是對連結主題的補充以及說明，採用的方法是提取連結周圍一定長度的文字作為連結上下文，為了使文字資訊均衡性，提取連結前後長度為 n 的文字同錨文字一同作為連結上下文資訊，即

$$S = (W - n, W, Wn) \tag{4-9}$$

公式中：W_{-n} 為錨文字前長度為 n 的文字；W_n 為錨文字後長度為 n 的文字，$n>0$；W 為錨文字資訊。

在提取連結上下文時，首先在網頁中定位到該連結，然後根據事先給定的門檻值 n 來對錨文字周圍的相關文字資訊進行選取。錨文字周圍上下如果有一方的文字長度少於 n，不影響另一方的選取動作。當錨文字左右文字長度都小於 n 時或者雙方選取文字長度已經達到了事先給定的門檻值 n 時，則選取停止，最後將錨文字資訊也添加到連結上下文 S 中。

這是一種比較簡單化的連結上下文資訊提取和處理方式。這種固定長度的提取連結上下文資訊的處理方法，雖然不如基於 HTML DOM 樹結構的方法靈活，但很適合包含文字資訊比較多的主題型語義塊中連結上下文的提取。

2. 目錄型和圖片型語義塊中連結上下文提取

一般情況下目錄型語義塊和圖片型語義塊都包含非常少的非連結文字，那麼這兩種語義塊中可進行抽取的文字資訊也就相對比較少。針對這種情況，利用 DOM 樹的階層結構來提取連結上下文。將以連結錨標籤的祖先節點為根節點的子樹中包含的所有文字資訊作為這個錨標籤的連結上下文，並稱這棵子樹的根節點為彙總節點（Aggregation Node）。連結上下文和它對應的連結是處在同一棵子樹下（也是同一語義塊中），所以彙總節點的功能就可以看作為把一個連結和對它有用的上下文彙總在一起，如圖 4-1 所示。實線框中顯示的是以錨標籤的父節點為彙總節點提取的連結上下文。對於同一個錨，順著 HTML DOM 樹的根節點方向，存在很多個候選彙總節點，如圖 4-1 中所見灰色的內節點。結合分塊方法可知，針對不同的語義塊，彙總節點對應的應該是 <table>、<div> 等分塊標籤節點。

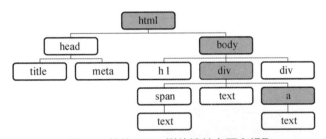

↑ 圖 4-1　基於 DOM 樹的連結上下文提取

基於以上的分析，首先對網頁進行前置處理，然後綜合利用網頁中所包含的各種特徵將網頁建構成一棵佈局標籤樹。建構出來的標籤樹中的每一個節點都是網頁佈局中的塊，然後根據塊的內容特徵等對分塊進行識別合併，得到一個資訊塊的佇列。最終根據分塊的不同類型對分塊內的連結採取不同的上下文提取方法。

演算法 4-1　語義塊連結上下文提取演算法

【步驟 1】輸入目標網頁，對網頁 P 進行 HTML 程式碼前置處理和簡化，產生 DOM 樹；

【步驟 2】對網頁進行分塊，在分塊的基礎上進行識別合併，初始化網頁資訊塊佇列，此佇列的主要作用是存放被確定為資訊塊的塊內容和塊類型標籤；

【步驟 3】從資訊塊佇列中取出一個分塊，判斷分塊的類型，如果是主題型分塊轉到【步驟 4】，如果是連結型和圖片型分塊轉到【步驟 5】；

【步驟 4】周遊分塊中的連結，提取連結周圍長度為 n 的文字，連同連結錨文字 W 和連結 Link 存入連結佇列 L 中；

【步驟 5】周遊分塊中的連結，定位到連結的祖先節點，提取連結上下文，連同連結錨文字 W 和連結 Link 存入連結佇列 L 中；

【步驟 6】從分塊列表中刪除目前分塊，判斷分塊列表是否為空，如果為空轉到【步驟 7】，如果非空轉到【步驟 3】；

【步驟 7】結束。

4.2.3 基於連結標記和錨文字的主題判定演算法

利用連結標記和錨文字進行主題判斷演算法的核心思想就是分別對以下三類文字進行計算：① URL（包括 HREF、onMouseover、Src 等）；② 連結錨文字和擴充連結錨文字；③ Title（包括 Title、Name 等）。三者的加權平均值即為整個連結與主題的相關權重。如果一個 URL 中包含某個主題詞，則這個 URL 所指向的頁面就很可能是與這個主題詞密切相關的。例如：http://sports.163.com/nba/，這個 URL 包含的內容就很可能是關於 NBA 的。其計算方法如公式 (4-10) 所列。

$$W_{us}(\text{url}) = \begin{cases} 1，如果這個，\text{url} 中包含主題詞 \\ 0，否則 \end{cases} \qquad (4\text{-}10)$$

如果 URL 的錨文字中包含某個主題詞，則這個 URL 所指向的頁面也很可能是與這個主題詞密切相關的。例如：<a href="software.htm"> 蘋果軟體 </a>，其包含的內容就很可能是關於 "蘋果軟體"，其計算方法如公式 (4-11) 所列。

$$W_{tes}(\text{url}) = \begin{cases} 1，如果這個 \text{url} 的錨文字中包含主題詞 \\ 0，否則 \end{cases} \qquad (4\text{-}11)$$

同理，可以得到連結錨文字上下文的計算方法如公式 (4-12) 所列。

$$W_{cotes}(\text{url}) = \begin{cases} 1，如果這個 url 的擴充錨文字中包含主題詞 \\ 0，否則 \end{cases} \quad (4\text{-}12)$$

如果一個連結中的 Title 包含某個主題詞，則這個 URL 所指向的頁面同樣也很可能是跟這個主題詞密切相關的。例如：<A href=http：//www.whut.lassroom.gif title="Condition">Conditionvery good</A>，在這個 URL 中，Title 包含的內容 Condition 就很可能是關於這個 URL 所指向的頁面的內容，其計算方法如公式 (4-13) 所列。

$$\text{Wtis}(\text{url}) = \begin{cases} 1，如果這個 url 的 Title 中包含主題詞 \\ 0，否則 \end{cases} \quad (4\text{-}13)$$

最後，將所有的資料平均加權綜合在一起，就得到基於內容的連結相關性判定演算法公式 (4-14) 所列。

$$W_{avs}(\text{url}) = \frac{a \times W_{us} + b \times W_{tes} + c \times W_{cotes} + d \times W_{tis}}{4} \quad (4\text{-}14)$$

公式中：a、b、c、d 為 4 個 [0，1] 之間的常數，用於控制每類資料在整體中的權重。

可以看出，這種計算方法是觀察連結相關資料中是否包含主題詞或者主題詞的同義詞，這樣會漏掉許多相關頁面。為了提高主題採集的精確度，本書在原有相關性計算模型的基礎上利用 "知網"（HowNet）理論及語義分析計算方法，從語義上對主題相關性進行判定，該方法是從詞語的語義階層上計算連結相關資料中詞與主題之間的語義相似度，進行主題相關性的判定，這樣就能夠大大降低漏判相關頁面的可能性，它的相關與否是透過門檻值來決定的，即大於或等於門檻值為相關，小於門檻值為不相關。

4.2.4 基於語義相似度計算的連結判定

知網是一個以漢語和英語的詞語所代表的概念為描述物件，以揭示概念與概念之間以及概念所具有的屬性之間的關係為基本內容的常識知識庫。在 "知網" 中有兩個主要的概念："概念"（又稱 "義項"）和 "義原"。"概念" 是對詞彙語義的一種描述。每一個詞可以表達為幾個概念。在知網中，"概念" 是用一種 "知識表示語言" 來描述的，這種 "知識表示語言" 所用的 "詞彙" 叫做 "義原"。"義原" 是用於描述一個 "概念" 的最小意義單位。

知網中引入了義原，並設想所有的概念都可以分解成各種各樣的義原，這些義原構成一個有限的義原集合，有限義原集可以組合成一個無限的概念集合。由於詞語的概念是由義原組成，義原之間有複雜的關係，所以可以透過義原得到概念之間的關係以及概念屬性之間的關係。義原之間組成的是一個複雜的網狀結構，在義原關係中最重要的還是上下位的關係。根據義原的上下位關係，所有 "基本義原" 組成一個樹狀結構義原階層架構（圖 4-2），這是進行語義相似度計算的基礎。

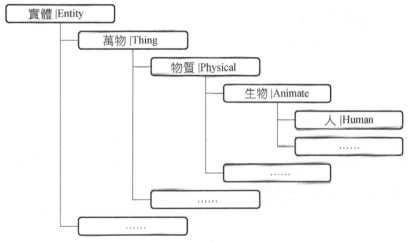

↑ 圖 4-2 樹狀的義原階層結構

相似度的概念涉及到詞語的詞法、句法、語義甚至語用等方方面面的特點。其中，對詞語相似度影響最大的應該是詞的語義。顯然，透過計算連結相關資料與主題之間的語義相似度可以分析得出該連結與主題的相似程度，進而可以判定連結與主題是否相關。這種方法直觀、簡單有效且易於理解。利用知網的語義詞典，依據概念之間的上下位關係和同義關係，透過計算兩個詞語概念在樹狀概念階層架構中的距離來得到詞語間的相似度，進而利用分析詞語的相似度來判斷與主題的相關聯程度。

1. 知網的詞語相似度計算

對於兩個漢語詞語 T 和 W，如果 T 有 n 個義項（詞語所具有的意思，即"概念"）：t_1，t_2，$\cdots$，t_n，W 有 m 個義項：w_1，w_2，$\cdots$，w_m，T 和 W 的相似度是各個概念的相似度之最大值如公式 (4-15) 所列。

$$\text{Sim}(T,W) = \max(\text{Sim}(t_i,w_j)) \ (1 \leq i \leq n, 1 \leq j \leq m) \tag{4-15}$$

透過計算兩個概念之間的相似度，可以得到其對應兩個詞語之間的相似度。

2. 義原相似度的計算

利用詞語所對應的義項可以計算詞語相似度。透過提取義項中的義原表達式，計算義原間的相似度，義項的相似度透過義原相似度加權平均得到。而義原的相似度透過義原的語義距離得到，語義距離則透過義原在上下位關係階層樹中的路徑距離計算。因此義原相似度的計算是基礎。假設兩個義原在這個階層架構中的路徑距離為 d，就可以得到這兩個義原之間的相似度：

$$\text{Sim}(p_1,p_2) = \frac{a}{a+d} \tag{4-16}$$

公式中：p_1 和 p_2 為兩個義原；d 為表示 p_1 和 p_2 在義原階層架構中的路徑長度的一個正整數；a 為一個可調節的參數，一般取 1.6。用這種方法計算義原相似度的時候，只利用了義原的上下位關係，沒有將義原樹的特徵考慮進去。

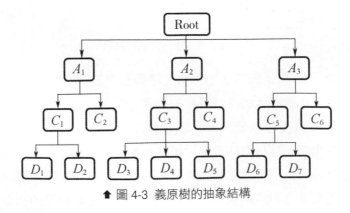

↑ 圖 4-3 義原樹的抽象結構

圖 4-3 是義原樹的抽象結構。透過分析可以發現，計算義原的相似度時不僅要考慮兩義原的最短路徑，而且要考慮義原所在階層深度、義原所在區域的密度。在義原階層樹中，路徑長度相同的兩對節點，階層越高的節點對，語義距離越小；路徑長度相同的兩對節點，位於義原階層樹中詞語高密度區域的節點對，語義距離越小。也就是說，同樣距離的兩個詞語，詞語相似度隨著它們所處階層的總和的增加而增加，隨著它們之間階層差的增加而減小。例如，A1A2 之間的距離與 C1C2 之間的距離同為 2，但 A1 和 A2 間的相似程度比 C1 和 C2 間的相似程度小。因為，階層總和的增加意味著分類趨向細緻，與同樣距離的階層總和較小的詞語對比，其相似程度就越高。同樣可得：路徑長度相同的兩個節點，在節點密度高的區域比在節點密度低的區域，語義相似程度高。因此，定義義原相似度的公式為：

$$\mathrm{Sim}(p_1, p_2) = \frac{a \times (l_1 + l_2)}{(a + d) \times \max(\,|\,l_1 - l_2\,|\,, 1)} \tag{4-17}$$

公式中：l1，l2 分別為 p1，p2 所處的階層；a 是相似度為 0.5 時 p1，p2 之間的距離，a 為一個可調節的參數，一般 a>0。

3. 複合片語和句子的相似度計算

由於超連結錨文字是由一些複合詞彙甚至是一個句子組成，所以對複合片語和句子的相似度計算進行了分析。複合片語和句子的相似度計算較詞彙相似度而言更為複雜，因為求句子相似度不僅要對語義關係進行辨別，還包括句子結構的辨別等問題，這裡透過對句子結構的分析及前文的詞語相似度的研究，將相似度的研究推廣到句子範圍。

由於漢語自身的特點，詞與詞之間沒有明顯的分割符號，要對句子進行相似度計算第一步就是要對句子進行分詞處理。在本書中使用的是中國科學院計算技術研究所研製的基於多層隱馬模型的漢語詞法分析系統 ICTCLAS（Institute of Computing Technology，Chinese Lexical Analysis System），該系統的功能有中文分詞、詞性標註、未登錄詞識別等。考慮到在漢語中實詞才是表達文章意義的關鍵字彙，所以在分詞後所得到的字串中，只將句子中的實詞取出。實詞包括名詞（Ｎ）、動詞（Ｖ）、形容詞（Ａ）、數詞（Ｍ）、量詞（Ｑ）和代名詞（Ｒ）等。

設句子 S 分詞後包括 k 個詞：$S= \{w_1，w_2，\cdots，w_k\}$，並且句子 S 可根據實詞的種類分為 6 個集合：$S= \{N，V，A，M，Q，R\}$。根據分詞後的詞語屬性將實詞取出並歸入對應的集合中：

$S=\{N（w_i,\cdots），V（w_j,\cdots），A（w_k,\cdots），M（w_1,\cdots），Q（w_m,\cdots），R（wn,\cdots）\}$

由於漢語句子結構相當複雜，準確地分析句子結構在目前是困難的。這裡採用了一種簡單的方法進行處理，即根據實詞屬性分別計算兩句子中各個詞性集合中實詞的詞語相似度。例如有兩個句子："在主題導向的 Web 資訊採集中，主題相關度判斷演算法有著重要的作用。"和"我們認為主題相關度判斷演算法對於主題導向的 Web 資訊採集技術研究是十分重要的。"根據對句子相似度的定義可以認定兩句是相似的，因為其討論的是同一個問題，即"詞語相似度計算是重要的"。但兩句的句子結構卻有較大的不同，第一句的"詞語相似度的計算"是主語，而在第二句中"詞語相似度的計算"則作為賓語，所以將句子結構進行準確的劃分意義不大。考慮到句子倒裝、賓語前置等問題，根據詞性集合計算句子相似度是合適的。在上面的兩個例句中，名詞集合完全相同，在名詞集合中計算出的詞語相似度為 1，這一結果與事實是相符的。

因此，可以採用金博等人求句子相似度的思想。設需要計算的兩句子的實詞集合分別是：

$S1= \{N_1，V_1，A_1，M_1，Q_1，R_1\}$，$S_2= \{N_2，V_2，A_2，M_2，Q_2，R_2\}$

以名詞集合 N 為例，討論句子相似度的計算過程：

$N_1=（w_{11}，w_{12}，...，w_1m）$，$N_2=（w_{21}，w_{22}，...，w_2n）$

設 N_{12} 為句子 S_1、S_2 相似度的特徵矩陣，即

$$N_{12} = N_2^T \times N_1 = \begin{matrix} w_{11}w_{21} & \cdots\cdots & w_{1m}w_{21} \\ \vdots & & \vdots \\ w_{11}w_{2n} & \cdots\cdots & w_{1m}w_{2n} \end{matrix}$$

公式中：$w_{2n} = \text{Sim}(w_{1m}, w_{2n})$。

計算的方法是周遊詞語相似度特徵矩陣，取出相似度最大的詞語組合，再將其所屬行和列從相似度特徵矩陣中刪除，繼續選取餘下矩陣中相似度最大的組合，直到矩陣中元素為零。此時，可得到詞語相似度的最大組合序列：

$$S_{max} = \{\text{Sim}_{max1}, \text{Sim}_{max2}, \cdots, \text{Sim}_{maxk}\}$$

顯然，句子 S1，S2 名詞集合相似度為

$$\text{Sim}M(S_1, S_2) = \frac{1}{k} \sum_{i=1}^{k} \text{Sim}_{maxi} \tag{4-18}$$

同樣道理，可以按此方法得到動詞、形容詞等其他集合的相似度。那麼整句相似度可由各詞性集合相似度加權平均得到：

$$\text{Sim}S(S_1, S_2) = \sum_{i=1}^{k} \lambda_i \text{Sim}M(S_1, S_2) \tag{4-19}$$

公式中：λ 為權係數，其值的選取可以根據實驗結果自訂調節。顯然，可以據此得到基於語義的 URL 判定公式：

$$\text{Sim}S(\text{url}) = \sum_{i=1}^{k} \lambda_i \text{Sim}M(T, K) \tag{4-20}$$

公式中：T 為連結相關資料文字；K 為主題義原特徵集。4.4 節中將使用該公式對 PageRank 演算法進行優化。

▍4.3 輿論網頁內容相關性的分析

在進行頁面主題相關計算前，需要針對主題搜尋所限定的特定領域建立一個主題特徵模型用來進行資訊相關度分析。另外，還必須設計 Web 頁面的模型化演算法，將 Web 文件表示成特定的資訊模型用來與標準的主題特徵模型進行相關度的計算。

4.3.1 主題特徵的選擇

進行主題相關度的計算，需要對主題進行描述。主題描述是指對主題的量化表現，也就是通常所說的建立主題特徵模型，即透過一定的方法和模型將抽象的主題概念表達為可量化計算和對比的表現形式。主題描述是主題資訊收集的基礎，因為只有透過主題特徵模型和頁面文件資訊模型之間的數學計算才能確定主題相關性大小，主題描述的精確度直接影響搜尋引擎收集資訊的品質。目前，通用的主題描述方法是選取一定的主題樣本，並基於一定的數學模型對其進行樣本分析和特徵提取，從而建立對應的主題特徵描述。當要完整地表現一類主題資訊在網路上的特徵的時候，最理想的方法是將網路上的所有資訊考察一遍。但這顯然是不現實的。通常，只能取一個樣本空間來進行研究。具體地說，樣本空間就是網頁總體集合的一個子集，對應於若干特定網站中的若干個特定網頁。為了有效地對主題特徵進行描述，樣本空間的選取要儘量做到覆蓋範圍廣且有代表性。

主題描述需要考慮到設計實現複雜度和計算效率等諸多問題。因為本書涉及到即時的主題識別過濾，主題識別的時間複雜度和空間複雜度則必須保持在一個較低的水平。因此，在主題描述的選擇上採用了向量空間模型。

當使用向量空間模型表示 Web 文字時，不可能把網頁中所有的主題詞都作為向量空間模型中的特徵項，否則建立的主題特徵模型項數過於龐大，必定導致表示文字的向量空間的維數相當大，造成相關度計算時的時間瓶頸。項數的數量雖然能夠提高主題計算的精度，但是主題識別不能單純地依賴主題特徵模型中主題詞數量。此外，由於一些雜訊特徵的存在，也會導致計算性能的下降。因此需要在保證分類準確度的前提下，剔除無用的和參考價值較小的特徵，以達到降低空間維數和減小計算複雜度的目的，這個過程就是特徵選擇。

特徵選擇的目的就是從候選的特徵中選擇一個類別區分能力好的詞項子集。通常的做法是根據在訓練資料集合上統計得到的特徵分佈情況，採用一些權重計算方法對各維特徵進行加權處理，從中選擇權重較高的一些特徵，從而實現特徵的選擇和降維。常用的特徵選擇方法包括在第 3 章中所論述的特徵頻率、文件頻率、資訊增益、χ^2 統計量等。以下就應用層面對這些方法作分析。

1. 特徵頻率

特徵頻率指訓練集中某個特徵詞條出現的次數，是最簡單的特徵選擇方法。直觀上，特徵在文字集中出現次數越多，對文字分類的貢獻越大。由於原始特徵集中絕大部分是低頻特徵，因此，設定 TF 門檻值對過濾低頻特徵非常有效，可以獲得很大的降維度。對高頻特徵而言，特徵的統計分佈決定了文字分類的準確率，即當該高頻特徵均勻地分佈在所有文字中時，對分類的作用將是有限的。因此，TF 主要用在文字標引時直接刪除某些低頻特徵。

2. 文件頻率

文件頻率是指在訓練資料集中包含一個特徵詞的文件數在整個文件數中出現的機率。在訓練集中，如果一個詞出現的文件頻率過大，如一些功能詞幾乎在所有的文件中都出現，那麼這個詞對分類的作用不大，可以將其刪除。反之，如果詞的文件頻率過小，則它對文件分類沒有代表性，甚至可能是雜訊，應予以刪除。這種方法優點在於計算量小，在實際運用中效果很好，缺點是某些特徵在全部文件集合中出現次數較少，卻相對集中於某些類中，簡單刪除可能影響分類器的精度。

3. 資訊增益

資訊增益表示了某特徵項為整個分類所能提供的資訊量。某一特徵項的 IG 值越高，說明它對分類預測提供的資訊就越多。資訊增益表現出的分類性能偏低，經分析 IG 公式發現，引起這一現象的主要原因是資訊增益考慮了文字特徵不存在的情況，即不管特徵是否在文字中出現都將為文字分類提供資訊，計算不同情況下的條件機率以確定提供的資訊量大小。雖然特徵不出現的情況有可能對文字類別具有貢獻，但這種貢獻往往小於考慮這種情況時對特徵分值帶來的干擾。此外，相對於其他幾種評價函數，IG 的計算量較大。

4. χ^2 統計量

χ^2 統計衡量的是一個特徵項與一個類之間的相關程度，特徵項對於某類的 χ^2 統計值越高，它與該類之間的相關性越大，攜帶的類別資訊也較多。公式 (3-7) 計算的只是一個特徵項相對於某一個類的 χ^2 值，它相對於整個文件資料的 χ^2 值是其相對於所有類 χ^2 值的綜合。綜合的方式通常有平均值和最大值兩種，如公式 (4-21) 所示。

$$\chi_{avg}^2(t) = \sum_{i=1}^{m} P(c_i)\chi^2(t,c_i)$$

$$\chi_{max}^2(t) = \max_{i=1}^{m}\chi^2(t,c_i)$$

(4-21)

公式中：m 為文件類別數；$P(c_i)$ 為類別 c_i 的先驗機率，一般假設各類別的先驗機率相同，即取 $P(c_i)=\dfrac{1}{m}$。

Yang 和 J.O. Pedersen 在對多種特徵選取演算法和多種分類演算法作了大量實驗後，得出的結論是：χ^2 統計量分類準確度最高，其次是資訊增益法，而文件頻率法是最簡單而成本最低的方法。因此本書選取基於 χ^2 統計量的特徵項提取方法。

5. χ^2 統計量演算法的分析與改進

基於 χ^2 統計量的特徵選擇的一般方法是：對訓練文件集中出現的所有詞項，都預先計算其 χ^2 統計量均值，透過設定一個門檻值進行過濾，留下 χ^2 統計量均值高者作為特徵項，或者對它們的 χ^2 統計量均值從大到小排序，選取排在前面的指定數量個詞項作為特徵項。

顯然，有些詞彙因為 χ^2 統計量的均值不大而被過濾掉，但是，有些低頻詞往往對某一類文件具有極強的類別代表性和區分度，它們的類別指示意義非常明顯。這些類別特有詞不能單純地由於 χ^2 值低而被過濾掉，從而導致一些類別資訊的遺失，影響到分類的準確性。相反地，有些詞彙因為在幾個類別的文件中出現的頻率很高，透過式（3-7）計算會得到一個相對較高的 χ^2 值，從而被選取出來作為類別特徵項，但事實上這些高頻詞的特徵區分度很差，只是因為分值高而被保留了下來，不利於對類別的區分。一種改進的特徵選擇演算法：根據特徵項所在文字量在整個資料集中所佔的比率降低在多類中普遍出現的高頻詞的權重，濾去此類無用資訊，同時適當提高某類特有低頻詞的 χ^2 值，將其保留下來。

透過對公式 (4-21) 的改進，得到公式 (4-22)。

$$\chi^{2\prime}(t, c_i) \;=\; \log \frac{1}{P(t)} \chi^2 \tag{4-22}$$

公式中：$P(t) = \dfrac{N_t}{N}$ 為出現特徵項 t 的文字量在整個資料集中所佔的比率。對於文件中出現的高頻詞，P(t) 較大，得到的 $\chi^{2\prime}$ 值就較低，尤其是特徵項 t 在整個資料集中都存在時，$\chi^{2\prime}$ 值趨於 0，也就是刪除了對分類不起作用的高頻詞；相反對於低頻詞，P(t) 值較低，則 $\chi^{2\prime}$ 值就提高了，意味著增加了作為備選特徵的機率。

4.3.2 待識別網頁模型的建立

一般來説，主題爬行器在獲取頁面後，即開始網頁資訊模型的建構，如透過分詞、過濾、資訊處理等一系列手段，將網頁文字表示成向量空間模型。由於網頁不是普通的文字檔案，而是一種半結構化的文件，由各種標記、連結和文字組成，包含了豐富的結構資訊，在抽取網頁的主題內容時，應加以利用。對於同一個特徵詞，出現在不同的位置上應該有不同的權重。例如，標題一般都是作者精心擬定的，其內容大部分能反映文章的類別，因而在 <TITLE></TITLE> 間出現的特徵詞就具有較高的權重。因此，建構網頁資訊模型在計算特徵項的權重時，應充分結合 HTML 文件的主題分佈特點，考慮各個結構在表達主題特徵的能力和貢獻度上不同，把結構資訊作為加權因素予以考慮。

這裡設計一種頁面資訊模型的建構演算法 FLAUB。該方法除了考慮詞頻資訊、位置資訊以外，還綜合考慮了頁面結構、頻數的加權重以及分塊特徵對主題特徵項的權重的影響因素，建構與主題特徵模型相對應的網頁資訊模型，建立主題相關度計算的基礎向量模型。演算法的核心思想是根據 HTML 標記特徵和分塊特徵所對應的不同權重對頁面中詞的頻率進行修正。

FLAUB 演算法描述如下：

首先，系統在計算網頁文字特徵項的權重時，充分考慮了 HTML 檔案中的標記資訊，如 <Title>、<Font …>、<B>、<Meta …>、<A href=…> 等標籤，然後對不同位置上出現的特徵詞分別進行加權計算，具體計算時，為了平衡程式的執行速度和權重計算的準確性，識別演算法只對 <Title>、<Meta name="description…">、<Meta name="keywords" …>、<B>、<A href=…> 這五種標籤考慮加權因素，表 4-1 是不同標籤對應的權重及對應的表達式。

表 4-1 不同標籤對應的權重及對應的表達式

標籤	加權係數	取值
< title > …… < /title >	M_{title}	0.9
< Meta name = "description" … >	M_{meta}	0.8
< Meta name = "keywords" … >	M_{meta}	0.8
< B > …… < /B >	M_b	0.7
< Ahref = … > …… < /A >	M_{link}	0.6
其他標籤	M_{other}	0.5

具體的計算公式如下：

$$tf_{in} = freq_{other} \times M_{other} + freq_b \times M_b + freq_{title} \times M_{title} + freq_{link} \times M_{link} + (freq_{m\_dscp} + freq_{m\_keyw}) \times M_{meta} \tag{4-23}$$

公式中：$freq_{title}$ 為特徵項 T_n 在網頁文字 D_i 的 <title></title> 標記中出現頻數；$Mtitle$ 為該標記的加權係數，而 $freq_b$ 為特徵項 T_n 在網頁文字 D_i 的標記 <b></b> 中出現頻數；M_b 則為該標記的加權係數。其他參數以此類推。

其次，考慮分塊特徵對權重的貢獻，涉及到的特徵項主要是分塊對主題詞的權重和主題詞在分塊中出現的頻率。

透過以上分析，網頁文字 d 中的詞條 t_i 所對應的詞頻 $TF(i)$ 的計算公式如下：

$$TF(i) = \sum_{j=1}^{m} w_j TF_j(i) + \sum_{k=1}^{n} w_k TF_k(i) \tag{4-24}$$

公式中：m 為 HTML 標籤的總數；w_j 為標記 j 所對應的詞條的權重；$TF_j(i)$ 為 t_i 在標記 j 中出現的頻率；n 為分塊的總數；w_k 為 Block$_k$ 所對應的詞條的權重；$TF_k(i)$ 為 t_i 在 Block$_k$ 中出現的頻率。

由此可見，網頁文字 d 中某個詞條 t_i 所對應的詞頻 $TF(i)$ 除了與 ti 在網頁中出現的頻率有關之外，還與它所在的 HTML 標記和所在的分塊有關。

由此，得到修正之後的 TF-IDF 公式如下：

$$W'(i) = \frac{\displaystyle\sum_{j=1}^{m} w_j TF_j(i) + \sum_{k=1}^{n} w_k TF_k(i)}{\log \dfrac{N}{n_i}} \tag{4-25}$$

若網頁文字 d 中詞條的總數為 n，則經過權重計算後用來表示網頁 d 的特徵向量就表示為

$$\text{Document} = \boldsymbol{D}(w_1', w_2', \cdots, w_n'), \quad n \geqslant 1 \tag{4-26}$$

為了使主題特徵模型和待識別網頁模型的計算具有一致性，待識別網頁模型的計算公式仍然採用向量空間模型，只是將其中的 $TF(i)$ 用公式 (4-24) 進行了擴充，從而使計算出的權重能更好地反映網頁的主題。

4.3.3 話題文字識別演算法的選擇

主題特徵模型和頁面資訊模型建立之後，接下來的工作就是計算待識別網頁與主題的相關度來進行主題識別。因為用於主題描述和網頁文字的模型都是基於向量空間模型的，所以在相關度計算演算法的選擇上，這裡也採用基於向量空間模型的計算方法。目前，存在多種基於向量空間模型的主題匹配演算法，如簡單向量距離法、神經網路方法、最大平均熵方法、最近 K 鄰居方法和貝氏方法等。演算法的選擇需要權衡系統的速度和效率，為了保證系統的即時性，選擇比較簡單但非常有效的計算向量距離匹配法，即向量夾角餘弦法。

該方法的思路是：確定主題特徵模型後得到主題訓練文字集的中心向量（取訓練文字集中各向量算術平均值），待識別網頁採集到本地後即時建立網頁文字的向量，然後計算網頁文字向量與主題特徵模型向量的距離（相似度），這個距離的大小即表徵了與主題相關程度，如果相似度超過某一門檻值則認為該網頁文字與主題相關，否則就認為是與主題無關的。

演算法 4-2　向量距離匹配演算法

【**步驟 1**】根據主題特徵模型，對描述主題的種子集頁面採用改進的基於 χ^2 統計量的特徵選擇進行特徵詞的選擇和加權，計算屬於該主題的特徵向量及向量的權重，這裡取所有訓練文字向量簡單的算術平均值。

【**步驟 2**】網頁資訊前置處理，採用 SPCOLA 方法對網頁文字進行分塊，保留各分塊的標記資訊。

【**步驟 3**】建立網頁向量模型。綜合考慮頁面結構、頻數的加權重以及分塊特徵對主題特徵項的權重的影響因素，根據公式 (4-17) 計算網頁文字向量模型。

【**步驟 4**】按照公式 (4-27) 計算網頁文字特徵向量和主題特徵向量間的相似度。

$$
\mathrm{Sim}(\boldsymbol{d}_i, \boldsymbol{d}_j) \ = \ \frac{\displaystyle\sum_{k=1}^{M} W_{ik} \times W_{jk}}{\sqrt{\left(\displaystyle\sum_{k=1}^{M} W_{ik}^2\right)\left(\displaystyle\sum_{k=1}^{M} W_{jk}^2\right)}} \tag{4-27}
$$

公式中：d_i 為新文字的特徵向量；d_j 為第 j 類的中心向量；M 為特徵向量的維數；W_k 為向量的第 k 維。

【**步驟 5**】比較相似度計算結果與門檻值 d，如果結果大於或等於 d，則頁面與主題相關，保留到主題頁面庫中；否則認為頁面與主題不相關，刪除此頁。

值得注意的是，門檻值的確定是比較困難的，在進行主題識別之前，主題識別器必須透過訓練文字反覆測試、反覆調整，最後才能確定一個回收率和精確度都比較令人滿意的門檻值。

圖 4-4 是網頁主題識別過程圖。因為相關度計算採用效率較高的餘弦定理，所以系統執行速度較快，能夠在較短時間內完成頁面的主題識別並保證較好的主題品質。

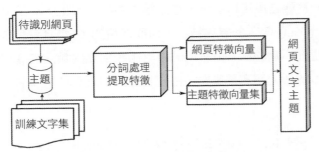

↟ 圖 4-4 網頁主題識別過程

下面以較為權威的網易門戶網站作一應用說明。網易的類別歸屬較為準確,可以作為分類的測試依據。實驗採用從網易新聞中採集的 Web 文件作為資料集,並從這些資料集中篩選出五個主題分類的文章,包括政治、科技、體育、教育、軍事各 1000 篇,從每個類別中隨機選取 700 篇文件作為訓練文字集合,另外 300 篇作為測試文字集合。

衡量文字分類系統性能的評估方法有回收率、精確度和 F_1 測度值等。回收率(Recall)定義為判斷正確的樣本數量與該類樣本數量的比值,能反映分類方法對某一類主題的識別正確程度;精確度(Precision)定義為判斷正確的樣本數量與判斷為該類主題的樣本總量之比,能反映分類演算法拒絕非主題樣本的能力。F_1 測試值是兼顧以上兩個方面的綜合度量尺度,定義為回收率 R 與精確度 P 的函數,其數學公式如下:

$$F_1 = \frac{2PR}{P + R} \tag{4-28}$$

公式中:採用 F_1 值衡量分類性能。

實驗的第一部分是驗證基於 χ^2 統計量的改進的特徵選擇演算法。實驗思路是採用資訊增益、χ^2 統計量等特徵選擇方法和改進的 $\chi^{2'}$ 統計量做對比試驗。首先,從訓練樣本文件中抽取資訊,分別用以上三種方法建立對應的特徵項庫,進行特徵降維以減少所建立向量空間的維數;然後,用 TF-IDF 公式計算出特徵項權重,建立向量空間模型,利用向量空間模型計算出各訓練文件的特徵向量值;最後,用向量夾角餘弦法對文件進行分類。

從表 4-2 所列的實驗結果可以看出，在分類性能的表現上，χ^2 統計量要好於資訊增益，這也符合 Yang 等人的實驗結論，而改進後的 $\chi^{2\prime}$ 統計量比改進前的分類效果有了一定的提升。實驗結果還表明，相對比較獨立的類別 F_1 較高，如科技類；而類別比較相似的政治類和軍事類，由於相互之間誤分的機率較高，分類效果較差。

表 4-2 分別使用三種特徵選擇方法得到的 F1 值比較

類別 方法	政治	科技	體育	教育	軍事
資訊增益	80.6%	90.3%	92.3%	82.7%	82.7%
χ^2 統計量	83.2%	91.7%	93.7%	84.3%	86.3%
$\chi^{2\prime}$ 統計量	89.5%	93.2%	95.2%	87.6%	90.7%

實驗的第二部分是驗證本章提出的頁面資訊模型建構演算法 FLAUB 的有效性。首先，利用第一部分實驗中的部分結果，也就是採用 χ^2 統計量建立對應的特徵項庫；然後，分別用傳統 TF-IDF 式和透過 FLAUB 演算法改進的 TF-IDF 公式 (4-25) 計算出特徵項權重，建立向量空間模型，進一步計算出各訓練文件的特徵向量值；最後，仍然用向量夾角餘弦法對文件進行分類。

從表 4-3 可以看出，與傳統的 TF-IDF 公式相比，在分類演算法中採用 FLAUB 演算法改進的 TF-IDF 公式，F_1 測試值明顯得到提高，分類效果更好。

表 4-3 使用傳統 TF-IDF 公式和改進 TF-IDF 公式得到的 F_1 值比較

類別 方法	政治	科技	體育	教育	軍事
傳統 TF-IDF 公式	83.2%	91.7%	93.7%	84.3%	86.3%
改進 TF-IDF 公式	89.5%	94.4%	96.8%	92.1%	92.4%

4.4　輿論網頁連結相關性的分析

Web 是超文字的集合，頁面與頁面之間透過超連結相連，超連結所在的頁面是該連結的起始頁面，超連結的 URL 所指向的頁面是該超連結的終止頁面。也就是說超連結是有方向的。根據圖論中有向圖的定義，Web 可以用連結圖的有向圖來建模。在該圖中，每個節點代表一個網頁，有向邊代表一個超連結。令有向圖：G＝（V，E），其中 V 是節點（網頁）集，E 是邊（當且僅當存在從頁面 i 到頁面 j 連結時存在從節點 i 到節點 j 的邊）集。

4.4.1　Web 超連結的若干分析

依據科學引文分析的思想，一些學者發現在網頁之間的相互連結中包含了豐富的資訊，利用這些資訊可以改善搜尋引擎的性能。目前的連結分析思想大多基於這樣一個假設：即把超連結看作是對它所指向的頁面的贊許。在這樣的假設之下，當在識別和去除 "雜訊" 連結後的頁面 A 透過超連結指向頁面 B 時說明兩點：① 頁面 B 與頁面 A 的主題是有關的（意味著相關性）；② 頁面 A 認為頁面 B 是品質較好值得關注的頁面（意味著權威性或品質）。

同樣，還可以得出以下一些假設：

【假設 1】一個網頁被多次引用，即很多網頁有指向它的連結，則這個網頁很重要。

【假設 2】一個網頁儘管沒有被多次引用，但被一個重要網頁引用，則這個網頁也可能很重要。

【假設 3】一個網頁的重要性被均勻地分佈並傳遞到它所引用（指向）的網頁。

這些假設在 Web 超連結分析的研究實踐中得到了進一步的體現和應用。

Web 超連結分析理論的應用範圍非常廣泛，既可以單獨使用，也可以和其他技術結合起來使用。下面是 Web 超連結分析的一些應用實例。

1. 指導網頁採集

一般的爬行器是根據網頁之間的連結資訊來採集網頁，不考慮網頁品質的好壞。如果只想採集高品質的網頁，就要按照網頁品質的高低依序來進行採集，使得盡可能多地獲得高品質的網頁。網頁連結分析為判斷網頁的品質提供一種手段，搜尋引擎 Google 就是充分利用 PageRank 演算法來提高 Google 爬行器的爬行性能的。

2. 輔助結果排序

當用戶向搜尋引擎提交查詢式的時候，搜尋引擎返回的結果及其排序依賴於查詢式處理器和搜尋引擎所使用的演算法。從用戶的角度來看，希望將最相關、最重要的結果放在前面。早期的搜尋引擎僅僅使用詞來計算與查詢式的相關度，按照相關度來排序。因此，網站可以採用多種不正當手段來抬高自己的排名，甚至有專業公司來幫助網站操縱自己的排名。除了採用一些智慧的識別程式來識別那些欺騙外，使用超連結分析也是一個有效的辦法。

3. 識別 Web 社群

網路上有許多由共同興趣的人們建立、維護的網頁，這些網頁組成了一個虛擬的社會團體，例如資料庫、Java 興趣小組等。根據中心網頁和權威網頁之間的相互關係，可以找出這些虛擬的社會團體。這些社群網路是透過相互連接在一起的超連結組成的，透過採礦 Web 圖，找出那些緊密連接在一起的子圖，就可以識別出 Web 社群。

目前，基於連結關係分析的演算法有：PageRank 演算法、HITS 演算法以及一些改進演算法。

4.4.2 基於資訊連結關係的分析演算法

網路輿論的資訊可以多種板塊、多種資料來源的形式出現，它們之間存在著複雜的連結關係。目前，基於連結關係分析的演算法有 PageRank 演算法、HITS 演算法以及一些改進演算法。

PageRank 是著名搜尋引擎 Google 的一個重要檢索演算法，它能有效地幫助搜尋引擎識別重要的頁面並且根據重要性程度對檢索結果的排序。其基本思想主要是來自傳統文獻計量學中的文獻引文分析，即一篇文獻被其他文獻引用越多，則文獻品質就越高。這顯然已經給出了該演算法的具體思想。

PageRank 值較好地反映網頁之間的相互引用關係，被引用較多的網頁重要性也較大，所以能較好地反映頁面權威性。PageRank 演算法的缺點是只考慮到網頁間的連結關係，沒有對這些連結作區分，並且僅以此對網頁重要度的進行分析，完全忽略了網頁具有不同主題，不同主題應該具有不同的重要度權重的問題，故在計算每個網頁的重要度權重時，沒有考慮到任何網頁本身內容對權重的影響，從而導致一個被大量主題無關的頁面群指向頁面的值，比一個由少量主題相關頁面群指向的頁面的值高，出現主題漂移現象，即搜尋到的網頁雖然具有較高的權威性，但與用戶想要的主題無關。因此，這種演算法引導的爬蟲不能稱為聚焦爬蟲，是一種非聚焦爬蟲。

PageRank 往往無法正確判斷在網路上剛發佈的網頁的重要性，因為此網頁有可能沒有任何的連結指向它（儘管新網頁可能有好的資訊價值），但是它的 PageRank 值也會非常低。而且該演算法還偏重 .com 結尾的網站，因為此類網站往往是綜合性網站，自然可以比其他類型的網站獲得更多連結，而事實上對於主題搜尋而言，某些專業網站對問題的闡述卻更具有權威性。

繼 PageRank 演算法提出以後，針對 PageRank 演算法的不足，研究者對該演算法進行了改進。史丹佛大學電腦科學系 Taher Haveliwala 提出了一種主題敏感（Topic-sensitive）的 PageRank 演算法，以解決 "主題漂流" 問題。該演算法考慮到有些頁面在某些領域被認為是重要的，但並不表示它在其他領域也是重要的。在用戶查詢時，演算法根據用戶輸入的查詢主題或查詢的上下文，計算出該主題與已知的基本主題的相似度，在基本主題中選擇一個最接近的主題代替用戶的查詢主題，並用該基本主題向量的 PageRank 值對結果進行排序。該演算法可以有效地避免一些明顯的主題漂移現象。

4.4.3 增加主題分析的 PageRank 改進演算法

在基於輿論主題的 Web 資訊採集系統中，最核心的問題就是要對從頁面中提取出來的 URL 連結進行主題相關性判斷。從已經採集到的頁面中得到的 URL 很多，其中有相當一部分與待採集的主題無關。為了能夠在採集的同時能夠有效地修剪，需要對已有資訊進行分析，預測出 URL 所指向頁面的主題相關度，並對不相關的 URL 進行剔除。

根據輿論主題頁面在 Web 上的分佈特徵 Sibling/LinkageLocality，可以設想利用已採集到頁面的主題去預測此頁面中連結所指向的頁面主題。也就是說，如果本頁面與主題相關，則頁面中的連結（剔除雜訊連結）都被預測為與主題相關，這顯然存在著相當大的誤預測。之前的研究還表明，可以利用連結標記和錨文字等資訊對連結與主題相關性進行判定，這是因為每個連結附近的說明文字（比如錨文字）往往是網頁設計者對連結的描述，因此它們對連結所指向的頁面主題有著相當高的預測能力，對預測為相關的連結有很高的準確性。但是由於說明文字的資訊有限，往往會漏報許多主題相關的連結，或者說在提高了 URL 預測的精確度的同時，降低了 URL 預測的回收率。

當然，相關度不高的頁面不一定品質不高，相關度很高的頁面也不一定有高的品質。因此，在基於主題的 Web 資訊採集系統 URL 預測中，不僅需要相關性的判定，還必然涉及到網頁的重要度評判。重要度刻畫的是網頁的品質和有用性，是從另一個不同的角度對網頁的評價。

研究已表明，透過頁面間連結的分析可以得到對頁面重要性的評估。如果一個網頁被很多網頁指向，那麼說明網頁的重要性較大具有權威性，如果一個頁面不好或可用程度低，就只有很少的頁面指向它。因此，為了保證採集的頁面不僅與主題具有較大的相關度，而且又是非常重要具有極大價值的網頁，考慮將對連結構進行分析與利用連結錨文字等進行主題相關預測的方法相結合，在充分利用各種文字資訊的基礎上，發揮傳統的 PageRank 演算法優勢，來決定主題爬蟲待爬行佇列中的 URL 優先權。也就是說在連結預測過程中加入由連結關係所決定的連結重要程度這一概念，透過發現重要的連結，在降低相關性判定門檻值的同時，選進一些相關度不高但重要性高的連結作為預測，以此來提高回收率，同時又較少的降低了精確度。

1. APageRank 演算法

儘管 PageRank 方法對發現重要頁面有很強的能力，但是它發現的重要頁面是針對廣泛主題的，而不是基於一個具體的主題。根據 PageRank 演算法，一個被大量主題無關的頁面集合指向的頁面的 PageRank 值，比一個由少量主題相關的頁面集合指向的頁面的 PageRank 值高，顯而易見，這個現象對主題導向的 Web 資訊提取來說是不合理的。為此，朱建華對 PageRank 方法進行如下的改進：在連結關係的基礎上，加入錨文字資訊權重，以使得所產生的重要頁面是針對某一個主題的，這就形成了 APageRank 演算法。

透過對演算法的分析研究，可以發現 PageRank 演算法：

$$\mathrm{PR}(A) = \frac{(1-d)}{N} + d\sum_{i=1}^{N} \mathrm{PR}(T_i)/C(T_i) \tag{4-29}$$

公式中：每一個指向頁面 A 的頁面 Ti，它的重要度平權地傳給了此頁面中每一個連結指向的頁面，也就是說只有 $1/C(T_i)$ 的頁面重要度傳遞給了頁面 A。顯然，對基於主題的 URL 重要性判定來說，這是不合理的。而且該模型對主題沉積現象的處理存在缺陷，該模型假設跳轉是以相同的機率發生在每一個網頁上，這忽略了一個重要的事實，即用戶是以目前查看的網頁內容及查詢主題為目的的跳轉。因此，在這部分的處理上應該考慮到目前查詢主題及網頁內容的相關性問題。同樣，頁面主題導向的重要性值 APageRank，在透過連結傳遞時不應該是平權的，而應該是跟連結連接到的頁面主題相關度高低及查詢主題成比例的。因此，考察修改公式為

$$\mathrm{APR}(A) = (1-d) + d\ \mathrm{APR}(T_1) \times \frac{\mathrm{SimS}(\mathrm{url}_{T_1})}{\sum_{i=1}^{K_1} \mathrm{SimS}(\mathrm{url}_i)} + \cdots$$

$$+ \mathrm{APR}(T_n) \times \frac{\mathrm{SimS}(\mathrm{url}_{T_n})}{\sum_{i=1}^{K_n} \mathrm{SimS}(\mathrm{url}_i)} \tag{4-30}$$

公式中：A 為給定的一個網頁，假設指向它的網頁有 T_1，T_2，$\cdots$，T_n。url_{T_1}，url_{T_2}，$\cdots$，url_{T_n} 分別是網頁 T_1，T_2，$\cdots$，T_n 指向 A 的連結，k_1，k_2，$\cdots$，k_n 分別是網頁 T_1，T_2，$\cdots$，T_n 中所含的連結數。$APR(A)$ 為 A 的 APageRank 值，d 為衰減因子（這裡也設成 0.85）。

2. APageRank 演算法的直觀解釋

假設 Web 上有一個尋找某個主題網頁的瀏覽者，APR(A) 值是它存取到頁面 A 的機率。它從初始頁面集出發，按照頁面連結前進，從不執行"後退"操作。在每一個頁面中，瀏覽者對此頁面中的每個連結感興趣的機率是和此連結與主題的相關性成比例的。當然瀏覽者也有可能不再對本頁面的連結感興趣，從而隨機選擇一個新的頁面開始新的瀏覽，這個離開的可能性設為 (1-d)。

一般地，如果有很多頁面指向一個頁面，那麼這個頁面的 PageRank 就會比較高，但 APageRank 值不一定很高，除非這些頁面中大部分都是與主題相關的頁面；如果一個頁面有 APageRank 很高的頁面指向它，這個頁面的 APageRank 也會很高。這樣，從主題導向模型出發的 APageRank 函數直觀上同用戶實際瀏覽 Web 的情形就相對應起來了。如果有很多主題頁面指向一個頁面的話，那麼說明這個頁面在很大程度上是與主題相關的，值得瀏覽者瀏覽；如果一個重要的主題資源中心引用了一個頁面的話，同樣也說明這個頁面也可能是比較重要的，也值得瀏覽。因此，可以認為 APageRank 就是在某個主題 K 下存取到本頁面 A 的機率。

3. 基於主題語義塊的 APageRank 判定

透過實驗可以發現，基於語義相似度的連結判定演算法，在判斷頁面是否為相關性頁面的準確性很高，但是漏判的相關性頁面數量也很高。這樣的結果使得判斷為相關的頁面過少，參加評判 APageRank 值的頁面數較低，從而會對計算 APageRank 值的準確性產生較大的影響。同時，也會導致相關主題頁面的回收率過低。另外，前面已經研究了主題頁面之間存在著"隧道現象"，即在某兩個相關於主題的頁面之間會有若干個不相關於主題的頁面存在。正是因為在兩個主題頁面間可能存在著隧道現象，這樣在採集到前面一個主題相關的頁面時，根據之前得出的連結判定演算法很容易將隧道及隧道後面的與主題的頁面拋棄掉。因此，為了減少這種因為 "隧道現象" 而漏採與主題相關頁面的損失，應結合語義分析，得出以下的基於語義塊的有提升的相似度演算法。其計算公式如下：

$$SimSW(\text{url}) = \begin{cases} \sum_{i=1}^{6} \lambda_i SimM(E,K), \text{如果 } SimS(\text{url}) < m, P \geq n \\ \\ SimS(\text{url}), \text{如果 } SimS(\text{url}) \geq m \end{cases} \tag{4-31}$$

公式中：$SimS$（url）為連結相關資料與主題 K 的相似度（其計算原理已經在前面詳細給出）；E 表示包含這個 URL 連結相關資料的整個語義塊義項集；m 為用戶設定的相關性門檻值；n 為用戶設定的提升門檻值；P 為隨機變數，其值在 0 和 1 之間變化。

該演算法的原理，就是當一個連結 URL 的 $SimS$（url）值小於相關性門檻值 c 時，隨機產生一個提升因子 P，當 P 大於或等於提升門檻值 d 時，此 URL 就獲得了一個重新評判相關性的機會，這次評判不只是用連結相關資料，而是用包含此 URL 的整個語義塊。當重新評判的值大於相關性門檻值 c 時，則用此值，表明這個 URL 連結到的頁面是相關的。如果重新評判的值仍然小於相關性門檻值 c，則認為這個 URL 連結的頁面和主題無關。這種提升的方法減少了利用連結相關資料演算法的漏判（相關的頁面被判斷為不相關）和對 "隧道現象" 的錯判，但同時也增加了相關性頁面的誤判（不相關的頁面被判斷為相關）。該方法的另一個特點就是總能找到相關頁面，而不會因為沒有相關頁面導致採集停止。

綜上，將公式 (4-30) 代入公式 (4-29)，得出最後修正的 APageRank 公式為

$$APR(A) = (1-d) + d \ APR(T_1) \times \frac{SimSW(\text{url}_{T_1})}{\sum_{i=1}^{K_1} SimSW(\text{url}_i)} + \cdots$$

$$+ APR(T_n) \times \frac{SimSW(\text{url}_{T_n})}{\sum_{i=1}^{K_n} SimSW(url_i)}$$

▌**4.5 本章小結**

本章在分析 Web 頁面的主題特徵和主題頁面在 Web 上的分佈特徵的基礎上，對目前的相關性判別方法進行了研究，得出一種綜合考慮詞頻資訊、位置資訊、頁面結構以及分塊特徵的頁面資訊模型的建構演算法 FLAUB，最後研究基於向量空間模型的網頁主題相關度計算方法。本章還分析了基於內容預測 URL 相關性涉及的網頁特徵，得出基於不同語義塊的主題連結上下文提取方法。主題型語義塊中連結上下文提取採用提取連結周圍一定長度文字的方法，目錄型和圖片型語義塊中連結上下文提取是利用了 DOM 樹的階層結構。在此基礎上對基於連結相關資料進行 URL 相關性判定進行了分析，得出了利用知網基於語義相似度的連結判定演算法；其次，對基於頁面間連結分析的演算法進行了分析，並對傳統的 PageRank 演算法加以分析和改進；最後，得出了一種綜合內容和連結構分析的 URL 主題相關性判定 APageRank 演算法。

05

基於本體的
網路輿論分析

從語義層面對主題網路輿論進行深度分析和加工的研究是目前重要的發展方向。本章將知識技術引入輿論分析之中，利用本體在知識表示方面的優勢，建立基於本體的主題網路輿論的語義模型，5.1 節是基於本體建構主題網路輿論知識模型的準備；5.2 節從語義角度對主題網路輿論進行形式化定義並研究基於本體的主題網路輿論知識模型建構策略；5.3 節研究主題網路輿論知識模型的實現理論並給出具體的實例；5.4 節是本章的小結。

5.1 本體理論概述

5.1.1 本體概念與分類

1. 本體的概念

本體 (Ontology) 最早是一個哲學上的概念，從哲學的意義上說，本體是指關於世界某個方面的一個特定的分類架構，這個架構不依賴於任何特定的語言。近年來，許多知識工程學者應用了這個概念。在知識工程界，最早給出本體概念的是 Neches 等人，他們將本體定義為“相關專題的基本術語和關係，以及利用這些術語和關係構成該專題的規則的集合。”Gruber 在 1998 年又給出了本體的一個更為流行的定義，即“本體是領域概念模型的顯著表示。”具體來說，某個領域的本體就是關於該領域的一個公認的概念集，其中的概念含有公認的語義，這些語義透過概念之間的各種關聯來體現。本體透過它的概念集及其所處的上下文來刻畫概念的內涵。總之，本體強調相關領域的本質概念，同時也強調這些本質概念之間的關聯。

本體作為一種能在語義和知識階層上描述資訊的概念模型建模工具，自提出以來就受到了廣泛關注，並在諸多領域得到廣泛的應用。本體的特點包括：① 本體是一個概念模型 (Conceptualization)，透過抽象出與客觀世界中的某些現象相關的概念得到的概念模型，可以被理解和表示為概念的集合以及它們的定義和相互間的關係；② 本體是明確的 (Explicit)，即本體採用的概念以及這些概念的約束條件都有明確的定義；③ 本體是形式化的 (Formal)，即本體是電腦可讀的（可理解的、可操作的），它是人—機器、機器—機器、機器—人、人—機器—人之間進行知識交換的中介；④ 本體是共享的 (Share)，即本體體現的知識是共同認可的知識，反映的是相關領域中公認的概念集。本體作為一種能在語義階層上描述知識的概念模型，具有良好的概念階層結構和對邏輯推理的支援能力。本體的目標是獲取、描述和表示相關領域的知識，提供對該領域知識的共同理解，確定該領域內共同認可的詞彙，並從不同階層的形式化模式上給出這些詞彙和詞彙間相互關係的明確定義。

2. 本體的分類

依據研究主題，本體可以分為如下五種類型：

(1) 知識本體：知識本體的研究重點是語言對知識的表達能力。典型的有史丹佛大學知識系統實驗室提供的一種稱為知識交換格式（Knowledge Interchange Format,KIF）的知識描述語言，以及可以線上將各種知識轉換為 KIF 的本體伺服器 Ontolingua。目前普遍認為，所有其他的知識表示形式都可以轉換為 KIF 的形式。

(2) 通用或常識本體：通用知識本體關注於常識知識的使用。通用知識本體的研究包括著名的 CYC 公司的 OpenCyc 本體，最新版 OpenCyc 包括 6000 個概念和 60000 個關於這些概念的聲明，另外 OpenCyc 還包括一個基於本體論的常識推理機。

(3) 領域本體：領域本體是以某一領域為描述物件的本體，它在一個特定的領域中可重用，提供該領域特定的概念定義和概念之間的關係，提供該領域中發生的活動以及該領域的主要理論和基本原理等。

(4) 語言學本體：語言學本體是指關於語言、詞彙等的本體。典型的實例有 GUM（Generalized Upper Model）和普林斯頓大學研製的 Wordnet。

(5) 任務本體：任務本體主要研究可共享的問題求解方法，這裡的推理方法與領域無關，任務本體主要涉及動態知識而非靜態知識。任務本體的研究以 Chandrasekaran 等人的關於任務和問題求解方法本體的研究為代表。任務本體中經常描述的要素包括任務目標、任務資料、執行狀態等。具體的研究主題包括通用任務、與任務相關的架構、任務方法結構、推理結構和任務結構等。

依據知識表示階層，本體又可以分為如下四種類型：

(1) 頂層本體（Top-level Ontologies）：主要研究非常通用的概念，描述最普遍的概念及概念之間的關係，它們完全獨立於特定的問題或領域。因此可以說頂層本體可以在一個很大的範圍內共享。

(2) 領域本體（Domain Ontologies）：研究與一個特定領域相關的術語或詞彙。

(3) 任務本體（Task Ontologies）：定義通用任務或推理活動，可以應用頂層本體中定義的詞彙來描述自己的詞彙。任務本體和領域本體處於同一個研究和開發階層。

(4) 應用本體（Application Ontologies）：描述特定的應用，它既可以應用特定的領域本體中的概念，又可以引出在任務本體中的概念。

依據形式化表示程度，本體還可以分為如下四種類型：

(1) 完全非形式化本體：完全採用自然語言表示的本體。

(2) 結構非形式化本體：採用受限的或結構化的自然語言表示，以減少二義性。

(3) 半形式化本體：用一種人工定義的形式化語言表示。

(4) 形式化本體：所有術語都具有形式化的語義，並能在某種程度上證明包括一致性和完整性等方面的屬性。

5.1.2 輿論分析導向的本體作用

網路輿論分析包括對網路輿論的採集、處理和服務三大任務，本體在其中主要能提供以下的作用：① 本體對特定領域知識理解和描述的交流和重用。本體的目標是獲取、描述和表示相關領域的知識，提供對該領域知識的共同理解，確定該領域內共同認可的詞彙。因此，不管是普適性的知識領域還是特定學科或專業領域的，本體都是對該領域共同認可的詞彙以及詞彙之間的關係進行確定的描述。透過對這種廣泛認可的知識進行描述，方便了知識的共享、交流和重用。② 構成本體概念及概念之間關係的精確定義。本體的最終目標是精確地表示那些隱含的或者不明確的資訊。透過運用本體可以消除一詞多義、多詞一義和詞義含糊等現象，從而完成對領域知識清晰、確切、完整的定義與描述。③ 本體被電腦使用且形式化表達。根據本體分類可以明確用形式化語言定義的本體是電腦可讀和可理解的，這也是構成本體推理能力的首要條件，本體可被電腦使用並且形式化表達能更好地達到對領域知識的共享、交流與重用的目的，同時也可以方便地對本體進行更新維護。

從形式上分析，本體可以用一個五維度的集合來表示：$O = \{C,R,\sigma,A,I\}$，其中的五個元素稱為本體的建模原語，分別為概念（C）、關係（R）、函數（σ）、公理（A）和實例（I）。

(1) 概念。通常也稱為類別，可以指任何的事物，如描述、功能、行為、策略和推理過程等。本體中的這些概念通常構成一個分類的階層。

(2) 關係。關係代表了領域中概念之間的互動作用。形式化定義為 n 維笛卡爾乘積的子集 $R：C_1 \times C_2 \times \cdots \times C_n$。概念之間基本的關係有四種，如表 5-1 所列。

表 5-1 本體中概念關係分類

序號	關係類型	關係描述
1	part-of	表達概念之間部分與整體的關係
2	kind-of	表達概念之間的繼承關係
3	instance-of	表達概念的實例和概念之間的關係
4	attribute-of	表達某個概念是其他概念的屬性

(3) 函數。函數是一類特殊的關係，這種關係中前 $(n\text{-}1)$ 個元素可以唯一決定第 n 個元素。形式化的定義為 $\sigma：C_1 \times \cdots \times C_{n\text{-}1} \rightarrow C_n$。

(4) 公理。公理代表著永真斷言，是定義在 "概念" 和 "屬性" 上的限定和規則。

(5) 實例。實例是指屬於某個概念類的基本元素，即某概念類所指的具體實體。

從語義上分析，實例表示的是物件，而概念表示的是物件的集合，關係對應於物件維度的集合。一般的本體建模語言，如 OIL、OWL 和 Ontoligua 等，都提供了上述五種建模原語和概念之間的四種關係的表達。

5.1.3 通用本體建構的幾種方法

由於本體的建構通常是特定領域導向，因而也產生了多種不同的本體建構方法。在眾多本體建構方法中，大部分是在大型本體專案實踐中產生的，每一種方法都有其特定應用環境，在建構本體的過程中，應根據應用的具體需求選擇合適的方法。

IDEF-5 法（ICAM Definition Method）透過圖表語言和細化説明語言這兩種語言
形式來獲取某個領域的本體，圖表語言直觀，容易被理解，而細化説明語言又是
一種具有很強的表達能力的文字語言，可以把隱藏在圖表語言內的深階層的資訊
描述清楚，從而彌補圖表語言的不足。IDEF-5 提供了一種結構化的方法，領域專
家可以利用該方法有效地開發和維護領域本體，其具體建設方法包括五個步驟：
① 組織和範圍：確定本體專案的目標、觀點和語境，並為組員分配角色。② 資料
收集：收集本體建設需要的原始資料。③ 資料分析：分析資料，為抽取本體做準
備。④ 本體的初步建立：從收集的資料當中建立一個初步的本體。⑤ 本體精煉與
驗證：完成本體建設過程。

骨架法（Skeletal Methodology）是由英國愛丁堡大學從開發 Enterprise Ontology
的經驗中產生，其建構流程為：① 確定應用的目的和範圍：根據所研究的領域或
任務，建立對應的領域本體或過程本體，領域越大，所建本體越大，因此需限制
研究的範圍。② 本體分析：定義研究領域中關鍵概念及其之間的關係。③ 本體
表示：指用形式化的語言表示上述已標籤的概念和關聯，並將它們組織成一個整
體。④ 本體評價：根據已經建立標準進行檢驗，如果符合要求則繼續進行下一
步，如果不符合則回到第二步重新進行本體分析。⑤ 本體的建立：對檢驗符合要
求的本體以合適的形式儲存。

評估法（TOVE）由加拿大多倫多大學企業整合實驗室提出的基於商業過程和活動
建模領域的一種本體建構方法，其建構流程為：① 設計動機：定義直接可能的應
用和所有解決方案。提供潛在的非形式化的物件和關係的語義表示。② 非形式化
系統能力問題：將系統 "能夠回答的" 問題作為約束條件，包括系統能解決什麼
問題和如何解決。這裡的問題用術語表示，答案用公理和形式化定義回答，由於
是在本體沒有形式化之前進行的，所以又稱為非形式化的系統能力問題。③ 術語
形式化：從非形式化能力問題中提取非形式化的術語，再用本體形式化語言進行
定義。④ 形式化系統能力問題：一旦本體內的概念得到了定義，系統能力問題脱
離了非形式化，演變為形式化的能力問題。⑤ 形式化公理：術語定義所遵循的公
理用一階謂詞邏輯表示，包括定義的語義或解釋。⑥ 完善理論：繼續完善調整問
題的解決方案，從而使本體趨於完備。

除以上三種方法之外，還有比較著名的 KACTUS、METHONTOLOGY、SENSUS 本體建構方法等。

■ 5.2 基於本體的主題網路輿論知識模型

基於本體建立主題網路輿論的知識模型是將主題網路輿論使用本體語言進行知識表示的過程。本節首先從電腦語義建模的角度對主題網路輿論進行定義，然後探討了主題網路輿論涉及的知識來源，最後確定了主題網路輿論知識模型的本體描述語言和本體庫的架構設計，並在此基礎上討論了具體的模型實現過程。

5.2.1 輿論的本體知識來源

主題網路輿論從其表現形式上來看，是網路上對涉及到某個主題的所有事件表達的立場和態度，其本質是事件、主題、態度的集合體。所以主題網路輿論涉及到諸多方面的知識，如一般性通用的地理知識，專門領域的武器知識，還有涉及到具體事件的歷史知識。為了建立主題網路輿論的知識模型，必須對其所涉及到的知識結構進行抽象。在主題網路輿論具體的分析過程中，除了要應用具體的輿論事件知識外，領域知識，甚至常識等都需要考慮在內。因此，本書將主題網路輿論涉及到的知識概念分為輿論上下文知識、輿論領域知識及輿論通用知識。下面從語義知識角度對主題網路輿論進行定義。

【定義 5-1】輿論上下文知識（Context Knowledge）。輿論上下文知識是描述主題輿論事件本身屬性的知識。用 K_C 表示，$K_C=\{K_{C1}，K_{C2}，\cdots，K_{Ci}\}$，$K_{Ci}$ 為描述主題輿論事件第 i 個屬性的知識。

輿論上下文知識 K_C 是與描述具體輿論事件本身的知識，如事件發生的時間、人物、地點等，以及與輿論分析應用環境緊密相關的事實性知識。來源於特定主題的輿論事件，可以透過概念提取、資料採礦等方法獲取。

【定義 5-2】輿論通用知識（Universal Knowledge）。輿論通用知識是人類社會普遍認可的、輿論處理所需要的基本知識和常識。用 K_U 表示，$K_U=\{K_{U1}，K_{U2}，\cdots，K_{Uk}\}$，$K_{Uk}$ 為描述主題輿論事件第 k 類的知識。

輿論通用知識分為輿論處理所需要的基本概念和基本推理方法等，其來源非常豐富，如時間概念知識、天氣概念知識、位置概念知識等。

【定義 5-3】輿論領域知識（Domain Knowledge）。輿論領域知識是與輿論主題事件資料關聯的知識。用 K_D 表示，$K_D=\{K_{D1}，K_{D2}，\cdots，K_{Dj}\}$，$K_{Dj}$ 為描述主題輿論事件第 j 個方面的知識。

輿論領域知識如地理知識、武器知識、軍隊編制知識等。由於領域知識龐大而複雜，不可能對其進行全面的建模，而應緊貼特定主題輿論分析的需要，選擇上述最相關領域建立背景知識模型。

【定義 5-4】主題網路輿論（Subject Internet Public Opinions）。主題網路輿論是與主題事件有關的所有知識的集合體（本書中的主題事件特指涉軍的事件）。主題網路輿論用 K_{sipo} 表示，可使用集合表示如下：

$$K_{Sipo} = \{K_C, K_D, K_U\}$$

公式中：K_C，K_D，K_U 分別為輿論上下文知識、輿論領域知識和輿論通用知識。

知識模型是將知識進行形式化和結構化的抽象，一個知識模型可以包含其他的知識模型。根據主題網路輿論的知識化表示，K_{Sipo} 可以確定作為該知識模型的知識來源有輿論上下文知識 K_C、輿論領域知識 K_D 和輿論通用知識 K_U 三種。因為 K_C、K_D、K_U 本身也是知識模型，在主題網路輿論的內容分析過程中是完備的，這些知識模型中均可組織本體，可以確定 $K_{Sipo}=\{K_C, K_D, K_U\}$ 作為基於本體的主題網路輿論的知識模型是準確合理的。

5.2.2 本體的主題輿論建構策略

基於本體的語義建模是一個複雜的過程，除了電腦科學之外，還可能涉及到人工智慧、形式邏輯等多種學科。在 K_{Sipo} 模型的組成中，只有上下文知識是與具體的輿論主題相關的，領域知識和通用知識部分，都是領域內共享的知識或通用的知識。目前在已有許多的本體專案，在研究和應用的過程中形成了各自的本體庫，並且大部分的本體庫可以免費獲取，這為研究和開發基於本體的應用提供了重要資源，如 Cyc 公司的著名常識知識本體 OpenCyc，獨立於專業領域的語言本體 GUM、FrameNet 以及線上常識知識庫知網（HowNet）等。在建構主題網路輿論本體的過程中應儘量複用現有的通用知識本體庫或領域知識本體庫，減少重複的工作和投入，這裡採用如表 5-2 所列的本體建構策略。

表 5-2 本體建構策略

背景知識本體類型	建構方法
通用知識本體	複用
領域知識本體	複用 + 新增
應用本體	新增

OWL 語言是一個設計良好、支援推理的本體描述語言，它在語法上具有可讀性，在語義上具有清晰的、機器可讀的形式化描述，並且具有足夠的表達能力，相對於其他基於 Web 的本體描述語言來說，OWL 具有比較明顯的優勢。因此本書選擇推理表達能力較強的 OWL DL 語言作為主題網路輿論本體模型的描述語言。

OWL 利用 RDF/XML 語法建立了一套自己完整的語法，一個 OWL 本體中的大部分元素都是描述類別（Class）、屬性（Property）、類別的個體（Individual）以及這些元素之間的關係。一個本體的 OWL 描述一般由本體頭、類別描述、類別公理規則描述、屬性描述、屬性公理規則描述和實例描述組成，具體結構如圖 5-1 所示。

```
OWL document
      Content
      OWL URI vocabulary and namespace
      MIME type
Classes
      Class descriptions
            Enumeration
             Property restriction
                   Value constraints
                   Cardinality constraints
                 Intersection, union and complement
      Class axioms
            Properties
            RDF Schema property constructs
            Relations to other properties
            Global cardinality restrictions on properties
            Logical characteristics of properties
Individuals
      Class membership and property values
Individual identity
```

↑ 圖 5-1 本體 OWL 描述的檔案結構

OWL 語法簡介如下：

1. 類別、子類、個體的定義

OWL 使用系統保留字 owl:Class 來進行類別定義，例如：

```
<owl:Class rdf:ID=" 動車 "/>
<owl:Class rdf:ID=" 高鐵動車 "/>
```

定義了 "動車" 和 "高鐵動車" 兩個類別。

類別的階層可以用子類關係來表達，例如：

```
<owl:Class rdf:ID=" 高鐵動車 ">
<rdfs:subClassOf rdf:resource="# 動車 "/>
</owl:Class>
```

表示 "高鐵動車" 是 "動車" 的子類。

個體是類別實例，例如：

```
< 高鐵動車 rdf:ID="F22 高鐵動車 "/>
```

表示 "F22 高鐵動車" 是 "高鐵動車" 的一個個體。

2. 屬性的定義

屬性定義表示個體之間和從個體到資料值兩種二元關係。owl:ObjectProperty 描述物件和物件之間關係的屬性，owl:DatatypeProperty 描述物件與資料類型值之間關係的屬性。

例如：

```
<owl:ObjectProperty rdf:ID=" 製造 ">
<rdfs:domain rdf:resource="# 生產商 "/>
<rdfs:range rdfs:resource="# 動車 "/>
</owl:ObjectProperty>
```

表示"生產商"製造"動車"。

例如：

```
<owl:DatatypeProperty rdf:ID=" 出廠日期 ">
<rdfs:domain rdf:resource="# 動車 "/>
<rdfs: range rdfs:resource="&xsd;date"/>
</owl: DatatypeProperty>
```

表示"出廠日期"的資料類型為"日期型"。

另外，可以使用 rdfs: subProperty 將一個屬性定義為某個已有屬性的子屬性，還可以使用屬性值約束：owl: all ValuesFrom、owl:someValuesFrom、owl: has Value 和基數約束：owl:minCardinality、owl:maxCardinality、owl:Cardinality 對屬性的定義域和值域進行約束。

3. 本體映射

本體的重用機制在本體建構策略中可以減少不必要的重複工作，在進行本體映射時主要用到以下幾個建構子項。

- equivalentClass：表示兩個類別等價，可以把一些本體結合在一起成為另一個本體；
- equivalentProperty：表示兩個性質等價。

- sameAs：表示兩個個體是相同的；
- differentFrom：表示兩個個體不同；
- AllDifferent：表示多個個體之間兩兩互不相同。

限於篇幅，其他的如性質特徵、增值特徵就不再贅述。

5.2.3 知識模型中的本體庫架構

本體庫架構設計的實質是如何組織本體的問題，目前關於本體庫的架構主要有三種模式，分別是單本體模式、多本體模式和混合本體模式。

1. 單本體模式

單本體模式採用一個全域本體為應用提供一個共享的模型，所有資訊源都與某一全域本體關聯，其結構如圖 5-2 所示。此模式中，通用常識、領域常識和上下文常識都在一個綜合的單一本體中表示，其架構簡單，

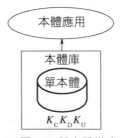

↑ 圖 5-2 單本體模式

知識表示階層較少，適合於小規模的應用，但是本體庫的維護比較複雜，不容易及時更新，而且單本體模式也不利於跨本體的知識共享。

2. 多本體模式

多本體模式是為應用建立多個本體，稱為區域本體，在具體的應用過程中將多個區域本體整合並對外提供使用，結構如圖 5-3 所示。在此模式用中每個區域本體可以單獨開發維護，靈活性較好，單個本體的變化不影響全域應用。存在的缺點

是在單獨開發區域本體時往往缺乏一個共同的標準，不利於本體知識共享和互操作，因此在實際的應用中通常定義區域本體之間的本體映射。

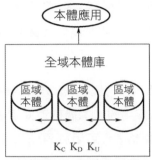
↑ 圖 5-3　多本體模式

3. 混合本體模式

混合本體模式綜合了單本體和多本體兩種模式，其結構如圖 5-4 所示，它在多本體模式的基礎之上建立一個全域共享詞庫（Shared Vocabulary），便於區域本體之間的比較。全域共享詞庫本身也可以是一個本體，共享詞庫包括了領域中的基本術語，便於本體的整合與知識共享，缺點是區域本體必須按照共享詞庫的標準進行建構，如果已存在的區域本體未遵循此標準，則需要重新建構。

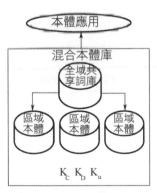
↑ 圖 5-4　混合本體模式

根據主題網路輿論模型的定義可知，K_{Sipo} 是由上下文知識、領域知識和通用知識組成的集合，從知識表示的階層上看：上下文知識 K_C 的主要內容是與應用密切相關的事實型知識和規則，專指性很強，與輿論主題結合緊密；領域知識 K_D 的內容是屬於某一專業領域的知識，專指性也比較強，知識範圍是在該專業領域之內；

通用常識 K_U 則包含了社會生產或生活中具有普適性的、基礎的知識內容，不屬於某一個特定領域，具有通用性。從內容的更新頻度上看：K_C 需要隨著新應用的增加而不斷修改和擴充，更新頻度最高；K_D 需要隨著輿論主題所涉及領域的拓展而進行擴充，更新頻率次之；K_U 的內容是廣泛認可的事實和規律，基本不發生改變，更新頻率最低。

根據本體的分類，上下文知識 K_C 一般與輿論分析的應用密切相關，適合於表示為應用本體；領域知識 K_D 適合採用領域本體實現知識表示；通用知識 K_U 中的基本概念部分實際是一個頂層的術語表，可用於領域本體之間的概念共享，適合表示為頂層本體，其中包含的通用推理規則和問題求解方法則適合以任務本體表示。三類知識對應的本體類型如表 5-3 所列。

表 5-3 本體對應類型劃分

知識類型	對應本體類型
通用知識 K_U	頂層本體
	任務本體
領域知識 K_D	領域本體
上下文知識 K_C	應用本體

根據 K_{Sipo} 所涉及三類知識的表示階層和對應的本體類別，一個具體應用的本體庫架構如圖 5-5 所示。

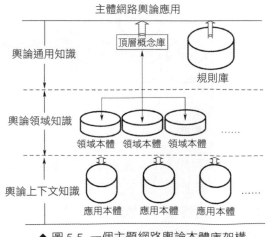

↑ 圖 5-5 一個主題網路輿論本體庫架構

■ 5.3 主題網路輿論 **SIPO** 本體的實現方案

5.3.1 本體建構的規則

本書涉及到的本體包括通用知識本體、領域本體和應用本體三個方面。根據確定的本體建構策略，通用知識本體和領域本體主要是透過複用的方式來獲得，其中一小部分不能複用的領域本體透過新增的方式來獲得，而應用本體與具體的輿論分析主題緊密相關，其更新頻率較高，因此透過新增的方式來實現。以下研究 SIPO 本體中的應用本體的實現方法。

本體的建構應該遵循一定的標準和規範，才能更好地達到知識的共享和重用的目的。Gruber 等人認為本體的建構應滿足以下五條標準：明確性（Clarity），即本體應該有效地表達所定義術語的內在含義；一致性（Coherence），即本體應該能夠支援與定義相容的推理，並且所定義的公理以及用自然語言進行説明的文件也應具有一致性；完整性（Completeness），即所給出的定義是完整的，完全能表達所描述術語的含義；可擴充性（Extendibility），即向本體中添加通用或專用術語時，不需要修改其已有的概念定義和內容，並支援在已有概念的基礎上定義新術語；最小承諾（Minimal Ontological Commitment）和最小編碼偏好（Minimal Encoding Bias），即本體約束應該最小，對待建模物件應給出盡可能少的約束，同時對概念的描述不應該依賴於某一種特殊符號層的表示方法。Gruber 的這五條準則給出了建構 Ontology 的基本思想和框架，但是所反映的內容非常模糊且難於把握。在後來的研究中，Arpirez 提出了的本體建構的三條規則：概念名稱命名標準化，提供人們共識的語法基礎；概念階層多樣化，增強多繼承機制的能力；語義距離最小化，盡可能把含義相似的概念抽象出來，用相同的元語來表示。SIPO 本體（Sipo-Ontology）作為本體在具體領域的應用，同樣遵循以上準則。

5.3.2 SIPO 本體的實現步驟

在本體中，關於某一範圍內概念規範且清晰的描述稱為類別（Class）或概念（Concept），概念特徵的描述成為屬性（Property）和屬性槽（Slot），以及一系列與某個類別相關的實例 (Instance)。進行主題網路輿論本體表達的首要問題是定義其中的類別及其關係，並滿足以邏輯為基礎的知識表達。開發一個本體的過程包含：定義本體中的類別、定義屬性並描述其允許的指派、定義類別的單個實例、添加特定的屬性槽指派資訊和限制條件。比較各種本體建構的方法，根據實際的需要，本書以"骨架法"為基礎，並在適當的步驟中加以調節來完成 Sipo-Ontology 的實現步驟。

1. 確定 Sipo-Ontology 的範圍

建立一個完整或者完善的本體是一件非常困難的工作，甚至可能是一項巨大的工程。因此，明確領域本體的應用目的，對於限定其範圍、增強其針對性，進而降低建構的難度、縮短建構的時間，具有重要的意義。由於 Sipo-Ontology 中應用本體是與具體的輿論主題相關的，因此在建構之前要明確 Sipo-Ontology 將涉及到的專業領域、建立 Sipo-Ontology 的目的、作用以及它的系統開發、維護和應用對象。這些對於 Sipo-Ontology 的建立有著至關重要的作用，將決定著整個基於 Sipo-Ontology 的輿論分析品質。

2. 列舉重要的術語、概念

列舉與主題網路輿論領域有關的重要術語、概念是建立 Sipo-Ontology 的第一步，其目的在於為領域專家抽取該領域中的核心概念及概念間的關係提供資料來源。由於建立 Sipo-Ontology 的目的是為輿論分析打下基礎，因此在此步驟中列舉的術語、概念應緊扣輿論主題，盡可能將待分析的輿論主題所涉及到的核心概念、術語都列舉出來。

3. 建立 Sipo-Ontology 框架

根據上一步驟，已經產生了大量與主題網路輿論相關的概念和術語，但是這些概念和術語之間的關係比較零散，從資訊組織的角度來看是一張毫無組織關係的詞彙表。為了方便後續步驟中定義概念之間的關係，需要按照一定的邏輯規則將他們進行分組形成領域範圍，在同一領域範圍內的概念，其相關性應該比較強，耦合程度較高。將概念、術語分組之後，對組中每一個概念的重要性進行評估，選出關鍵性概念，摒棄那些不必要或者超出範圍的概念，盡可能準確而精簡地表達出與輿論主題相關的知識。從而形成一個待分析的主題網路輿論主題的知識框架架構，得到 Sipo-Ontology 的框架結構。

4. 定義概念的屬性、關係及實例

概念的屬性分為內在屬性和外在屬性，內在屬性就是對概念自身內在特徵的描述，包括人物的身高、體重、年齡等，外在屬性則是對概念外在定義的特徵的描述，如人物的國籍，而國籍這一屬性又與另外的概念相關聯。此外，概念的屬性還有具體屬性和抽象屬性的分類，具體屬性是指該屬性是可以量化的，有具體的屬性值，而抽象屬性是指該屬性是描述性的，不能被具體量化。

概念之間的關係有很多種，除了上文所提到的 part-of、kind-of、instance-of 和 attribute-of 四種主要關係之外，還存在著大量的自訂關係、同義關係、近義關係、反義關係、上位關係、下位關係、整體與部分關係、因果關係、轉指關係、方式關係、位置關係等，除同義關係在 OWL 中可以用 "equivalentClass" 表示外，其他關係需要藉助領域專家給出具體關係名稱，在本體描述語言 OWL 中，它把自訂關係歸入到屬性中，認為是連接兩個概念的特殊屬性，即 "objectProperty" 屬性。在本體建構中應該對概念之間的關係盡可能清晰完整地進行定義。

定義實例相當於類別的實例化，是將概念所指的具體實體進行顯著的描述。

5. 對 Sipo-Ontology 編碼和形式化

這一步驟是選用合適的本體描述語言對上述建立的本體進行編碼、形式化，本體模型的形式化可以提供比自然語言更嚴格的格式，可以增強機器的可讀性，進行自動翻譯以及交換，便於本體模型自動進行邏輯推理及檢驗。本書選用 OWL 語言對 Sipo-Ontology 進行編碼和形式化，這樣最終將 Sipo-Ontology 描述為電腦可讀的形式。

6. Sipo-Ontology 的檢驗評價

Sipo-Ontology 形式化以後，是否滿足我們提出的需求，是否滿足本體的建立準則，本體中的術語是否被清晰地定義了，本體中的概念及其關係是否完整等問題都需要我們在 Sipo-Ontology 建立過程後進行檢驗和評估。在實際的應用中一般是該專業較為熟悉的領域專家對本體原型進行評價，主要包括其中的概念、屬性，以及關係的明確性和準確性，按照他們的意見對本體原型進行修改，直到本體原型基本建構完成。以上五個步驟可以用圖 5-6 來表示。

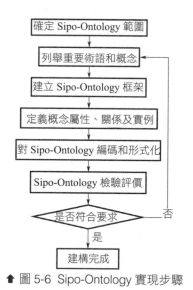

↑ 圖 5-6 Sipo-Ontology 實現步驟

5.3.3 一個輿論事件的本體實例

下面以 "賓拉登恐怖事件" 本體為例，分析建立輿論分析導向應用的 Sipo-Ontology 的具體過程，本節主要是對 Sipo-Ontology 中的應用本體建立進行實例分析。

1. 確定範圍

建立 "賓拉登恐怖事件" 本體是為了對主題網路輿論中與賓拉登恐怖事件主題相關的輿論資訊進行深度分析，其應用對象是主題網路輿論分析系統。因此，在建立過程中要不應該建立大而全的應用本體，避免其結果是本體品質不高，影響輿論分析品質，應該在建立中與 "賓拉登恐怖事件" 主題緊密相關。

2. 列舉重要的術語、概念

表 5-4 示意性地列舉了 "賓拉登恐怖事件" 主題中重要的術語、概念。

3. 建立框架

以上詞彙表僅僅是羅列了 "賓拉登恐怖事件" 中一些重要的術語，但是這些概念術語是雜亂的無組織的，需要對它們按邏輯關係及業務處理的實際需求進行分組，把相關性強的列為同一組，形成一個有組織的框架，如表 5-5 所列。

表 5-4 關鍵術語示意表

關鍵術語	說明
恐怖分子	與賓拉登恐怖事件主題相關的重要人物
恐怖組織	與賓拉登恐怖事件主題相關的重要組織
恐怖事件	與賓拉登恐怖事件主題相關的主要事件
國籍	恐怖分子的國籍
居住地	恐怖分子的居住地
年齡	恐怖分子的年齡
性別	恐怖分子的性別
基地組織	重要恐怖組織
事件時間	恐怖事件發生的時間
事件地點	恐怖事件發生的地點
組織領導	恐怖組織的領導人
宗教信仰	涉及的宗教
…	…

表 5-5 框架示意表

術語類型	關鍵術語	
人物	恐怖分子	國籍
		居住地
		年齡
		性別
		宗教信仰
組織	恐怖組織	基地組織
		組織領導
事件	恐怖事件	事件時間
		事件地點
…	…	

4. 定義概念的屬性、關係及實例

在建立了術語的組織框架之後，可以對賓拉登恐怖事件進行本體建模，建立核心概念類別、類別之間的關係、類別的屬性、類別的限制條件等概念關係，在具體的實現過程中可透過利用三方工具 Protege 進行建模，如圖 5-7 所示。

↑ 圖 5-7 一個概念屬性、關係及實例定義示意圖

5. 編碼和形式化

利用 Protege 產生的本體可以十分方便地以 OWL 語言輸出，以下是 OWL 檔案片段。

```
<?xml version="1.0"?>
<rdf:RDF
  <owl:ObjectProperty rdf:ID="implicated_in"/>
  <owl:DatatypeProperty rdf:ID="age"/>
  <owl:DatatypeProperty rdf:ID="gender"/>
  <owl:Class rdf:ID=" 恐怖分子 "/>
  <owl:Class rdf:ID=" 恐怖組織 "/>
  <owl:Class rdf:ID=" 恐怖事件 "/>
  < 恐怖分子 rdf:ID=" 賓拉登 ">
  <residence rdf:datatype="http://www.w3.org/2001/
XMLSchema#string">沙烏地阿拉伯</residence>
  <age rdf:datatype="http://www.w3.org/2001/
XMLSchema#integer">50</age>
  <has_faith_of rdf:datatype="http://www.w3.org/2001/
XMLSchema#string"> 伊斯蘭教 </has_faith_of>
  <gender rdf:datatype="http://www.w3.org/2001/XMLSchema#string">
男 </gender>
</ 恐怖分子 >
<owl:Class rdf:ID=" 基地組織 ">
    <rdfs:subClassOf rdf:resource="# 恐怖組織 "/>
</owl:Class>
< 恐怖組織 rdf:ID=" 基地組織 ">
<has_leader rdf:resource="# 賓拉登 "/>
<implicated_in rdf:resource="#911 事件 "/>
</ 恐怖組織 >
< 恐怖事件 rdf:ID="911 事件 ">
  <date rdf:datatype="http://www.w3.org/2001/
XMLSchema#date">2011-09-11</date>
  <location rdf:datatype="http://www.w3.org/2001/
XMLSchema#string"> 美國紐約 </location>
</ 恐怖事件 >
............
</rdf:RDF>
```

6. 檢驗評價

在具體的實踐使用過程中必須對本體模型的正確性、完備性等進行驗證，判斷是否符合使用要求，是否能達到預期的效果，如果在使用過程中發現錯誤要對模型及時進行修改。

5.4 本章小結

本章研究了 Sipo-Ontology 的建構理論，主要分成四個部分：首先，從電腦語義角度得出主題網路輿論 $K_{Sipo}=\{K_C,K_D,K_U\}$ 模型，其中 K_C 為與具體輿論主題相關的上下文知識，K_D 為輿論資訊所涉及到的專業領域知識，K_U 為人類社會普遍認可的基本概念和基本推理方法等通用知識；其次，在主題網路輿論 K_{Sipo} 語義定義的基礎之上，得出了基於本體的主題網路輿論知識模型 Sipo-Ontology 的建構理論，主要包括本體知識來源分類、本體描述語言的確定、本體架構庫的結構設計；然後，得出了 Sipo-Ontology 的建構方法；最後，基於 Sipo-Ontology 建構了一個專門輿論話題的本體模型。

06

基於**SIPO**的網路
輿論資訊叢集和分類

輿論資訊叢集與分類的效率和準確程度，對輿論熱點話題檢測和追蹤有著重要的影響。基於主題網路輿論 Sipo-Ontology 模型，計算概念語義相似度進行主題網路輿論資訊的叢集和分類，可以提高叢集的效率和結果的精確度。本章共分 5 節，6.1 節研究語義特徵的抽取轉換問題；6.2 節分析利用 SIPO 本體進行主題網路輿論資訊的叢集與分類的優勢；6.3 節研究基於 SIPO 本體的語義相似度計算問題；6.4 節和 6.5 節分別研究以語義相似度為核心的主題網路輿論資訊叢集和分類策略及其實現方法；6.6 節是本章的小結。

■ 6.1 語義特徵抽取轉換

6.1.1 語義轉換及概念特徵產生

Sipo-Ontology 模型以知識本體為基礎，揭示了概念與概念之間以及概念所具有的屬性之間的關係，能夠更為精確地描述事物概念的類別關係。因此，應用 SIPO 本體可以實現主題網路輿論的概念特徵轉換。所謂語義特徵，就是指能夠在語義層面上準確表達文字內容屬性且定義規範的術語詞彙。本體是共享概念模型的明確的形式化規範說明，因此基於知識本體建立的 SIPO 本體能準確表達主題網路輿論中的概念架構，SIPO 本體中的類別、子類、實例以及關係等概念可以作為主題網路輿論資訊文字的概念特徵，利用這些概念特徵來計算文字相似度，可以解決 "一詞多義" "詞間關係模糊" 等問題，可以提高相似度計算的準確程度。

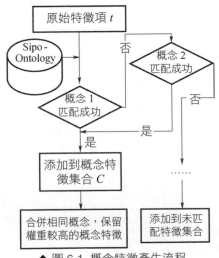

↑ 圖 6-1 概念特徵產生流程

概念特徵是在主題網路輿論特徵項的基礎上透過概念特徵產生演算法得到，之前已經比較詳細地研究了主題網路輿論特徵選擇理論，在此基礎上如何產生概念特徵則是本節研究的重點。其基本思想是：採用對應的匹配演算法將文字特徵項與 SIPO 本體中的概念進行匹配，如果匹配成功則用概念代替特徵項，並將其加入概念特徵集合中，其權重與原始特徵項權重相同，如果匹配不成功則保留該特徵項另行處理，最後合併概念特徵集合中的相同項，保留權重較高的概念特徵項，使用上述方法實現主題網路輿論資訊的概念特徵空間產生，可以最大限度地保留輿論內容資訊，其流程如圖 6-1 所示。

根據圖 6-1 流程，概念匹配演算法在該流程中處於核心地位，如果將經過特徵選擇之後的文字特徵項集合表示為 T={t1,t2,t3,…,tn}，概念特徵項集合表示為 C，則匹配演算法為演算法 6-1 的描述。

演算法 6-1 Web 文字概念匹配演算法

【步驟 1】上傳 Sipo-Ontology；

【步驟 2】輸入特徵項 t_i（$t \in T$）；

【步驟 3】周遊 Sipo-Ontology 中的所有類別，如果有匹配的類別，則將其加入概念特徵項集合 C；

【步驟 4】如果沒有匹配的類別，則周遊 Sipo-Ontology 中的所有屬性；如果有匹配的屬性，則找到屬性所屬的概念，將其加入概念特徵項集合 C；

【步驟 5】如果沒有匹配的屬性，則周遊 Sipo-Ontology 中的所有實例；如果有匹配的實例，則找到實例所屬的概念，保存最低下位概念，將其加入概念特徵項集合 C；

【步驟 6】經過以上步驟，如果 t 仍未匹配到概念特徵，則將 t 加入未匹配特徵項集合中；

【步驟 7】合併概念特徵集合中的相同項，保留權重較高的概念特徵項。

透過以上過程，產生了文字的概念特徵集合 $C=\{c_1,c_2,c_3,…,c_m\}$。對於任意 c_i（$c_i \in C$）的權重由其原始特徵 t_i（$t_i \in T$）確定，則得到了主題網路輿論資訊概念特徵向量空間。

6.1.2 概念映射匹配演算法分析

透過對演算法 6-1 過程的描述，以主題網路輿論資訊原始特徵向量為基礎而得到其在語義層面上更具內容表徵力的概念特徵向量空間。分析可知，該演算法具有如下優點：

(1) 從計算複雜度來看，演算法將以關鍵字為基礎的特徵向量空間映射到以 Sipo-Ontology 為基礎的概念特徵向量空間，一些同義詞可能映射為同一個概念，因而降低叢集物件空間的維度，減少計算量並提高叢集的準確度。此外，將具有同義關係的關鍵字映射到一個概念，可以避免一個重要的叢集特徵因為採用關鍵字的分散而削弱其權重。

(2) 從時間效率來看，演算法將以關鍵字為基礎的特徵向量空間映射到以 Sipo-Ontology 為基礎的概念特徵向量空間後，在叢集過程中相似度的計算可以用 Sipo-Ontology 中概念的語義距離計算來代替，與傳統的相似度計算方法相比，在時間效率上優於基於關鍵字的叢集。

(3) 從特徵向量空間的語義內容表徵能力來看，基於關鍵字的演算法假設關鍵字向量空間中各分量之間正交，而作為分量的關鍵字特徵往往有很大的相關性，它們之間存在複雜的同義、多義、相關和互斥等關係，將關鍵字空間映射到概念空間可以在一定程度上消除這些關係，或者將這些關係轉換成本體中的語義關係，既提高了叢集的準確度又降低了複雜度。

(4) 從 Sipo-Ontology 的建構策略來看，Sipo-Ontology 採用新增和複用的方式建構而成，整合了與具體輿論主題相關的上下文知識本體、輿論資訊所涉及到的專業領域知識本體和基本概念等通用知識本體，將關鍵字集合透過多個領域本體與多知識領域中的概念相匹配，既考慮到文字中的特定領域特徵也考慮到文字中的組合領域特徵，較使用單一本體的匹配過程更加完全和準確。

(5) 從對未匹配特徵項的處理來看，傳統基於本體的語義特徵向量空間產生演算法中是將未匹配特徵項直接忽略，該演算法將原始特徵項中權重較高但與 Sipo-Ontology 中概念無法匹配的關鍵字保留下來，以在後續的文字相似度計算中能將其考慮在文字的特徵項資訊內，有效地提高了叢集的準確度。

6.2 網路輿論資訊的叢集與分類

主題網路輿論分析主要是對目前網路上主題方面的熱點話題進行內容分析，因此熱點話題的檢測和追蹤是內容分析的重要環節。話題檢測是指將不同來源的資料流中的輿論歸入不同的話題，並在必要的時候建立新話題的技術。話題追蹤是指根據給定的與某個話題相關的少量的訓練報導，識別出輿論資訊流中與該話題相關的其餘資訊的技術。話題檢測本質上等同於無指導的叢集研究，即系統預先不知道有多少個話題類別，何時建立這些話題類別的叢集研究。話題追蹤的功能是識別出給定輿論事件的後續資訊，其主要技術手段是文字分類技術。因此，網路輿論熱點發現和追蹤的重要途徑是透過輿論資訊的自動叢集和分類，來獲得輿論話題的類別以及後續相關資訊的識別。輿論資訊叢集與分類的效率和準確程度，對輿論熱點話題檢測和追蹤有著重要的影響。傳統的叢集方法常常將文字中關鍵字的相似度作為叢集的依據，沒有將語義關聯資訊考慮在內；傳統的文字分類系統是從訓練語料中訓練分類模型，也沒有深度融合人們所掌握的知識，分類品質很大程度上依靠訓練語料的選取品質。例如，在叢集和分類過程中經常會出現以下情況：不同的詞彙表示相同的概念，相關的詞彙共現表示同一個主題等。因此，基於關鍵字集的叢集和分類不能處理深層語義資訊，導致叢集和分類結果的準確性大大降低。而將基於本體的主題網路輿論模型 Sipo-Ontology 引入叢集和分類過程中，以概念語義相似度為核心進行主題網路輿論資訊叢集和分類，能夠提高叢集的效率和結果的精確度。

6.2.1 Web 文字資訊的叢集分類

主題網路輿論資訊叢集和分類的對象是主題網路輿論的 Web 文件。叢集的實質是將一組 Web 文件物件按照相似性分成若干種類別的無指導文字分類過程，其核心是計算文件物件之間的相似度，然後按照相似度的大小將 Web 文件分成若干類；而分類是一個有指導的學習過程，它根據一個已經被標註的訓練 Web 文件集合，找到 Web 文件特徵和 Web 文件類別之間的關係模型，然後利用這種學習得到的關係模型對新的 Web 文件進行類別判斷。

1. 文字叢集方法研究

叢集是資料採礦中的一種重要方法，廣泛應用於模式識別、圖像處理、資料壓縮等領域。隨著網路技術的發展，網路文字資訊飛速增長，導致對搜尋引擎、文字採礦、資訊過濾和資訊檢索等領域的研究也越來越深入，文字叢集作為一種重要的知識發現方法，也越來越受到重視。

目前應用於文字叢集分析的演算法很多，一般可分為基於階層的方法、基於劃分的方法、基於密度的方法、基於網格的方法以及基於模型的方法等叢集演算法。

(1) 基於階層的方法。基於階層的方法是透過分解給定的資料物件集來建立一個階層。根據階層分解形成的方式，可以將基於階層的方法分為自下而上的凝聚法和自上而下的分裂法兩種類型。凝聚的階層叢集方法是先將 n 個樣本各自看成一類，類別與類別之間的距離即為樣本之間的距離，然後選擇距離最小的一對合併為新類別，計算新類別與其他類別之間的距離，再合併類別與類別之間距離最小的兩個類別，依序迭代直到所有的樣本都歸為一類，或者達到一個終止條件。分裂的階層叢集方法是初始時將所有的樣本置於一個類別中，在後繼的每一步迭代中，一個類別被分裂成更小的類別，直到每個樣本在單獨的類別中，或者達到一個終止條件。典型基於階層的叢集方法有 BIRCH 法和 CURE 法等。

(2) 基於劃分的方法。基於劃分的方法是預先指定叢集數目或叢集中心，透過反覆迭代運算，逐步降低目標函數的誤差值，當目標函數值收斂時，得到最終的叢集結果。目前使用最多的是 k- 均值（k-means）演算法和 k- 中心點（k-mode）演算法，另外還有對 k-means 演算法的改進，如 CFK-means 演算法、增量型 k-means 演算法、球型 k-means 演算法等。

(3) 基於密度的方法。前兩種基於物件之間的距離進行叢集的方法，只能發現球狀的叢集，而不易發現任意形狀的叢集。基於密度的叢集方法則是將叢集看成是資料空間中被低密度區域割開的高密度區域。密度是指單位體積內的點數，叢集內部的密度要比叢集外大。基於密度的演算法又被稱為區域叢集，它的優勢在於可以發現任意形狀的叢集。其代表演算法有 DBSCAN 演算法、OPTICS 演算法、DENCLUL 演算法等。

(4) 基於網格的方法。基於網格的叢集演算法的主要思想是將資料空間劃分為一定數目的單元，形成一個網格結構，所有的叢集操作都在網格結構上進行，透過對單元格的操作來產生結果叢集。這種方法的主要優點是處理速度很快，其處理時間獨立於資料物件的數目，只與量化空間中每一維的單元數目有關，其缺點是由於將物件空間做了很大簡化，因此叢集的品質和精確性較低。典型的基於網格的方法有 STING 方法、WaveCluster 方法和 CLIQUE 方法，其中WaveCluster 和 CLIQUE 這兩種演算法既是基於網格的叢集方法又是基於密度的叢集方法。

(5) 基於模型的方法。基於模型的方法為每個叢集假定了一個模型，尋找資料對給定模型的最佳擬合，主要有統計學方法和神經網路方法。統計學方法叢集是一種基於全域比較的叢集，它需要考察所有的個體才能決定叢集的劃分；神經網路方法叢集是將每個叢集描述為一個標本，標本作為叢集的"原型"，不一定對應一個特定的資料實例或物件。根據距離度量，新的物件可以被分配給標本與其最相似的叢集。被分配給一個叢集的物件的屬性可以根據該叢集的標本的屬性來頂測。統計學方法主要是 k-means 演算法的變種，如 COBWeb、CLASSIT 和 AutoClass，利用人工神經網路技術的典型叢集方法有 SOM 演算法。

基於階層的叢集方法和基於劃分的叢集方法是目前叢集分析中應用最多的兩種方法，在實際應用中需要根據所涉及的資料類型、叢集的目的以及具體應用要求來選擇合適的叢集演算法。

2. 文字分類方法研究

隨著網路技術的發展和普及，線上文字資訊迅速增加，文字分類成為處理和組織大量文字資料的關鍵技術，電腦軟、硬體技術的發展和自然語言處理、人工智慧等領域的研究進展為文字自動分類提供了技術條件和理論基礎，文字分類研究已經取得了很大的進展，其中比較典型的分類方法有樸素貝氏（Naive Bayes，NB）、支援向量機（Support Vector Machine，SVM）、K 最近鄰（K-Nearest Neighbor，KNN）等。

1）樸素貝氏

這是一類特殊的貝氏分類器（Bayes Classifiers），它假設構成特徵向量的各個特徵相互獨立，其基本原理是：在已知文字的特徵向量的條件下，利用 Bayes 條件機率公式計算待分類文件屬於不同文字類別的條件機率（即後驗機率），然後根據最大似然原理將該文件歸入具有最大後驗機率的類別中。其具體演算法步驟如下：

(1) 計算特徵詞屬於每個類別的機率向量（$w_1, w_2, w_3, \cdots, w_n$），其中機率向量 wk 的計算公式為

$$w_k = P(W_k \mid C_j) = \frac{1 + \sum_{i=1}^{|D|} N(W_k, d_i)}{|V| + \sum_{s=1}^{|V|} \sum_{i=1}^{|D|} N(W_s, d_i)} \tag{6-1}$$

公式中：$P(W_k|C_j)$ 為 W_k 在 C_j 中出現的比重；|D| 為該類別的訓練文字數，$N(W_k, d_i)$ 特徵 W_k 在文件 di 中的詞頻；|V| 為總特徵數；$\sum_{s=1}^{|V|} \sum_{i=1}^{|D|} N(W_s, d_i)$ 為該類別中所有特徵詞的詞頻集合。

(2) 在判別新文字類別時，根據特徵詞分析，然後計算該文字 d_i 屬於該類別 C_j 的機率，即

$$P(C_j \mid d_i; \hat{\theta}) = \frac{P(C_j \mid \hat{\theta}) \prod_{k=1}^{n} P(W_k \mid C_j; \hat{\theta})^{N(W_k, d_i)}}{\sum_{r=1}^{|C|} P(C_r \mid \hat{\theta}) \prod_{k=1}^{n} P(W_k \mid C_r; \hat{\theta})^{N(W_k, d_i)}} \tag{6-2}$$

公式中：$P(C_j|\theta) = \dfrac{C_j \text{ 訓練文件數}}{\text{總訓練文件數}}$；|C| 為類別總數；$N(W_k, d_i)$ 為特徵 W_k 在文件 d_i 中的詞頻；n 為特徵總數。

(3) 對計算得到待分類文字屬於所有類的機率進行比較，將該文字歸到機率最大的那個類別中。

2）支援向量機

這是一種基於線性模型的演算法，其理論基礎來源於 Vapnik 等人提出來的統計學理論和結構風險最小化（Structural Risk Minimization）原則。其基本思想是：對於一個給定的具有有限數量訓練樣本的學習任務，根據有限樣本資訊在模型的複雜性（即對特定訓練樣本的學習精度）和學習能力（即無錯誤的識別任意樣本的能力）之間尋求最佳折衷，以得到最佳的泛化能力。其基本方法是：首先透過非線性變換將輸入空間映射到一個高維特徵空間，然後在這個新空間中求取最優線性分類面。SVM 的優點在於具有扎實的理論基礎，演算法精度也相當高，缺點在於它的計算量較大，特別是當訓練集增大時，它的計算量也線性增大。

3）K 最近鄰

它由 Cover 和 Hart 於 1986 年提出，其基本思想是：針對待分類文字，系統在訓練集中找到與之最近的 k 個最近的鄰居，然後根據這 k 個文字所屬的類別判定待分類文字所屬的類別。KNN 在已分類文字中檢索與待分類文字最相似的文字，從而獲得待分類文字的所屬類別，演算法簡單易行，因而將在後面內容中作詳細研究，並利用基於 Sipo-Ontology 的語義相似度計算模型對其進行改進。

3. 存在的問題

在目前的研究中，文字叢集和分類一般都是透過採用現有的叢集方法對建立好的文字表示模型進行處理來實現的。實際應用中，由於文件數目和詞彙量的巨量性，單個文件在整個向量空間上分佈的稀疏性，以及特徵之間的語義相關性，造成現有演算法很難準確地找到基於子空間上的文字類別。

(1) 高維特徵空間問題。在文件特徵提取的時候，有大量的候選特徵，即使 1000 篇左右的訓練文件集，一般也會產生上萬個的候選特徵。為解決文字資料高維問題，有學者提出使用主成分分析（PCA）和隱藏語義分析（LSA）方法來對原始向量空間進行降維處理，然後在縮減後的空間上進行叢集分析，但對基於降維空間上的叢集結果很難作出合理的解釋和描述。

(2) 特徵分佈稀疏問題。如果在一個大型語料庫中統計每個單詞類型出現的次數，然後依據出現頻度列出詞表，那麼就能夠得到單詞頻度 f 和它在表中排列位置 r 之間的關係。根據 Zipf 法則可以表示為：$f \propto \frac{1}{r}$，可以看出排列位置靠後的特徵頻率非常低，文件對應的向量中大部分的特徵值的頻率可能為 0 或者接近 0。針對高維稀疏資料這一存在的問題，學界意識到一個類別的資料只是集中在某個子空間而不是整個高維空間，因此 Agrawal 等人首次提出了子空間叢集演算法。子空間叢集演算法一般可分為硬子空間叢集和軟子空間叢集兩種，硬子空間叢集需預先指定類別可能所處的子空間而後再進行資料叢集，這對文字資料來說顯然是不現實的；軟子空間叢集是為每個緯度（特徵）在每個類別上設定權重，根據權重大小來決定類別的子空間。

(3) 特徵語義相關問題。假設大部分特徵之間語義無關，那麼使用特徵選擇方法選取那些相互無關的特徵就可以避免所謂的 "高維災難"，但實際上文字特徵之間語義都是相關的。

(4) 特徵的多義性和同義性問題。文字分類中一般使詞、詞組、N-Gram 項等作為表徵文件內容的文件特徵。特徵的多義性和同義性普遍存在。如 "教授" 這個特徵既可以表示一種職稱，也可以代表傳授知識，而 "電腦" 和 "電腦" 這兩個特徵又都表示相同的含義。

文字叢集和分類的核心是計算文件間的相似度，然後根據文件間的相似性對其進行叢集或是分類，而上述問題可以歸結為在計算文件間的相似度的過程中如何處理文件特徵，以及如何利用文件特徵進行相似度計算，如何處理特徵之間的語義資訊，單純考慮文件中包含單詞或片語的出現頻率等統計資訊是很難準確有效地評估文件間的語義相似性，而以本體為代表的領域知識的出現為文件語義相似性計算奠定了基礎。

6.2.2 利用 SIPO 本體的叢集分類

由於傳統文字叢集和分類方法中無法避免的特徵詞空間高維性、稀疏性和相關性等問題，叢集和分類品質往往達不到令人滿意的效果，因此有學者提出使用詞的語義能力來表示文字。如 Agirre 和 Dario 等人採用了 WordNet 來解決特徵詞的歧義性，Sopan 等人提出了透過自動擴充詞的語義來表示文字以提高 Web 資源的語義分類，這些研究都是基於 WordNet 的。WordNet 也可看作是通用本體，能表示出詞語之間的近義和反義等語義，但通常會忽略概念間的關係，而領域本體卻可以彌補這一缺陷。

之前在研究主題網路輿論的基本定義時，將主題網路輿論涉及到的知識概念分為上下文知識、領域知識及通用知識三部分，並利用本體理論建立了主題網路輿論知識模型 Sipo-Ontology。從分析中可以知道：Sipo-Ontology 是對主題網路輿論涉及到的知識概念框架以及背景語義的明確規範的形式化定義，它可以有效地進行知識表達、知識查詢或不同領域知識的語義消解。

主題網路輿論 Web 文字是一種具有豐富語義資訊的半結構化資料，以往的文件相似度是基於向量中各維度間相互獨立的假設，透過兩個文件向量間的夾角餘弦來計算，這種方法忽略掉文字資料本身的複雜語義資訊，僅透過統計方法對其進行叢集和分類，其效果無法滿足用戶的需求。Sipo-Ontology 的引入可以為 Web 文件叢集和分類帶來一系列的改進：利用 Sipo-Ontology 抽取主題網路輿論語義特徵可以很大程度上減少原始特徵數量，降低特徵維度，這一問題在前面已經進行了深入研究；利用 Sipo-Ontology 中的概念關係設定同時包含特徵語法和語義資訊的權重度量標準，透過領域概念間的相似性評估出向量維度間的語義相似性，進而將這種相似性載入到文件相似度評估當中，這一問題將在下面進行研究。

6.2.3 SIPO 的語義叢集分類分析

明確了利用 Sipo-Ontology 進行主題網路輿論資訊叢集的可行性之後，在具體的叢集和分類過程中需要解決以下幾個問題：

1. 基於 Sipo-Ontology 的主題網路輿論資訊語義特徵的產生

在語義層面進行主題網路輿論資訊叢集和分類，則語義特徵的產生至關重要。語義特徵與傳統基於關鍵字的特徵有本質上的區別，語義特徵建立在概念知識的基礎之上，與基於關鍵字的特徵相比，更能準確地表達輿論資訊文字的語義內容。

2. 基於語義的 Web 文字相似度計算

主題網路輿論資訊叢集和分類的實質是將相似度高的 Web 文字歸為一類，達到類中 Web 文字具有盡可能大的主題相關性，類別之間的 Web 文字具有主題無關性，因此在叢集和分類過程中基於語義的 Web 文字相似度計算是關鍵。

3. 對於不能轉化為概念的特徵項的處理

在基於 Sipo-Ontology 的主題網路輿論資訊語義特徵的產生過程中，由於受到 Sipo-Ontology 的知識覆蓋範圍和建構品質等因素的限制，經過選擇之後得到的特徵項會出現不能完全轉化為概念特徵的情況，而這一部分的特徵項對叢集和分類結果的準確度也有一定的影響，因此對於不能轉化為概念的特徵項的處理也是在叢集和分類過程中必須考慮的問題。

6.3 基於 SIPO 本體的語義相似度計算

主題網路輿論資訊叢集和分類的核心是其特徵項相似度的計算，在獲得了主題網路輿論資訊 Web 文件的語義概念特徵向量空間之後，相似度的計算則轉化為概念特徵項之間的語義相似度計算。

6.3.1 SIPO 概念語義相似度

概念語義相似度指的是概念間自身語義的相似程度。一般地，相似度要滿足下面三個條件：① 兩個概念之間的相似度和它們的共性有關，如果它們之間的共性越大，則它們的相似度也就越大；② 兩個概念之間的相似度和它們的差異有關，如果它們之間的差異越大，則它們的相似度也就越小；③ 如果兩個概念是一致的，則不管它們之間的共性有多大，它們的相似度達到最大值。

在 Sipo-Ontology 中概念間語義相似度計算的基礎是：兩個概念具有一定的語義相關性，且它們在概念結構階層網路圖中存在一條通路。對概念語義相似度的計算，主要分為兩種：① 概念資訊量法，該方法充分利用了資訊論和機率統計的相關知識，但計算的概念間語義相似度不能更細緻地區分概念間語義的差別，並且該方法對於樹狀結構比較適用，對於本體的 DAG 圖狀結構在計算過程中存在一定缺陷；② 概念距離法，該方法先計算兩個概念之間的語義距離，然後轉化為語義相似度，此方法雖然簡單、直觀，但是依賴本體階層網路，並且沒有考慮影響語義距離的多種因素。根據以上的分析，在研究基於 Sipo-Ontology 的概念之間語義相似度的計算中，綜合考慮了概念之間的語義重合度、語義距離、階層深度、節點密度等多種因素，對其做如下定義。

1. 語義重合度

語義重合度是指 Sipo-Ontology 中兩個概念之間包含的相同的上位概念在總的節點中所佔的比例，表明在其祖先節點上的相似程度。如果兩個概念所繼承的相同上位概念的資訊越多，那麼它們之間的語義重合度越大，相似度也就越大。

【定義 6-1】語義重合度：設 Sipo-Ontology 階層樹中根節點為 R，對於任意兩個節點 X 和 Y，NS(X) 表示 X 節點上溯到根節點 R 的節點集合，NS(Y) 表示 Y 節點上溯到根節點 R 的節點集合，NS(X) ∪ NS(Y) 表示 X 到 R 和 Y 到 R 所經過的所有節點集合，NS(X) ∩ NS(Y) 表示 X 到 R 和 Y 到 R 所經過的共同節點集合，則 X 和 Y 的語義重合度 Spd(X,Y) 可以表示為

$$\text{Spd}(X,Y) = \frac{\text{NS}(X) \cap \text{NS}(Y)}{\text{NS}(X) \cup \text{NS}(Y)} \tag{6-3}$$

2. 語義距離

語義距離是指概念之間在 Sipo-Ontology 連接這兩個概念節點的通路中最短路徑的邊數。語義相似度與概念間語義距離存在密切的關係，一般認為概念間的語義距離越大，其語義相似度越小；反之，概念間的語義距離越小，則其語義相似度越大。

【定義 6-2】語義距離設 X 和 Y 是 Sipo-Ontology 階層樹中任意兩個節點，R(X,Y) 表示節點 X 到節點 Y 的路徑長度，則節點 X 和 Y 之間的語義距離 Dis(X,Y) 可以表示為

$$\text{Dis}(X,Y) = \frac{\alpha}{e^{R(X,Y)} - 1 + \alpha} \quad (\alpha \text{ 為可調節因子})$$ (6-4)

當概念間語義距離為 0 時,其相似度為 1;當概念間語義距離為無窮大時,其相似度為 0;概念與其本身的距離為 0。

3. 階層深度

階層深度是指概念之間在 Sipo-Ontology 概念圖中的深度。在 Sipo-Ontology 概念圖中,每一層都是對上一層概念的細化,越到下層概念的含義越具體,概念的相似度隨它們階層的增加而增加。同樣語義距離的兩個概念,其相似度隨著它們之間階層深度差的增加而降低,計算不在同一深度上的兩個概念間的相似度時,概念間的階層深度差可以基本上反映相似度。

【定義 6-3】階層深度差設 X 和 Y 是 Sipo-Ontology 階層樹中任意兩個節點,$L(X)$ 和 $L(Y)$ 分別表示節點 X 和節點 Y 在 Sipo-Ontology 中的階層深度,則節點 X 和 Y 之間的階層深度差 $\text{Lhd}(X,Y)$ 可以表示為

$$\text{Lhd}(X,Y) = |L(X) - L(Y)|$$ (6-5)

則階層深度差對概念語義相似度的影響可以表示為

$$\text{SLhd}(X,Y) = \log e^{\frac{L(X)+L(Y)}{|L(X)-L(Y)|}}$$ (6-6)

4. 節點密度

在 Sipo-Ontology 概念圖中,概念分類是一個粒度從大到小、從粗到細的過程。節點密度是指該節點所含的所有下位概念的個數,包括直接下位節點和所有間接下位節點,即節點 X 的密度是以 X 為根的子樹上節點的個數。如果兩節點的密度越大,那麼說明這兩個概念被劃分得很細,其相似度就越大,反之亦然。語義重合度是透過其上位概念來度量相似度,而節點密度是透過考慮其下位節點來度量相似度,二者分別從概念階層樹中不同的方向來考慮相似度,所以節點密度這一因素不可忽略。

【定義 6-4】節點密度設 D(X) 表示節點 X 的密度，即以節點 X 為根的子樹上所有子節點的個數，D(Y) 表示節點 Y 的密度，則節點 X 和節點 Y 的密度對 X 和 Y 之間的語義相似度影響可以表示為

$$\text{SDen}(X,Y) = \sqrt{1 - \frac{|D(X) - D(Y)|}{D(X) + D(Y)}} \tag{6-7}$$

考慮到本體中的最頂層概念往往是對該領域某一特徵的高度概括，最頂層概念間的語義聯繫往往沒有上下位概念間的聯繫緊密，前面定義的語義重合度（Spd(X,Y)）和語義距離（Dis(X,Y)）的計算公式無法明確表示出它們之間的聯繫，因此在 Sipo-Ontology 中做如下定義：頂層概念間語義重合度為 1，頂層概念間的語義距離等於 Sipo-Ontology 中最頂層概念的數目。

概念語義相似度的計算，考慮語義重合度、語義距離、階層深度和節點密度的四個因素，其中語義重合度表明了兩個概念間的相同程度，在實際計算中可以轉化為公共節點的個數；兩個概念間的相似度隨著語義距離的增大而單調下降；並且概念間的相似度隨著深度差的增加而降低；而概念節點密度越大，那麼說明這兩個概念被劃分得很細，其相似度就越大。基於以上分析，Sipo-Ontology 的概念語義相似度計算公式為

$$\text{Sim}(X,Y) = \text{Spd}(X,Y) \times \text{Dis}(X,Y) \times \text{SLhd}(X,Y) \times \text{SDen}(X,Y)$$

$$= \frac{NS(X) \cap NS(Y)}{NS(X) \cup NS(Y)} \times \frac{\alpha}{e^{R(X,Y)} - 1 + \alpha} \times \log e^{\frac{L(X)+L(Y)}{|L(X)-L(Y)|}} \times \sqrt{1 - \frac{|D(X) - D(Y)|}{D(X) + D(Y)}}$$

$$\tag{6-8}$$

6.3.2 增加語義特徵的文字相似度計算

根據概念特徵向量產生演算法，以主題網路輿論資訊原始特徵向量為基礎得到其在語義層面上更具內容表徵力的概念特徵向量空間，則 Web 文字語義相似度可以由表示文字的概念向量集合中概念之間的相似度來度量，本節以概念語義相似度為基礎來研究主題網路輿論 Web 文字相似度的計算方法，首先需要明確如下三個問題：

(1) Web 文字的特徵提取表示。Web 文字的相似度由組成 Web 文字的特徵集合的相似度來度量,因此 Web 文字的特徵提取表示是計算其相似度的基礎。根據對主題網路輿論語義特徵抽取理論的研究,以 Sipo-Ontology 為基礎,主題網路輿論 Web 文字經過基於關鍵字的特徵選擇和語義特徵的抽取轉換過程之後,可以得到其特徵項以及特徵項的權重值。主題網路輿論 Web 文字的特徵項分為兩個部分:一部分是基於 Sipo-Ontology 中概念的語義特徵,另一部分是未能與 Sipo-Ontology 中概念相匹配的基於關鍵字的特徵。這個問題在前面已得到解決。

(2) Web 文字語義特徵相似度計算。Web 文字語義特徵的相似度計算是 Web 文字相似度計算中非常重要的組成部分,由於 Web 文字語義特徵是利用 Sipo-Ontology 中的概念抽取轉換而來,因此 Web 文字語義特徵相似度計算可以轉換為 Sipo-Ontology 中概念語義的相似度計算。在前面研究的概念語義相似度計算理論上,基於 Sipo-Ontology 的概念之間語義相似度的計算中充分考慮了概念之間的語義重合度、語義距離、階層深度、節點密度等多種影響因素,得到了概念 X 與概念 Y 之間語義相似度的計算公式:

$$\text{Sim}(X,Y) = \frac{NS(X) \cap NS(Y)}{NS(X) \cup NS(Y)} \times \frac{\alpha}{e^{R(X,Y)} - 1 + \alpha}$$

$$\times \log e^{\frac{L(X)+L(Y)}{|L(X)-L(Y)|}} \times \sqrt{1 - \frac{|D(X) - D(Y)|}{D(X) + D(Y)}}$$

(3) Web 文字未匹配特徵相似度計算。雖然在概念語義表達能力上,Web 文字中未匹配特徵項不如基於 Sipo-Ontology 的語義特徵項,但是考慮到 Sipo-Ontology 的建構品質等因素,還不能僅僅只利用語義特徵項作為文字相似度計算的全部因子,可以認為未匹配特徵作為 Web 文字語義特徵的重要補充,在文字相似度計算中也是一個很重要的因素,在文字相似度計算中必須考慮 Web 文字未匹配特徵相似度的計算。

以上三個問題從特徵提取表示、語義特徵相似度計算和匹配特徵相似度計算三個方面對 Web 文字相似度計算進行了分析,最後得出結論:Web 文字相似度由語義特徵相似度和未匹配特徵相似度這兩個部分構成。下面分別研究文字語義特徵相似度和未匹配特徵相似度的計算方法，最終得到 Web 文字相似度的計算方法。

1. Web 文字語義特徵相似度計算

由於文字語義特徵由 Sipo-Ontology 中的概念抽取轉換而來，Web 文字語義特徵的相似度可以由語義特徵向量的相似度計算得到。因此，Web 文字中兩個語義特徵相似度的計算公式為

$$\text{Sim\_TC}(C_1, C_2) = \text{Sim}(C_1, C_2)\frac{WC_1 + WC_2}{2} \tag{6-9}$$

公式中：$\text{Sim}(C_1, C_2)$ 為概念 C_1 和 C_2 之間的語義相似度，可由概念語義相似度公式 (6-6) 計算得到；WC_1 和 WC_2 分別為概念 C_1 和 C_2 的權重值，其權重的計算方式在語義特徵抽取轉換一節中已經做了詳細討論。則公式 (6-7) 可以表示為

$$\text{Sim\_TC}(C_1, C_2) = \frac{\text{NS}(C_1) \cap \text{NS}(C_2)}{\text{NS}(C_1) \cup \text{NS}(C_2)} \times \frac{\alpha}{e^{R(C_1, C_2)} - 1 + \alpha} \times \log_e^{\frac{L(C_1) + L(C_2)}{\lceil L(C_1) - L(C_2) \rceil}}$$

$$\times \sqrt{1 - \frac{\lceil D(C_1) - D(C_2) \rceil}{D(C_1) + D(C_2)}} \times \frac{WC_1 + WC_2}{2} \tag{6-10}$$

需要注意的是，如果 C_1 和 C_2 不屬於同一本體，則 $\text{Sim\_TC}(C_1, C_2) = 0$。

Web 文字語義特徵相似度演算法如下：給定兩個 Web 文字 T_1 和 T_2，其語義特徵向量表示為 VC_1 和 VC_2，首先以 T_1 為標準處理 VC_1 中的概念特徵，對 VC_1 中的每個概念，利用公式 (6-8) 分別計算此概念與 VC_2 中每個未處理概念之間的相似度值，保存最大相似度值，並將對應的 VC_2 中的概念標記為已處理（進行標記處理的目的是為了保證處理後續概念時，不會繼續選擇 VC_2 中的此概念來進行相似度計算，以免某些概念重複使用，使得 T_1 和 T_2 相似度計算的準確程度降低），以此方法繼續處理 VC_1 中的餘下概念，保存的所有 Web 文字間概念相似度並求和，得到以 T_1 為標準的 Web 文字間概念相似度。然後以 T_2 為標準處理 VC_2 中的概念特徵，對 VC_2 中的每個概念，同樣利用公式 (6-8) 分別計算此概念與 VC_1 中每個未處理概念之間的相似度值，保存最大相似度值，並將對應的 VC_1 中的概念標記為已處理，以此方法繼續處理 VC_2 中的餘下概念，保存的所有 Web 文字間概念相似度

並求和，得到以 T_2 為標準的 Web 文字間概念相似度。最後，將上面獲得的 T_1 和 T_2 之間概念相似度求和再除以 2，得到 T_1 和 T_2 的語義特徵相似度，並對其進行標準化，使得語義特徵相似度的取值範圍在 [0,1] 之間，其計算公式為

$$LSim(T_1, T_2) = 1 - \mu_0^{-CSim(T_1, T_2)} \ (一般 \ \mu \ 0 =_1 0) \tag{6-11}$$

演算法 6-2 Web 文字語義特徵相似度演算法

輸入：Web 文字 T_1 的語義特徵向量 VC_1 和 Web 文字 T_2 的語義特徵向量 VC_2

輸出：Web 文字語義特徵相似度值 $LSim$

【步驟 1】 Initialize() // 初始化變數和記憶體空間

【步驟 2】 For each vc_1 in VC_1 // 以 T_1 為標準處理 VC_1 中的概念特徵

    For each vc_2 in VC_2

    If BelongToSameOntology(vc_1, vc_2) // 判斷概念是否屬於同一本體

      Sim_C=Sim(vc_1, vc_2) // 使用式（6-6）計算概念語義相似度

      $T = SimC \dfrac{WC_1 + WC_2}{2}$ // 使用公式 (6-7) 計算 Web 文字間概念相似度

    Else

    T=0 // 如果不屬於同一本體則概念相似度為 0

    ListT_1.add (T) // 將相似度結果保存至列表

    TMax=Max(ListT_1) // 找到 ListT_1 中的最大值

    Sign(vc_2) // 標記最大值對應的 vc_2

    SimT_1= SimT_1 + TMax // 得到以 T_1 為標準的 Web 文字間概念相似度

【步驟 3】 For each vc_2 in VC_2// 以 T_2 為標準處理 VC_2 中的概念特徵

    For each vc_1 in VC_1

    If BelongToSameOntology(vc_1, vc_2) // 判斷概念是否屬於同一本體

      Sim_C=Sim(vc_1, vc_2) // 使用公式 (6-6) 計算概念語義相似度

      $T = SimC \dfrac{WC_1 + WC_2}{2}$ // 使用公式 (6-7) 計算 Web 文字間概念相似度

    Else

      T=0 // 如果不屬於同一本體則概念相似度為 0

      ListT_2.add (T) // 將相似度結果保存至列表

TMax=Max(Lis$t T_2$) // 找到 Lis$t T_2$ 中的最大值

Sign(vc_1) // 標記最大值對應的 vc_1

SimT_2= SimT_2+ TMax // 得到以 T_2 為標準的 Web 文字間概念相似度

【步驟 4】Csim=(SimT_1+ SimT_2)/2

LSim=S$t$andard (CSim)// 使用公式 (6-9) 對語義特徵相似度值進行標準化

2. Web 文字未匹配特徵相似度計算

由於受到 Sipo-Ontology 的知識覆蓋範圍和建構品質等因素的限制，經過選擇之後得到的特徵項會出現不能完全轉化為概念特徵的情況，而這一部分的特徵項對叢集結果的準確度也有一定的影響。因此，對於不能轉化為概念的特徵項的處理也是在叢集過程中必須考慮的問題，將未匹配特徵的相似度作為最終文字相似度的一部分，能提高 Web 文字特徵資訊的利用率和文字相似度的精確程度。本節主要研究 Web 文字未匹配特徵相似度的計算。

Web 文字未匹配特徵相似的計算以 Web 文字未匹配特徵向量為基礎，採用餘弦法計算其相似度，設 Web 文件 T_1 其未匹配特徵分別為 $(t_{11}, t_12, t_13, \cdots, t_{1m})$，對應特徵權重分別為 $(w_{11}, w_{12}, w_{13}, \cdots, w_{1m})$（如果 T_1 中未出現的特徵詞的權重設為 0），同理 Web 文件 T_2 其未匹配特徵分別為 $(t_{21}, t_{22}, t_{23}, \cdots, t_{2m})$，對應特徵權重分別為 $(w_{21}, w_{22}, w_{23}, \cdots, w_{2m})$，則 T_1 和 T_2 中未匹配特徵相似度其計算公式為

$$K\text{Sim}(T_1, T_2) = \frac{\sum_{k=1}^{m} W_{1k} \times W_{2k}}{\sqrt{\left(\sum_{k=1}^{m} W_{1k}^2\right) \times \left(\sum_{k=1}^{m} W_{2k}^2\right)}} \qquad (6-12)$$

3. 改進的 Web 文字相似度計算

在基於語義的 Web 文字相似度計算中，傳統的方法是以語義特徵為基礎，計算語義特徵之間的相似度得到 Web 之間的語義相似度，一般都忽略了未能轉化為語義特徵的關鍵字特徵，如利用 HowNet 或 WordNet 將基於關鍵字的 Web 文字特徵轉換為語義特徵，然後計算語義特徵的相似度。根據之前的初步研究，將未匹配特

徵的相似度作為 Web 文字語義相似度的重要補充，將未匹配特徵的相似度和語義相似度共同參與到文字相似度的計算之中，能提高 Web 文字特徵資訊的利用率和文字相似度的精確程度。第 7 章中還將給出實驗證明。Web 文字 T1 和 T2 的相似度計算公式如下：

$$TSim(T_1, T_2) = \beta LSim(T_1, T_2) + (1 - \beta)KSim(T_1, T_2) \tag{6-13}$$

公式中：β 為調節因子，引入 β 是為了調節 Web 文字語義特徵相似度與未匹配詞特徵相似度對文字相似度產生的影響，如果以基於概念的語義特徵為主計算文字相似度，則可以使 β 取較大的值，使計算側重於前半部分；反之，則可以使 β 取較小的值，使基於關鍵字的未匹配特徵相似度在文字相似度計算中起主要作用。

6.4　基於語義的主題網路輿論資訊叢集

Web 文字叢集一般分為三個步驟，分別是：文字特徵選取與表示、文字的相似度計算和叢集方法的選擇與實現。文字特徵選取與表示和文字的相似度計算這兩個問題已經解決，本節主要研究基於語義的主題網路輿論資訊叢集方法以及演算法實現。這裡給出基於語義的主題網路輿論資訊叢集策略，即利用 Sipo-Ontology 產生主題網路輿論資訊語義特徵，然後在語義層面上計算主題網路輿論 Web 文字的相似度，在此過程中對不能轉化為概念的特徵項也計算其相似度，最後完成基於語義的主題網路輿論資訊叢集過程。

6.4.1　輿論資訊叢集流程分析

目前文字叢集中最常用方法一般是基於劃分的方法和基於階層的方法。

針對文件集合 $D=\{d_1, d_2, d_3, \cdots, d_n\}$，平面劃分法將文件集合 D 水平地分割為若干個叢集，其叢集流程描述如下：

(1) 確定要產生的叢集的數目 k；

(2) 按照選擇演算法產生 k 個叢集中心作為叢集的種子 $S=\{s_1, s_2, s_3, \cdots, s_k\}$；

(3) 對 D 中的每個文件 d_i，分別計算它與各個種子 s_j 的相似度 $sim(d_i, s_j)$；

(4) 選取具有最大相似度的種子 s_j，將 d_i 歸入以 s_j 為叢集中心的叢集 c_j；

(5) 重複步驟 (3)~(4)，直到叢集過程完成。

平面劃分法的執行速度較快，但是必須事先確定 k 的取值，且種子 S 的選取品質對叢集結果有較大影響。

在基於階層的方法中，凝聚階層法是最為常用的叢集方法，凝聚階層法流程描述如下：

(1) 將 D 中的文件 d_i 看成是具有單個成員的叢集 $c_i=\{d_i\}$，則 D 可以劃分為一個叢集結果 C，C 中有 n 個叢集，即 $C=\{c_1,c_2,c_3,\cdots,c_n\}$；

(2) 計算 C 中每對叢集 (c_i, c_j) 之間的相似度 $sim(c_i, c_j)$；

(3) 選取具有最大相似度的叢集對，將 c_i 和 c_j 合併為一個新的叢集 $c_k=\{c_i \cup c_j\}$，則 C 可以表示為 $C=\{c_1,c_2,c_3\cdots,c_{n-1}\}$；

(4) 重複步驟 (2)~(3)，直至 C 中剩下一個叢集為止。

6.4.2 基於語義相似計算模型的凝聚階層叢集演算法

根據上述流程可以知道，凝聚階層叢集法需要完成三個任務：① Web 文字間相似度計算；② 叢集之間的相似度計算；③ 演算法實現。

凝聚階層法可以建構出一棵產生樹，其中包含了叢集的階層資訊，以及所有叢集內和叢集間的相似度。在採用凝聚階層法進行主題網路輿論資訊叢集過程中，Web 文字間的相似度的計算方法已經解決，下面對叢集的類別之間相似度進行定義。

【定義 6-5】類別之間相似度兩個類別的類別之間相似度是指兩個類別中所有 Web 文字的兩兩之間相似度之和的平均值。設有兩個叢集 cs_1 和 cs_2，cs_1 中包含 m 個 Web 文字，cs_2 中包含 n 個 Web 文字，則 cs_1 和 cs_2 類別之間相似度 $CSSim(cs_1,cs_2)$ 可以表示為

$$CSSim(cs_1, cs_2) = \frac{\sum_{i=1}^{m} \sum_{j=1}^{n} TSim(T_i, T_j)}{m \times n} \tag{6-14}$$

定義了類別之間相似度後，主題網路輿論資訊叢集過程是：首先各 Web 文字自成一類，然後計算每對類別之間的相似度，選擇具有最大相似度的兩個類別將其合併成一個新類，對新得到的所有類別重複上述過程，直到歸為一類或達到叢集數目的要求，最後得到叢集結果。其演算法描述如下：

演算法 6-3　基於語義相似度計算模型的凝聚階層叢集演算法

輸入：Web 文字集合 $T=\{T_1, T_2, T_3, \cdots, T_n\}$，叢集數目門檻值 M

輸出：叢集結果集合 CS

【步驟 1】Initialize() // 初始化變數和記憶體空間

【步驟 2】For k=1 to n

　　　　　　CS.add(i) // 初始化叢集

【步驟 3】While (CS.Count < M) // 直到叢集數目達到設定的門檻值

　　　　　For i=1 to CS.Count

　　　　　　For j=2 to CS.Count

　　　　　　　TempCSSim =CSSim(cs_i, cs_j) // 利用公式 (6-12) 計算類別之間相似度

　　　　　　　ListCSSim.add(TempCSSim)

　　　　　　　　End For

　　　　　　　　MaxSim=Max(ListCSSim)// 找到類別之間相似度最大值

　　　　　　　　Merge(cs_i, cs_j) // 將類別之間相似度值最大的兩個類進行合併

　　　　　　　　CS.Count= CS.Count-1

　　　　　　　　End For

【步驟 4】Return CS // 返回結果

6.5 基於語義的主題網路輿論資訊分類

主題網路輿論資訊分類的物件是輿論資訊 Web 文字，對於文字分類學界已經有了較為深入的研究。文字分類的基本定義是：根據自然語言表示的文字內容，自動分類到預先設定的類型集合中，使得一篇文字對應類型集合中的一類或幾類。文字分類技術從開始出現到現在，經歷了從基於規則到基於統計分類，再到規則和統計相結合的一個過程。Web 文字分類是 Web 文字採礦中的一項重要技術，即按照預先定義的分類架構，將待分類的 Web 文字歸入一個或多個類別中，從網路輿論分析角度來看，Web 文字分類也是網路輿論話題追蹤的一項重要技術。

從數學角度來看，文字分類是一個映射過程，它是將一個二維度 $<d_i, c_j> \in D \times C$ 映射到一個布林值的過程，可以用公式表示如下：

$$\phi : D \times C \rightarrow \{T,F\} \tag{6-15}$$

公式中：$D=\{d_1,d_2,d_3,\cdots,d_n\}$ 為待分類文件集合，$C=\{c_1,c_2,c_3,\cdots,c_n\}$ 為分類的類別集合，如果 $< d_i,c_j >$ 映射為 T（True），則表示文件 d_i 屬於類別 c_j，否則表示文件 d_i 不屬於類別 c_j。

文字分類的關鍵問題是建構一個分類函數 $\phi : D \times C \rightarrow \{T,F\}$，使得透過該函數能夠將任意一個文字盡可能準確地分類。這裡 ϕ 是根據已掌握的每類若干樣本的資訊，總結出分類的規律而建立的判別公式和判別規則。根據系統使用的學習方法的不同，這些判別公式和判別規則也有所不同。在已經確定的映射規則的基礎上，系統在遇到新文字時，透過計算和判斷，最終確定文字相關的類別。這裡，首先分析 Web 文字分類的一般流程，然後重點研究分類函數，利用基於 Sipo-Ontology 的語義相似度計算模型對分類函數進行改進，最後完成基於語義的主題網路輿論資訊分類演算法。

6.5.1 輿論資訊分類流程分析

主題網路輿論資訊分類包括以下步驟：確定文字表示模型、特徵選擇抽取、分類器訓練和分類運算、性能評估等。

1. 確定文字表示模型

對 Web 文字進行自動分類處理，首先需要將文字表示為電腦可以識別和處理的形式，即建立文字表示模型，也就是選用何種文字特徵和何種數學形式來組織這些文字特徵，這是文字分類中的一個重要技術問題。一般來說，基於內容的文字分類主要採用自動分詞技術對文字進行切分詞處理，抽取其中的詞彙作為其特徵項並統計其頻率，最後用確定的文字表示模型進行表示。目前具有代表性的模型有布林模型（Boolean Model）、向量空間模型（Vector Space Model）和機率模型（Probabilistic Model）。基於之前的研究，確定選用向量空間模型對主題網路輿論資訊文字進行表示。

2. 特徵選擇抽取

電腦對文字進行自動分類時，處理的直接對象是文字特徵。文字經前置處理後變成詞集，雖已去除停用詞而進行了粗降維，但是特徵集仍然是個高維的特徵空間，如果文字特徵數量過於龐大，或者是特徵集合中包含了許多無用的干擾特徵，如無實際意義的虛詞、對類別區分能力不強的特徵詞彙等，則電腦處理的效率精度會大大降低。為保證分類演算法的效率，對所獲取的特徵必須進行篩選和優化，對特徵全集進行抽取轉換，得到一個最優的特徵子集，利用最優特徵子集來表示文字。因此，對文字特徵進行選擇抽取是文字自動分類中一個必須解決的問題，其目的就是去除干擾特徵、壓縮特徵集，從而降低向量空間維度，這樣既可以提高分類效率，也可以提高分類準確度。

3. 分類器訓練和分類運算

在進行了文字特徵的選擇抽取之後，下一步的工作就是選擇文字分類的方法進行學習，建立從文字特徵到文字類別的映射關係，這是文字分類的核心問題。分類器訓練主要是訓練演算法的選擇和實現，從而建立起分類器，並根據訓練文件集完成分類器的參數調整，然後在分類過程中應用已建立起來的分類器對待分類文字進行分類運算，給出分類結果。從之前的研究發現，比較典型的分類方法有樸素貝氏、支援向量機、K 最近鄰等，其中 KNN 和 SVM 兩種方法效果較好，其應用最為廣泛。因此,在主題網路輿論資訊分類過程中選用 KNN 演算法,並利用基於 Sipo-Ontology 的語義相似度計算模型對傳統 KNN 方法進行改進。

4. 性能評估

性能評估是分類處理流程中的一個重要環節。性能評估主要是對機器分類的結果進行評價,如果不符合要求,需要重新調整分類器的各項參數。真正反映文字分類內在特徵的性能評估模型可以作為改進和完善分類系統的目標函數,目前使用比較多的分類性能評估指標為回收率和精確度。

6.5.2 基於語義相似計算模型的 KNN 分類演算法

對主題網路輿論資訊分類流程進行分析,分類演算法的選擇是文字分類的核心問題。在比較典型的分類方法中,KNN 方法是一種非參數的分類方法,對於未知和非正態分佈可以取得較高的分類準確率,但是傳統的 KNN 對文字語義理解的深度不足,它們把文字中的特徵詞都當成同級的概念,沒有同義詞、多義詞和上下位關係詞之分,導致分類的準確率較低。

這裡試圖將 Sipo-Ontology 的文字特徵抽取理論和基於 Sipo-Ontology 的語義相似度計算模型引入到文字分類模型中,將基於 Sipo-Ontology 的主題網路輿論文字概念語義特徵融合到文字向量空間的表示中,進一步採礦出概念特徵項之間的深層語義聯繫,用得到的語義特徵向量作為最終的文字特徵向量,並利用基於 Sipo-Ontology 的語義相似度計算模型對傳統的 KNN 方法進行改進,使得 KNN 文字分類演算法含有更多的語義資訊,提高分類精度。

1. KNN 的基本思想

對於一個待分類文字,在訓練集中找到和它最相似的 k 個已分類文字(稱為鄰居樣本),根據鄰居樣本的類別來給待分類文字的候選類別評分,把鄰居樣本和待分類文字的相似度作為鄰居樣本所在類別的權重,如果這 k 個鄰居中的部分樣本都屬於同一個類別,則對屬於該類別的每個鄰居的權重求和並作為該類別和待分類文字的相似度。透過對候選類別評分的排序，根據決策規則即可判定待分類文字的類別。事實上，KNN 分類演算法有兩種基本的決策規則，即 DVF 離散值決策規則和 SWF 決策規則。

2. DVF 離散值決策規則

DVF 離散值決策規則是經典的 KNN 決策規則，其基本過程是：計算待分類文字與訓練樣本集中每個文字的相似度，找出 k 個最相似的訓練文字，然後統計這 k 個訓練樣本中屬於某一類別的文字數目，k 個訓練樣本中屬於哪個類別最多，則待分類文字就屬於此類別。DVF 離散值決策規則的優點是決策思想簡單，缺點是當樣本分佈密度不均勻時，只按照前 k 個近鄰樣本順序而不考慮它們的距離差別，這種情況下的決策會造成分類器性能的下降。

3. SWF 決策規則

SWF 決策規則是目前應用最廣泛的決策規則，它是對 DVF 規則的改進。其基本過程是：計算待分類文字與訓練樣本集中每個文字的文字相似度，找出 k 個最相似的訓練文字，然後計算這 k 個訓練集樣本中屬於某一類的相似度之和，將待分類文字歸入相似度最大的類別中。SWF 決策規則根據 k 個近鄰與待分類文字相似度之和來判定每個近鄰對分類的貢獻，這種決策過程可以減小樣本分佈不均對分類器性能的影響。

在實際的應用過程中，透過決策規則的改進固然可以提高分類準確率，但是傳統的 KNN 方法未考慮到文字的特徵詞之間隱含的語義關係，也未考慮特徵詞之間的反義、同義和上下位關係，導致分類性能不好。針對此問題，對 KNN 方法進行改進，得出如下基於 Sipo-Ontology 的 KNN 演算法。

演算法 6-4 基於語義相似度計算模型的 KNN 分類演算法

輸入：待分類文字 d，KNN 演算法中 k 值

輸出：分類結果 C

【步驟 1】利用主題網路輿論特徵選擇方法對訓練文字進行前置處理，得到訓練文字的語義概念特徵向量；

【步驟 2】在待分類文字到達後，也利用主題網路輿論特徵選擇方法確定待分類文字的語義概念特徵特徵向量；

【步驟 3】利用基於 Sipo-Ontology 的語義相似度計算模型，在訓練集中選出與待分類文字最相似的 k 個文字，其中 k 值的確定目前沒有很好的方法，一般是先定一個初始值，然後根據實驗測試結果調整 k 值；

【步驟 4】在待分類文字的 k 個鄰居中，利用如下公式依序計算每個文字類別的權重：

$$f(d,C_j) = \sum_{d_i \in \text{KNN}(d)} \left[\text{SSim}(d,d_i) \cdot y(d_i,C_j) \right] \tag{6-16}$$

式中 : d 為待分類文字；C_j 為某一文字類別，$\text{KNN}(d)$ 表示待分類文字 d 的 k 個近鄰的集合，$\text{SSim}(d,d_i)$ 為基於 Sipo-Ontology 的語義相似度計算公式，$y(d_i, C_j)$ 表示類別屬性函數，類別屬性函數有如下取值：

$$y(d_i,C_j) = \begin{cases} 1, d_i \in C_j \\ 0, d_i \notin C_j \end{cases} \tag{6-17}$$

即如果訓練文字 d_i 屬於類別 C_j，則 $y(d_i, C_j)=1$，如果訓練文字 d_i 不屬於類別 C_j，則 $y(d_i, C_j)= 0$。

【步驟 5】根據 SWF 決策規則，將待分類文字歸到權重最大的類別中。

▌ 6.6 本章小結

網路輿論熱點發現的一個重要途徑是透過輿論資訊的自動叢集分類獲得輿論話題的類別,而傳統的叢集分類方法常常將文字中關鍵字的相似度作為叢集分類的依據,沒有將語義關聯資訊考慮在內,基於關鍵字集的叢集分類不能處理深層語義資訊,導致叢集結果的準確性大大降低。將基於本體的主題網路輿論模型 Sipo-Ontology 引入到叢集分類過程中,以概念語義相似度為核心進行叢集分類,能提高叢集分類結果的精確度。本章研究了 Sipo-Ontology 概念語義相似度計算模型,在相似度計算模型中考慮了概念之間的語義重合度、語義距離、階層深度、節點密度等多種因素,得出相似度的計算公式;研究了基於語義特徵和統計特徵的 Web 文字相似度計算模型,在文字相似度計算中考慮了 Web 文字未匹配特徵相似度的計算,得出 Web 文字相似度的計算公式;實現了基於語義的主題網路輿論資訊叢集演算法,採用凝聚階層法進行主題網路輿論資訊叢集,首先對叢集的類別之間相似度進行定義,然後對主題網路輿論資訊叢集演算法進行詳細描述;實現了基於語義的主題網路輿論資訊分類演算法,以語義相似度計算模型為核心對傳統 KNN 分類法進行改進,降低了文字物件的特徵空間維度和計算複雜度,提高了處理效率和準確度,該方法還具有較好的靈活性和適用性,對多語種和多領域具有一定的通用性。

07

網路輿論採集與處理
的功能實現及其評測

網路輿論採集是整個輿論分析系統的基礎，網路輿論處理是對所採集到的資料進行相關處理，是輿論分析系統的關鍵。本章設計一個基於主題的 Web 資訊採集的原型系統，對 URL 預測演算法進行性能測試，對頁面分塊方法中主題爬行演算法的效果進行性能測試；同時，按照主題網路輿論分析系統框架結構和模組功能的劃分，設計一個基於知識技術的主題網路輿論分析的原型系統，對基於語義的主題網路輿論資訊進行叢集和分類的實驗分析。本章共分為 5 節，7.1 節介紹應用實驗的框架架構；7.2 節對實驗中使用的開發工具和平台進行介紹；7.3 節具體研究網路輿論採集的實驗和結果分析；7.4 節具體研究網路輿論資訊叢集的實驗和結果分析；7.5 節具體研究網路輿論資訊分類的實驗和結果分析。

7.1 SIPO 原型系統的功能框架

1. 基於主題的網路輿論採集系統的架構

基於主題的 Web 採集系統的架構如圖 7-1 所示。針對網路輿論資訊，該原型系統實現的原理是：① 主題爬行從起始 URLs 出發，取出優先權佇列中最前面（優先權最高）的 URL，爬行對應的網頁，將所需網頁下載到本地，做好後續處理的資料準備；② 在本地對每個網頁進行解析分塊，過濾掉無用資訊塊後將有效塊的資訊保存到資料庫，將塊內文字也保存起來；③ 對下載的網頁進行相關度計算，從而確定相關頁面；④ 最後提取下載頁面的所有相關超連結和連結上下文，採用綜合內容和連結分析的方法對 URL 進行修剪，計算 URL 優先權，並按照優先權順序放入優先權佇列。以此循環，直到優先權佇列為空，或達到爬行的停止條件。

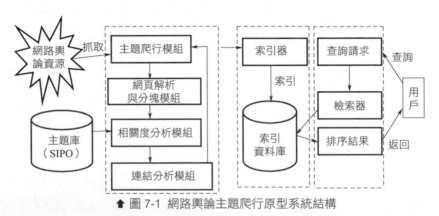

✦ 圖 7-1 網路輿論主題爬行原型系統結構

如圖 7-1 所示，該原型系統由以下幾個模組構成：

(1) 主題爬行模組。首次爬行時根據初始 URL 集合對 Web 進行爬行，完成首次爬行後根據連結分析模組提供的 URL 集合對 Web 進行爬行。

(2) 網頁解析與分塊模組。利用分塊演算法在本地對採集到的網頁進行分塊，該方法首先對網頁進行前置處理和簡化，然後充分利用網頁中的空間特徵、內容特徵和標籤資訊對網頁進行分塊，在分塊的基礎上，對分塊的結果進行識別合併，最終過濾掉無用資訊塊後將有效塊的資訊保存到資料庫，為頁面相關度判斷和連結分析提供資料。

(3) 相關度分析模組。把經過分塊過濾後的頁面處理成文字向量的形式，計算主題庫中的特徵向量和頁面文字向量的相關度，從而確定相關頁面。

(4) 連結分析模組。提取下載頁面的所有相關超連結，並且按照連結上下文提取方法提取連結上下文，透過語義相關度方法計算連結上下文與主題關鍵字的相似度，最後使用綜合內容和連結分析的 URL 相關度演算法對連結進行排序。

以上幾個模組都是主題爬蟲涉及的相關模組，除此以外，原型系統還需要索引模組、檢索模組和用戶介面模組。其中，索引模組對網路爬蟲採集並下載的網頁進行自動標引或形成反向檔案，並建立 Web 索引資料庫。這種資料庫的記錄一般由網頁標題、摘要或簡短描述（通常是取頁面文字的前 20% 或前幾行）、URL、檔案大小、語種等構成。檢索模組主要是和索引模組相配合，作為用戶提問與資料庫的介面，接收、解釋用戶的搜尋請求；根據用戶的查詢在索引庫中快速檢出文件；計算網頁與搜尋請求的關聯度；對將要輸出的結果進行排序；實現用戶相關性回饋機制。用戶介面模組的主要功能是輸入用戶查詢、顯示查詢結果、提供用戶相關性回饋設定，以方便用戶使用搜尋引擎和採集工具，從而高效、多樣地獲取有用資訊。

2. 基於主題網路輿論分析系統的架構

主題網路輿論的內容分析框架是基於輿論資訊自動採集和前置處理的基礎，主要是研究特徵抽取、話題檢測與追蹤、傾向性分析等方面的技術實現手段。徐震研究的基於知識技術的主題網路輿論分析框架結構如圖 7-2 所示。

(1) 網頁解析與分塊模組：利用 Eclipse 開發工具，擴充 Heritrix 中的頁面分析與資訊抽取的 Extractor 組件來實現網頁內容的解析和網頁的分塊，為基於 DOM 分塊的特徵項權重計算提供依據。

(2) 輿論資訊特徵選擇模組：採用改進 N-Gram 的特徵項選擇方法對主題網路輿論 Web 文字進行特徵選擇。

(3) 語義特徵轉換模組：在輿論資訊特徵選擇基礎之上，採用語義特徵抽取轉換方法得到主題網路輿論 Web 文字的語義特徵。

(4) 輿論資訊叢集模組：採用基於語義的主題網路輿論資訊叢集方法對採集得到的 Web 文字進行自動叢集，得到輿論話題。本模組是主題網路輿論話題檢測的主要技術實現手段。

(5) 輿論資訊分類模組：在輿論資訊叢集的基礎之上，採用基於語義的主題網路輿論資訊分類方法對採集得到的 Web 文字進行自動分類，得到與已有話題相關的後續新聞報導，並將其歸入已有的話題之中。本模組是主題網路輿論話題追蹤的主要技術實現手段。

(6) 傾向性識別模組：採用基於情感本體的主題網路輿論傾向性分析方法（將在第 8 章中介紹）對主題網路輿論進行傾向性識別，得到 Web 文字的褒貶傾向類別。本模組是主題網路輿論傾向性分析的主要技術實現手段。

(7) Sipo-Ontology 管理維護模組：採用基於本體的主題網路輿論知識模型建構方法建立 Sipo-Ontology，並對其進行管理維護。

(8) 情感 Ontology 管理維護模組：採用情感本體建構方法建立情感 Ontology，並對其進行管理維護。

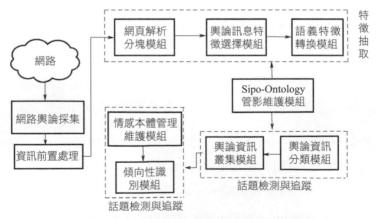

↑ 圖 7-2 主題網路輿論分析原型系統結構

在以上幾個模組中，網頁解析與分塊模組、輿論資訊特徵選擇模組和語義特徵轉換模組等 3 個模組，並結合 Sipo-Ontology 管理維護模組，共同實現語義特徵抽取轉換功能；輿論資訊叢集模組和輿論資訊分類模組等 2 個模組，並結合 Sipo-Ontology 管理維護模組，共同實現話題檢測與追蹤功能；傾向性識別模組和情感 Ontology 管理維護模組則共同實現主題網路輿論傾向性的分析功能。

在主題網路輿論分析中，運用網路資訊採集與提取技術可以大大提高網路輿論監測分析的自動化程度，減少用戶工作量，解決網頁的靈活性和複雜性、內容的動態性和多態性、資訊的龐雜性和不完整性給人工提取網路輿論資訊帶來的困難；運用話題發現與追蹤技術可以識別出給定時間段內上網媒體的熱門話題，分析熱門話題在不同時段內所關注的程度，對突發事件進行跨時間、跨空間綜合分析，獲知事件發生的全貌並預測事件發展的趨勢，對涉及內容安全的敏感話題及時發現並報告，為網路輿論引導提供支援；運用傾向性分析技術可以採礦出網路文字內容蘊含的各種觀點、喜好、態度、情感等非內容或非事實資訊，對媒體言論或傾向進行總體的分析和掌握，對評估網路輿論引導方案和提高網路輿論引導的針對性有更大的幫助作用；運用多文件自動文摘技術可以對網路論壇、個人部落格、線上評論等網路媒體中的資訊進行提煉概要，形成高度精煉的文摘。

7.2 開發工具和平台概述

按照基於知識技術的主題網路輿論分析框架的設計，下面實現一個對應的原型系統以對框架的功能進行驗證。在該原型系統的實現過程中，藉助了開放原始碼社群的資源，對相關的開放原始碼軟體進行了研究和分析，並吸取了其中的優秀思想。

實現過程中所使用的軟體包括平台支援軟體、系統開發軟體和軟體包三類。平台支援軟體主要包括 JDK、資料庫和應用伺服器；系統開發軟體為 Java 開發工具 Eclipse 和本體開發工具 Protégé；軟體開發包選用了 Jena、Lucene 和 Heritrix，分別用於本體檔案解析、全文索引產生和資訊採集的改進和開發。詳細情況如表 7-1 所列。

表 7-1 開發和實驗中採用的主要軟體

類型	名稱	功能	版本	下載網址	是否開放原始碼
平台支援軟體	JDK	Java 語言基礎	5.0	http://Java.sun.com/j2se/	是
	MySQL	資料庫	5.0	http://dev.mysql.com/downloads/	是
	MS SQL Server	資料庫	2005	X	否
	Apache Tomcat	Web 應用伺服器	5.5	http://www.apache.org	是
系統開發軟體	Eclipse	開發環境	3.2	http://download.eclipse.org/downloads/	是
	Protégé	本體開發工具	4.0.2	http://protege.stanford.edu/	是
開放原始碼軟體包	Jena	本體解析包	2.5	http://jena.sourceforge.net/downloads.html	是
	Lucene	基於 Java 的全文索引引擎工具包	3.0	http://apache.etoak.com/lucene/java/	是
	Heritrix	由 Java 開發的開放原始碼 Web 爬蟲系統	1.12.1	http://crawler.archive.org/	是

試驗的硬體環境由一台主伺服器、一台註冊伺服器和三台資料來源伺服器組成，伺服器之間透過 100M 快速局域網相連，硬體拓撲結構如圖 7-3 所示。主伺服器採用一台 DELL PowerEdge 4600 伺服器，配置雙至強 1.4G CPU，1G 記憶體，3T 磁碟陣列。主要負責知識的採集和提供上層應用，是整個系統的核心。資料倉儲也建立在這台伺服器上。資料來源伺服器是三台實達雲圖 3000PC，配置 Intel PIV1.7G CPU，256M DDR 記憶體，40G 硬碟。試驗資料來源分佈在這三台伺服器上，並在三台伺服器上按照資料來源的數目安裝和配置了對應的資料提供者程式。註冊伺服器是一台 HP 6000 伺服器，負責提供資料來源的註冊和評估、通告服務。伺服器統一安裝 Microsoft Windows 2003 Server 作業系統，主伺服器中使用 Microsoft SQL Server 2005 建構資料倉儲，資料來源和註冊伺服器使用 MySQL5.0 作為後台資料庫，均安裝 JavaTM 2 Platform Standard Edition Development Kit 5.0（JDK5.0）和 Java Runtime Environment 5.0（JRE5.0），使用 Aparch Tomcat 5.5 作為網路應用伺服器。

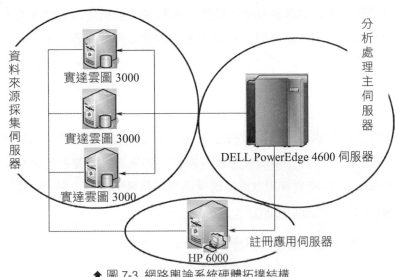

資
料
來
源
採
集
伺
服
器

實達雲圖 3000

實達雲圖 3000

實達雲圖 3000

分
析
處
理
主
伺
服
器

DELL PowerEdge 4600 伺服器

註冊應用伺服器

HP 6000

↑ 圖 7-3 網路輿論系統硬體拓撲結構

系統選擇 JAVA 作為開發語言。JAVA 語言具有以下特點：① 平台無關性：源程式碼與平台無關，有利於溝通與交流；② 物件導向：Java 是完全的物件導向的程式設計語言，提供許多有效的語言機制來改善程式的結構，有利於實現結構複雜的軟架構統；③ 豐富的 API；Java 語言提供了很多有用的 API，可簡化程式實現；④ 使用廣泛：Java 語言有嚴格的規範，而且被人們廣泛使用。

目前，開放原始碼軟體正越來越普遍地被使用到各類應用資訊系統中。使用開放原始碼軟體對學術研究的好處主要有以下三個方面：① 可以借鑑先進技術、經驗。開放原始碼軟體的開發，凝聚著眾多程式員的心血和智慧，也是軟體開發最新技術、最新理論的試驗場，透過對開放原始碼軟體程式碼的分析和研究，對吸收掌握軟體開發相關領域的最新進展和最新技術大有裨益。② 成熟的開放原始碼軟體，經過了大量用戶的使用、修改，軟體的穩定性可以得到保證，使得用戶可以專心於自己要面對的問題領域，不用細節考慮支援軟體的問題。③ 由於開放原始碼軟體先天的優勢，能夠透過修改和完善開放原始碼軟體的源程式碼，將設計思想融入到開放原始碼軟體中去，並在開放原始碼軟體社群中進行發佈。與此同時，也可以透過開放原始碼軟體社群得到廣大程式員的交流和幫助。

為此，在原型系統的開發過程中，借鑒引用國外一些相當成熟的相關開放原始碼技術專案來實現原型。以下對其中兩個主要的開放原始碼專案 Heritrix 和 Lucene 做一概要介紹。

1. Heritrix

網頁抓取是主題爬蟲最核心基礎的工作環節，目前有許多開放原始碼爬蟲系統對其有良好的支援。但是，要根據主題導向搜尋的需要，對抓取的網頁進行解析處理（如分塊等），卻是現有開放原始碼爬蟲還不具備的功能，需要對現有的開放原始碼爬蟲系統進行改進和再開發。

Heritrix 是一個由 Java 開發的開放原始碼 Web 爬蟲系統，它最出色之處在於強大的可擴充性，允許開發者任意選擇或擴充各個組件，實現特定的抓取邏輯。其默認提供的組件又完全支援傳統爬蟲的工作。因此，Heritrix 不僅是出色的全文搜尋爬蟲，而且還是可以用來擴充自訂主題爬蟲的控制系統的首選。如果開發者自己實現一套爬蟲分派及監控程式，不但成本高，且效果未必好，還尚須解決類似多執行緒分派、抓取策略、相關資料庫設計等棘手問題，大大增加了主題爬蟲開發的難度。此外，Heritrix 還內建基於 Jetty 的內建 Web 應用伺服器和強大直觀的 Web 主控程式，具備獨立完善的執行條件。

Heritrix 提供了很多的擴充點，用戶可以按照自己的要求自訂組件。主題導向資訊採集模型就是在該基礎上，在 WindowsXP 系統中，利用 Eclipse 開發工具，擴充 Heritrix 中的頁面分析與資訊抽取的 Extractor 組件來實現網頁內容的解析。其中，包括網頁的分塊與提取連結資訊，同時根據 PageRank 改進演算法進行與主題相關度計算，過濾預測值較小的連結，將滿足條件的連結傳送到專門負責為工作執行緒提供 URL 的連結製造工廠 Frontier，在這裡將對連結進行進一步的連結分析，如判別重複連結，因為實際網路中重複連結比比皆是，極可能造成爬蟲任務永遠執行不完，更新待抓取的 URL 連結佇列，並最終轉向獲取器進行網頁資訊抓取，直至抓取過程的結束。

2. Lucene

主題爬蟲將採集到的資訊下載到本地後，為了提高用戶的查詢精度、系統執行的效率以及空間的利用率，需要對這些資訊建立索引。索引軟體是收集軟體和查詢軟體的"橋樑"，其工作主要是建立索引資料庫。

Lucene 是 Apache 軟體基金會 jakarta 專案集的一個子專案，並不是一個完整的全文索引系統，而是一個用 Java 寫的全文索引引擎工具包，它提供了多個 API 函數和靈活的資料儲存結構，可以方便地嵌入到各種應用中以實現針對應用的全文索引和檢索。Lucene 的系統結構具有強的物件導向特徵：首先是定義了一個與平台無關的索引檔案格式，其次透過抽象將系統的核心組成部分設計為抽象類，具體的平台實現部分設計為抽象類的實現，此外與具體平台相關的部分（如檔案儲存）也封裝為類別，經過層層的物件導向式的處理，最終達成了一個低耦合高效率，容易二次開發的檢索引擎系統。

Lucene 主要分為索引和搜尋兩個功能模組，索引和搜尋的任務是相互獨立的。索引和搜尋服務都可用，這樣開發人員就可以對它們進行擴充來滿足自己的需求。文字索引是 Lucene 重點建構的一個可搜尋的索引區域，索引是為高性能內容查詢而建立的知識庫。Lucene 提供豐富的 API，可以與儲存在索引中的資訊互動。這裡主要是利用 Lucene 對主題爬蟲抓取並處理分析後的網頁內容建立索引。

▌ 7.3 輿論採集實驗與結果分析

分塊的成功與否主要體現在網頁主題文字和相關連結的有效提取以及無關資訊過濾程度。為了驗證 SPCOLA 分塊方法的有效性，實驗從分塊過濾後的效果和主題爬行兩個方面進行。

本實驗的網頁資料來源於網易和新浪等門戶網站以及 CWT200G，從中隨機抽取了一萬多個網頁來進行實驗。為了比較 SPCOLA 與不同網頁分塊演算法的性能，朱建華分別實現了幾種分塊的方法，包括：Y‧Chen 提出的利用網頁頁面的佈局來進行分塊的方法，記為 YPM；Gupta 提出的基於 DOM 樹抽取網頁內容的分塊方法，記為 GDOM。此外還實現一種基準方法 NOM 與它們進行比較，該方法只是簡單去除 HTML 文件中不可見標籤的內容，保留所有文字節點及錨文字節點內容。

為了比較各個分塊方法的內容提取效果，定義了雜訊文字去除率、雜訊連結去除率、內容提取率、連結提取率、內容誤去率和連結誤去率等評測標準。其中：

雜訊文字去除率 =（正確去除的雜訊文字長度 / 總的雜訊文字長度）×100%；

雜訊連結去除率 =（正確去除的雜訊連結數 / 總的雜訊連結數）×100%；

內容提取率 =（正確提取的主題文字長度 / 總的主題文字長度）×100%；

連結提取率 =（正確提取的相關連結數 / 總的相關連結數）×100%；

內容誤去率 =（錯誤去除的主題文字長度 / 總的主題文字長度）×100%；

連結誤去率 =（錯誤去除的相關連結數 / 總的相關連結數）×100%。

透過隨機抽取 1000 張網頁，採用人工觀察其分塊識別和合併後的內容得到輸出結果如表 7-2 所列。

表 7-2 幾種分塊方法的識別和過濾效果

評測標準 分塊方法	雜訊文字 去除率 /%	雜訊連結 去除率 /%	內容提 取率 /%	連結提 取率 /%	內容誤 去率 /%	連結誤 去率 /%
NOM	0	0	100	100	0	0
YPM	80.2	78.3	92.3	91.7	7.7	8.3
GDOM	88.3	77.7	93.7	94.1	6.3	5.9
SPCOLA	91.5	93.1	96.3	97.1	3.7	2.9

從表 7-2 中可以看出，NOM 方法的內容提取率和連結提取率是最高的，但是它的雜訊去除率也是最低的，這主要是由於該方法提取了網頁中所有的文字資訊和連結資訊；YPM 的評測指標不理想，主要因為它只是粗略對網頁進行劃分，不能很好地區分主題和雜訊，所以內容和連結的誤去率較高；GDOM 優於 YPM，它的缺點在於只是簡單地利用連結數和文字數的比例來識別連結塊，因此雜訊連結的去除率較低。透過結果資料比較，可以發現 SPCOLA 有著較高的內容提取率和雜訊去除率。

實驗的結果表明，SPCOLA 方法對大多數網頁的分塊與識別效果比較理想，但也出現了一些不理想的結果，經檢查分析有以下幾個原因：

(1) 一些網頁大量使用動態腳本語言產生頁面框架，並不遵從 Web 標準規範；

(2) 之前給出的演算法預設的一些門檻值對於有些網頁來說並不是最佳的；

(3) 有些網頁的資訊分塊方式比較特殊。

SPCOLA 方法在進行頁面分割時，採用的是元素的一些 CSS 特徵和 HTML 標籤，而有的網頁是採用其他方式，如採用一個空白的圖片條放在兩個塊之間，所以未能檢測出這些方式。

網頁分塊和識別是輿論分析工作的前置處理，有效地對網頁進行分塊對後續研究起著重要作用。實現分塊演算法後，將對每個網頁進行分塊並保存塊資訊到資料庫，為下一步基於分塊來做連結分析和主題判定建立了基礎。

7.3.1 實驗資料選取和測試指標

在進行演算法的指標測試時，建構了一個規模約為 20000 的網頁集合。選用軍事資訊作為測試主題，共計收集了軍事主題網站 20 個，並加入了 40 個無關的網站作為測試頁面集的資料來源。

系統採用兩個指標評價系統的性能：回收率（Recall Rate）、精確度（Precision Rate）。

回收率表示爬蟲已爬行到的與主題相關的網頁數佔爬行範圍內與主題相關的總網頁數的百分比。

$$recall\_rate \ = \ \frac{n}{M} \tag{7-1}$$

公式中：n 為已爬行到的相關網頁總數；M 為爬行範圍內與主題相關的總網頁數。

精確度表示爬蟲已爬行到的與主題相關的網頁數佔已爬行到的所有網頁數的百分比。它是從網頁的粒度上來評價爬蟲的性能。

$$\text{precision\_rate} = \frac{n}{N} \tag{7-2}$$

公式中：n 為已爬行到的相關網頁總數；N 為已爬行到的所有網頁總數。

7.3.2 URL 與主題相關性判定演算法測試

1. 測試方法

為了對演算法性能進行定量比較，從相同的初始 URL 集合開始，分別使用寬度優先演算法、基於語義相似度的連結判定演算法、PageRank 演算法、APageRank 演算法對資料進行採集。為了避免其他因素的影響，保證各演算法關於 URL 主題性相關預測指標的準確性，在該測試中暫不考慮頁面與主題相關性判定模組。

在計算採集精確度和回收率時，必須統計各種演算法採集的頁面是否真正和主題相關的，為了節約時間，仍然採用了基於關鍵字的向量空間模型以及利用兩向量夾角餘弦公式 $\text{Sim}(D) = \cos\theta = \dfrac{\sum_{i=1}^{n} D_i \times T_i}{\sqrt{\left(\sum_{i=1}^{n} D_i^2\right)\left(\sum_{i=1}^{n} T_i^2\right)}}$ 進行相關度計算，並透過門檻值來判斷是否相關。

2. 測試結果及分析

表 7-3 顯示了各種方法精確度和回收率的比較。在採集精確度方面，排名由低到高為 PageRank 演算法（30%）、寬度優先演算法（39%）、APageRank 演算法（62%）、基於語義相似度的連結判定演算法（87%）。在回收率方面，排名由低到高為 PageRank 演算法（31%）、寬度優先演算法（40%）、基於語義相似度的連結判定演算法（42%）、APageRank 演算法（86%）。

測試結果中，PageRank 方法的精確度和回收率均不理想，這是因為它在採集過程中始終是泛主題化的，即同等看待各個提取的連結，而不是針對特定主題的連結的，優先採集的都是基於普遍主題重要度的頁面，所以它的精確度和回收率都約等於相關主題頁面在整個測試頁面集中的比重。寬度優先演算法在精確度和回收率兩方面都要優於 PageRank 演算法,這是因為主題頁面分佈的 Linkage Locality 特徵,即頁面傾向於連結到與它主題相關的頁面。基於語義相似度的連結判定演算法表現出很高的精確度,但卻在回收率方面表現不盡如人意,這主要是因為在相關性判斷的時候把某些相關的網頁過濾以後,導致很多應該採集的頁面沒有採集到。

APageRank 演算法是基於語義相似度的連結判定演算法和 PageRank 演算法的折衷,它既繼承了基於語義相似度的連結判定演算法精確度高的特點,又發揮了 PageRank 能發現相關於主題的重要頁面的特性,並且能夠對 "隧道" 進行有效的採集,因而採集的精確度和回收率都是較高的。

表 7-3 幾種演算法的精確度和回收率比較

演算法	精確度 /%	回收率 /%
寬度優先	39	40
基於語義相似度的連結判定演算法	87	42
PageRank 演算法	30	31
APageRank 演算法	62	86

為了更好地分析演算法的動態性能,記錄下每採集 500 個頁面含有的主題頁面數,計算其精確度,最後得出比對結果如圖 7-4 所示。

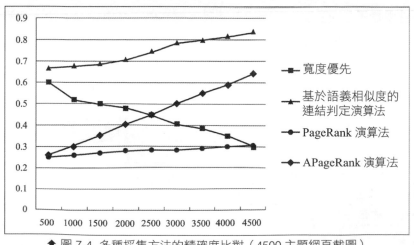

↑ 圖 7-4 多種採集方法的精確度比對(4500 主題網頁截圖)

採集精確度的變化從另一角度反映了各個演算法的特性。寬度優先演算法一開始的採集精確度非常高，這主要是因為初始 URL 都是一些與主題相關度較高的種子 URL，而主題頁面的 Linkage Locality 特性又保證了接下來採集的 URL 主題相關度也很高，但隨著非相關 URL 的加入，此時它的採集精確度就大大降低了。

PageRank 演算法的變化率不大，PageRank 值大的頁面往往是比較優秀的頁面，但相對於具體的主題而言並不一定具有高度的相關性，這一點也表現在它相對穩定的精確度上。基於語義相似度的連結判定演算法變化率也不大，比較平穩，但是它的精確度一開始就很高。

APageRank 演算法在採集的初始階段精確度並不高，這是因為初始階段已採集的主題頁面數量不多，因此，在計算每個頁面中的 APageRank 值並不準確，所以根據連結分析結果，會同時採集一些與主題無關的頁面。而隨著採集的主題頁面越來越多，系統透過不停地迭代計算每個已採集的主題頁面的 APageRank 值，每個主題頁面權重趨向於平穩，用於預測主題相關的 APageRank 值就會越準確，因此，採集到的無關頁面數量就會逐漸減少，採集的精確度逐漸提高並趨向穩定。

表 7-4 是幾種演算法的演算法代價比較。實驗結果如預期的一樣，演算法越複雜，處理時間越長。顯然，寬度優先演算法代價最小，因為它沒有做任何主題相關度的計算和比較。PageRank 演算法需要計算每個頁面的 PageRank 值，而且在提取過程中需要多次計算，因而演算法代價要高於寬度優先演算法。基於語義相似度的連結判定演算法要對連結中標記和錨文字等進行相關度計算，雖然資訊量不大，所花的時空代價也很小，但比起寬度優先演算法又顯得複雜一些。

表 7-4　幾種演算法的演算法代價比較

演算法	演算法代價
寬度優先	小
基於語義相似度的連結判定演算法	較小
PageRank 演算法	適中
APageRank 演算法	較大

APageRank 演算法的時空代價則較大，因為在計算每頁 APageRank 值的同時，還要計算很多連結的相關性，這較多地增加了演算法的複雜性。但是透過仔細分析可以發現，實際研究的是主題導向的資訊採集，因此，最終保存的只是與主題相關的頁面，較傳統的泛主題的資訊採集的頁面要少的多，同時，搜尋引擎的索引模組需要對採集的頁面按照關鍵字進行索引，產生反向檔案，基於整個 Web 的資訊採集產生的索引檔案將十分浩大，而基於主題的索引檔案相對就非常小，這極大地提高了資源佔用率。同時，由於是主題導向採集，APageRank 演算法主要是在與主題相關的頁面之間不停的迭代，其迭代規模及迭代次數相對於 PageRank 演算法而言非常的小，因此，從一定程度上也可以提高系統的性能。實驗結果也證明，雖然增加了相關度的計算，但 APageRank 演算法代價並不比 PageRank 高很多。另一個非常重要的結果就是相對 PageRank 演算法而言，APageRank 演算法能提供更加精確的主題頁面。因此，APageRank 演算法具有更好的實用價值。

7.3.3 輿論採集應用分塊方法的效果測試

1. 測試方法

將 SPCOLA 演算法應用於主題爬行演算法，以下從主題爬行的角度測試其是否能顯著地提高主題爬蟲的性能。

採用的主題爬行演算法是 Best First Search 演算法，根據前面的分析可以知道該演算法的爬行主題是採用關鍵字集合表示的，URL 的優先權是根據主題詞和與已下載網頁 p 的文字內容來計算，用它們的相關度來估計 p 所指向網頁的相關度。因此採取的方法是用分塊後的主題文字內容和相關連結塊來計算網頁相關度，而 Best First Search 用的是整個網頁內容。

為使比較過程公平，選取統一的類別、統一的爬行起點（種子 URLS）和同樣的參數設定。在系統測試時，選擇的主題是 "奧林匹克"，停止條件是當系統爬行了 4000 頁面時停止。

2. 測試結果及分析

圖 7-5 為增加 SPCOLA 分塊之前後的採集網頁對比。從圖 7-5 中可以看出，
SPCOLA 分塊方法加入後，Best First Search 採集的相關頁面數量明顯增加。這是
因為 Best First Search 在處理網頁的時候以整個頁面為最小的處理單元，對下載
的網頁進行主題判斷，如果下載的網頁與主題相關則將網頁中的連結全部抽取，
否則將網頁丟棄。而加入了分塊演算法以後，不但過濾掉了大量的雜訊和雜訊連
結，而且以網頁中的分塊中為最小的處理單元，對網頁中的分塊進行主題判斷，
如果網頁中的內容塊與主題相關則將內容塊中的連結抽取出來，否則將該內容塊
丟棄。

這種方法透過對網頁的主題文字和相關連結塊的準確識別、提取，能更準確地
計算網頁的相關度，更有效地發現相關連結，從而能顯著提高主題爬行演算法
的性能。

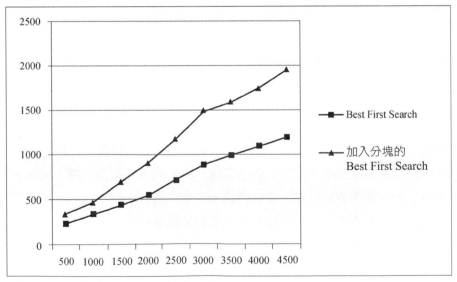

▲ 圖 7-5 SPCOLA 分塊之前後的 BFS 採集效果比對（4500 主題網頁截圖）

■ 7.4 輿論資訊叢集實驗與結果分析

7.4.1 實驗資料選取和測試指標

目前在主題網路輿論分析方面還沒有標準的、開放的訓練樣本集和測試樣本集可供使用，因此本實驗中所用到的資料樣本來源為網路軍事新聞資料，並對採集到的資料進行人工標註。

依託開放原始碼網路爬蟲系統 Heritrix 和 TRS 網路輿論採集雷達，採用定向抓取的方式從軍事網站下載了規模為 22400 篇的新聞網頁資料集並進行人工類別標註。新聞資料來源包括以下主要軍事新聞網站：中國軍網、中華軍事、鳳凰軍事、西陸軍事、人民網軍事、新華網軍事、新浪軍事、搜狐軍事、東方軍事網、鐵血網。資料採集來源設定介面如圖 7-6 所示。

↑ 圖 7-6 輿論資料採集來源設定介面

採集來源設定之後就可以開始網路輿論自動採集工作了，採集工作介面如圖 7-7 所示。由於基於語義的主題網路輿論資訊叢集演算法中產生的叢集數 k 是由用戶指定的，為了減少不同 k 值對叢集品質的影響，在本實驗中採用了與最終產生的叢集數量 k 無關的叢集間的互資訊 MI 的標準化 NMI 作為叢集結果的評價指標。

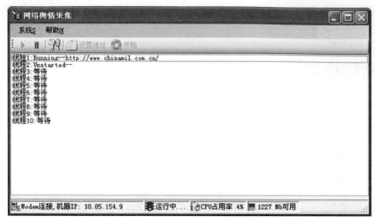

↑ 圖 7-7　輿論自動採集工作介面

假定測試資料集包含 m 個文字，並且有 n 個類別 $C=\{c_1,c_2,\cdots,c_n\}$，如果叢集結果將 m 個文字劃分到 k 個叢集，即 $\overline{C}=\{\overline{c}_1,\overline{c}_2,\cdots,\overline{c}_k\}$，其中設第 i 類 c_i 和第 j 個叢集 $\overline{c}_j$ 分別包含有 m_i 和 m_j 個文字，m_{ij} 表示同時包含在 c_i 和 $\overline{c}_j$ 中的文字數，則 NMI 計算公式如下：

$$\text{NMI} = \frac{\displaystyle\sum_{i=1}^{n}\sum_{j=1}^{k} m_{ij}\log\left(\frac{m \times m_{ij}}{m_i \times m_j}\right)}{\sqrt{\left(\displaystyle\sum_{i=1}^{n} m_i\log\left(\frac{m_i}{m}\right)\right)\left(\displaystyle\sum_{j=1}^{k} m_j\log\left(\frac{m_j}{m}\right)\right)}} \tag{7-3}$$

NMI 度量叢集結果與資料集原有類別之間的一致性。NMI 的值越接近 1，表示叢集效果越好，當叢集結果與資料分類完全一致時，NMI 的值等於 1；當 NMI 等於 0 時，表示是一種隨機的混亂叢集劃分。

7.4.2　基於語義的叢集分析實驗方法

在已經標註好的資料集中, 徐震選取了"中國海軍護航""黃海軍演""解放軍地震救災""中國稀土問題""殲 -20""北斗衛星""和平使命 2010""空軍利比亞撤僑""2011 中國國防預算"九個類別的 Web 頁面作為實驗對象，在每個類別中隨機選取 300 篇作為測試集。

為了驗證基於語義的主題網路輿論資訊叢集演算法的實際效果，在相同資料集上進行了兩組實驗，實驗設定如下。

【實驗一】：驗證基於語義特徵和統計特徵的 Web 文字相似度演算法的有效性和可行性，實驗中當 Web 文字相似度權重調節因子 β 分別取不同值時檢驗基於語義的主題網路輿論資訊叢集演算法的效果。

【實驗二】：將基於語義的主題網路輿論資訊叢集演算法與其他叢集演算法進行對比實驗，選取的參照演算法有：k-Means 演算法、基於多維伯努力機率模型的叢集演算法（Multivariate Bernoulli Model，MBM)、基於多項式模型的叢集演算法（Multinomial Model，MM）。

7.4.3 實驗結果及分析

在實驗一中，設定叢集數目 k=17，當 Web 文字相似度權重調節因子 β 取不同值時，該叢集演算法的調節因子 β 與 NMI 的對應關係如圖 7-8 所示。其中，橫軸表示調節因子 β 的取值，縱軸是對應的 NMI 值。

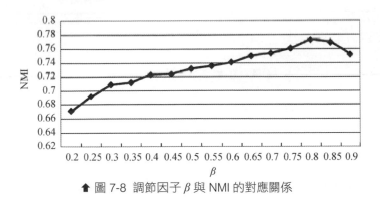

▲ 圖 7-8 調節因子 β 與 NMI 的對應關係

圖 7-8 表明，調節因子 β 越大，即在 Web 文字相似度計算時較偏重語義特徵相似度，叢集效果越好；但當調節因子大於 0.8 時，叢集效果將會降低。這說明 Sipo-Ontology 的應用在一定程度上會使得叢集結果更為精確，但同時某些出現頻繁的關鍵字的作用也是不可忽視的，因此之前得出的基於語義特徵和統計特徵的 Web 文字相似度計算方法兼顧了二者，可以得到較理想的叢集效果。

在實驗二中，調節因子 β=0.8，該叢集方法與其他叢集方法所得到的 NMI 值相比較的結果如表 7-5 所列，其中的所有 NMI 值都表示成為平均值 ± 標準偏差（Average±Standard Deviation）的形式，表中 k 表示叢集數。

表 7-5　叢集結果 NMI 值對比

叢集演算法 ＼ k	11	15	17	21
k-Means	0.55±0.02	0.58±0.01	0.58±0.01	0.57±0.01
MM	0.52±0.02	0.54±0.04	0.54±0.04	0.56±0.02
MBM	0.36±0.01	0.46±0.01	0.50±0.01	0.51±0.01
本書演算法	0.57±0.02	0.65±0.03	0.68±0.01	0.69±0.01

各演算法的 NMI 均值如圖 7-9 所示。

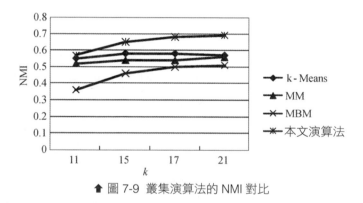

↑ 圖 7-9　叢集演算法的 NMI 對比

圖 7-9 實驗結果表明，基於語義的 SIPO 資訊叢集方法，利用 Sipo-Ontology 將關鍵字特徵集合轉換成包含基於 Sipo-Ontology 的語義概念特徵和基於關鍵字的未匹配特徵的 Web 文字向量集合，利用該集合作為 Web 文字的知識表示形式能充分利用 Web 文字的語義內容資訊，可以較好地提高叢集的準確度。

在叢集效率方面，各演算法的平均執行時長如圖 7-10 所示。其中，k-Means 演算法執行時間最長，MBM、MM 和本演算法的效率基本在同一數量級之間。本演算法在語義特徵抽取轉換階段將關鍵字空間映射到語義概念空間，利用 Sipo-Ontology 中的類別、屬性、實例來表示 Web 文字特徵，能有效降低特徵空間維度，因此能簡化 Web 文字相似度計算的複雜度，並縮短演算法的執行時間。

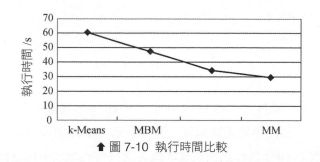

▲ 圖 7-10 執行時間比較

綜上所述，在計算 Web 文字的相似度時，一方面利用 Sipo-Ontology 的良好的概念階層結構來計算 Web 文字語義特徵向量的相似度；另一方面將基於關鍵字的未匹配特徵向量的相似度作為 Web 文字語義相似度的重要補充，將語義特徵向量相似度和未匹配特徵向量相似度共同參與到 Web 文字相似度的計算之中。與通常的相似度計算方法相比，該計算過程充分考慮了詞語間的語義關係，又考慮了頻繁關鍵字對內容分類的影響。因此，利用此方法能提高凝聚階層叢集法的叢集準確度和效率。

■ 7.5 輿論資訊分類實驗與結果分析

7.5.1 基於語義的輿論分類實驗方法

1. 測試指標

對於 Web 文字分類演算法，測試時常用的評測指標包括準確率 P（Precision）、回收率 R（Recall）、F 值（F-Measure）等，因此在基於語義的主題網路輿論資訊分類實驗中也採用準確率、回收率、F 值作為測試指標。

對於每一類別的分類器，測試指標定義如下：

$$P = \frac{正確分類的文件數}{返回的文件數}$$

$$R = \frac{正確分類的文件數}{實際該類總文件數}$$

$$F - Measure = \frac{2 \times P \times R}{P+R}$$

2. 實驗方法

在已經標註好的資料集中，徐震選取了 "中國海軍護航" "黃海軍演" "殲 -20" "北斗衛星" "2011 中國國防預算" 五個類別的 Web 頁面作為實驗對象，在每個類別中隨機選取 1000 篇作為訓練樣本集，另外每個類別中再隨機選取 300 篇作為測試樣本集。

為了比較之前研究的分類演算法性能，實驗中同時採用了 KNN 分類方法作為比較。KNN 方法採用詞向量空間模型來表示文字特徵，每一類文字選擇了 500 維特徵向量，取 k=18。在 Web 文字相似度計算公式中，調節因子 β=0.8。

7.5.2 實驗結果及分析

表 7-6 是 KNN 演算法的實驗結果，表 7-7 是基於語義的 SIPO 資訊分類演算法的實驗結果。

表 7-6 KNN 分類演算法實驗結果

類別	指標	準確率 P	回收率 R	F 值
類別一	中國海軍護航	79.80%	73.42%	76.48%
類別二	黃海軍演	64.12%	75.18%	69.21%
類別三	殲 -20	70.01%	69.01%	69.51%
類別四	北斗衛星	78.14%	76.52%	77.32%
類別五	2011 中國國防預算	90.11%	85.42%	87.70%

表 7-7 基於語義的 SIPO 資訊分類演算法實驗結果

類別 \ 指標		準確率 P	回收率 R	F 值
類別一	中國海軍護航	86.61%	85.42%	86.01%
類別二	黃海軍演	79.92%	87.13%	83.37%
類別三	殲 -20	83.41%	76.35%	79.72%
類別四	北斗衛星	83.19%	82.33%	82.76%
類別五	2011 中國國防預算	85.42%	87.26%	86.33%

將兩種演算法在三種指標上進行對比，準確率對比結果如圖 7-11 所示，回收率對比結果如圖 7-12 所示，F 值對比結果如圖 7-13 所示。

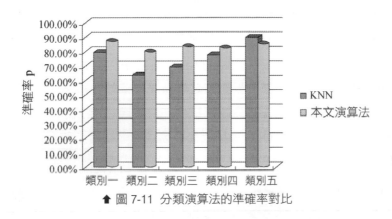

↑ 圖 7-11 分類演算法的準確率對比

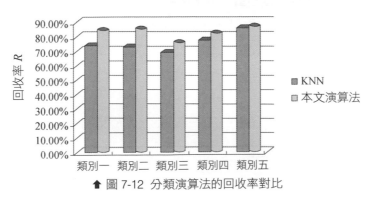

↑ 圖 7-12 分類演算法的回收率對比

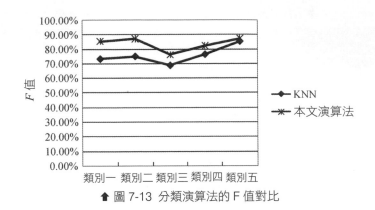

↑ 圖 7-13 分類演算法的 F 值對比

從以上三個對比圖可以看出：除了類別五的精確度之外，基於語義的 SIPO 資訊分類演算法較傳統 KNN 分類演算法在其他四個類別上的精確度和回收率都有了一定程度的提高。根據 F 值的對比圖，除類別三之外，新分類演算法的分類性能波動性較小。另外，透過記錄實驗中兩種演算法的處理時間，發現新演算法與 KNN 演算法的執行時間基本一致，其主要原因是該演算法雖然在特徵抽取轉換過程中增加了一定的時間複雜度，但是透過語義特徵抽取轉換之後，Web 文字特徵向量空間維度降低，因此在計算 Web 文字相似度計算過程中提高了效率，總體耗時基本沒有增加。

透過本實驗可以看出，基於語義的 SIPO 資訊分類演算法，由於在分類計算過程中以語義相似度計算模型為核心對傳統 KNN 分類演算法進行了改進，降低了 Web 文字物件的特徵空間維度和相似性計算複雜度，提高了處理效率和準確度。另外，此方法具有較好的靈活性和適用性，對多語種和多領域具有一定的通用性，並且具有較高的準確率和回收率，達到了理想效果。

08

基於情感本體的網路
輿論傾向性分析

主題網路輿論一般在態度上都具有明顯的情感傾向性，透過分析判斷主題網路輿論的情感傾向性，可以及時研判各方對主題活動方面的態度，發現不利因素，使決策部門及時、科學地制定應對方案，處置網路上的資訊內容威脅，主動引導網路輿論的發展。本章共分 5 節，8.1 節概述網路輿論的傾向性分析；8.2 節研究網路輿論傾向性識別方法及比較；8.3 節研究情感本體的建構方法；8.4 節介紹基於情感本體的主題輿論傾向性分析；8.5 節是網路輿論傾向性分析實驗與結果分析；8.6 節是本章內容的小結。

8.1 網路輿論的傾向性分析

網路輿論傾向性分析的實質是 Web 文字傾向性分析，即透過分析 Web 文字內容中關於某個事件的看法或評論，從而判斷該看法或評論對該事件的情感傾向性。Web 文字傾向性分析的主要任務包括：①標籤出 Web 文字中能夠體現情感傾向的詞或片語；②對標籤出的情感詞的傾向極性及強度進行計算；③對 Web 文字的整體情感傾向做出判斷。如果將 Web 文字傾向性分為褒義和貶義兩類的分類問題，可以使用傳統機器學習方法進行識別。例如 Pang 等人使用貝氏、最大熵、SVM 等文字分類方法進行基於語義傾向性的文字分類。除了將分類理論應用於 Web 文字傾向性分析之外，有學者還應用語義模式進行文字傾向性分析，如 Yi 提出的情感分析器（Sentiment Analyzer），該分析器首先使用句法分析器對句子進行語法分析，然後利用情感詞彙表和情感模式庫對句子的語義關係進行分析得到文字的傾向性結果。另一個比較常用的 Web 文字傾向性分析方法是對 Web 文字中情感詞彙的語義傾向進行度量，然後對所有情感詞彙的傾向度量值求其均值，以此得到文字的傾向性結果。如 Jaap Kamps 從 WordNet 的同義結構圖為基礎，透過計算詞語與具有強烈傾向性的種子詞（Seed Words）之間的相似度得到詞語的褒貶傾向度量值，也有學者研究基於 HowNet 的詞彙語義傾向計算方法。

在基於情感本體的主題網路輿論傾向性分析中，以上研究還缺乏概念的全面性和領域的針對性。本章以軍事網路輿論為主題，研究情感本體建構和基於 HowNet 與主題領域語料的情感概念選擇方法。情感本體可以充分地表達情感詞彙之間所蘊含的語義資訊，如詞彙的情感傾向性以及詞彙間的相似、遞進和轉折關係等，以情感本體為基礎計算 Web 文字特徵的傾向性，可以為 Web 文字傾向性分析提供有效依據。

■ 8.2 網路輿論傾向性識別方法及比較

8.2.1 基於文字分類的傾向性識別

基於文字分類的文字傾向性識別是一種有指導的學習方法：①需要訓練樣本集，對訓練集中的文字傾向性進行人工標註作為學習樣本；②使用機器學習方法建構分類器；③使用訓練好的分類器對待識別文件進行分類得到其傾向性。

演算法 8-1 基於文字分類的文字傾向性識別演算法

輸入：待分類文字 d。

輸出：傾向性分類結果 C。

【步驟1】對訓練樣本集進行分詞；

【步驟2】利用情感詞表標籤文字中的情感特徵詞；

【步驟3】利用 TF-IDF 公式和情感詞本身的情感權重對特徵權重進行計算；

【步驟4】根據文字情感特徵和權重得到文件情感向量的特徵空間；

【步驟5】對待分類文字 d 進行分詞處理和特徵權重計算，得到文字 d 的情感向量的特徵空間；

【步驟6】利用 KNN 或 SVM 分類器對文字 d 進行分類；

【步驟7】得到文字 d 的傾向性分類結果 C。

8.2.2 基於語義規則的傾向性識別

基於語義規則的文字傾向性識別方法是用語義模式作為文件的特徵，把語義資訊體現在語義模式之中。語義模式可以理解為是：對自然語言的句法結構進行簡化後得到的一種結構，一般可以表示為

$$語義模式 =< 主體 >< 行為 >< 受體 >,< 語義傾向值 > \tag{8-1}$$

公式中：＜主體＞，＜行為＞，＜受體＞稱為語義模式的部件，分別對應句子的主語、謂語和賓語，＜語義傾向值＞表示語義模式的語義傾向權重，取值區間為 [-1,1]，（0,1] 區間的取值表示正面的情感傾向，[-1,0）區間的取值表示負面的情感傾向。

在實際應用中通常將語義模式進行簡化，得到以下幾種結構：

語義模式 =＜主體＞＜行為＞,＜語義傾向值＞　　　　　　　　　　　　　　（8-2）

語義模式 =＜行為＞＜受體＞,＜語義傾向值＞　　　　　　　　　　　　　　（8-3）

語義模式 =＜主體＞,＜語義傾向值＞　　　　　　　　　　　　　　　　　　（8-4）

語義模式 =＜受體＞,＜語義傾向值＞　　　　　　　　　　　　　　　　　　（8-5）

基於語義規則的文字傾向性識別演算法如下。

演算法 8-2　基於語義規則的文字傾向性識別演算法

輸入：待識別文字 d，語義模式集合 $S=\{s_1,s_2,s_3,\cdots,s_m\}$，部件集合 $T=\{t_1,t_2,t_3,\cdots,t_n\}$，門檻值 δ。

輸出：傾向性結果 C。

【步驟 1】對 d 進行詞法分析；

【步驟 2】提取出與 T 中元素相匹配的所有特徵；

【步驟 3】取出與 S 中元素相匹配的語義模式，得到匹配的語義模式集合 $M=\{m_1,m_2,m_3,\cdots,m_k\}$ 和集合中每個元素的語義傾向值 w_i；

【步驟 4】累加所有匹配模式的語義傾向值，結果作為文字 d 的語義傾向值 $W(d) = \sum_{i=1}^{k} w_i$；

【步驟 5】比較 $W(d)$ 與門檻值 δ，若 $W(d)>\delta$, 則 d 為正面傾向，若 $W(d)<\delta$, 則 d 為負面傾向；

【步驟 6】輸出文字 d 的傾向性結果 C。

8.2.3 基於情感詞的傾向性識別

基於情感詞的文字傾向性識別方法，主要是根據詞彙的傾向值來度量文字的傾向值，詞彙的傾向值是透過計算詞彙與具有強烈傾向意義的基準詞之間的關聯度來獲得。比較典型的方法是：確定 n 個表示正面語義的基準詞和 n 個表示負面語義的基準詞，如果要確定文字中特徵詞的傾向值，可以先計算該詞與 n 個正面詞的關聯度和 n 個負面詞的權重，然後計算兩權重之差作為該特徵詞的傾向值。其中，特徵詞與基準詞的關聯度計算方法，有基於互資訊的 PMI_IR 方法，還有以WordNet 和 HowNet 為工具來計算特徵詞與基準詞的語義距離進而判斷特徵詞的傾向性。

基於情感詞的文字傾向性識別演算法如下。

演算法 8-3 基於情感詞的文字傾向性識別演算法

輸入：待識別文字 d，情感特徵集合 T，門檻值 δ。

輸出：傾向性結果 C。

【步驟 1】對 d 進行詞法分析，提取文件特徵；

【步驟 2】計算特徵在文字中的權重 θ；

【步驟 3】計算特徵詞與集合 T 中基準詞之間的關聯度 R；

【步驟 4】計算特徵的語義傾向值 $w=R\theta$，累加文字所有特徵詞的語義傾向值，結果作為文字 d 的語義傾向值 $W(d) = \sum_{i=1}^{k} w_i$；

【步驟 5】比較 $W(d)$ 與門檻值 δ，若 $W(d)>δ$, 則 d 為正面傾向，若 $W(d)<δ$, 則 d 為負面傾向；

【步驟 6】輸出文字 d 的傾向性結果 C。

以上三種傾向性分析方法各有優缺點，適用於不同的情況。

(1) 當主題領域限定時，基於文字分類的方法效果較好，但需要大規模的經人工標註的訓練集對分類器進行訓練；當主題數目較多或是主題不固定時，則訓練集人工標註和分類器訓練耗時耗力。

(2) 基於語義規則模式的方法充分考慮了語義模式對傾向性識別的影響，當主題領域限定時其分類效果最好，但目前還無法實現自動抽取語義模式，且由於每個語義模式及其語義傾向權重都需要人工完成，工作量較大，具有領域性限制。

(3) 基於情感詞的方法對所有主題使用同一個分類器，實現簡單，執行速度快，這種方法對情感基準詞的選定要求很高，基準詞集合的建構品質和語義關聯度的計算方法對傾向性識別的精度有很大影響。

基於以上考慮，下面將以第三種方法的思路為基礎，結合基於語義規則和基於統計的兩種文字傾向性分析方法，研究基於情感本體的主題網路輿論傾向性分析方法，在情感基準詞的選取上充分考慮詞彙以及詞彙之間的語義資訊，建構情感本體，以情感本體為基礎計算詞彙傾向度，結合詞彙語義傾向度對文字的傾向性進行度量。

▌ 8.3 情感本體的建構方法

8.3.1 HowNet 和領域語料的情感概念選擇

HowNet（知網）是目前傾向性研究首選的基礎資源之一，已經標註過的情感分析用詞語集分為正面和負面兩類詞彙，正面詞彙共有 4566 個，包括正面評價詞語 3730 個和正面情感詞語 836 個；負面詞彙共有 4370 個，包括負面評價詞語 3116 個和負面情感詞語 1254 個（表 8-1）；此外還有表示程度等級的詞語 219 個，並根據其修飾的強度共分為表 8-2 的 6 個等級。

表 8-1 HowNet 情感分析用詞語集

序號	類別	數目	中文例詞	英文例詞
1	正面情感詞語	836	快樂 / 好奇 / 喝彩	happy/curiosity/applaud
2	正面評價詞語	3730	勇敢 / 漂亮 / 高效	brave/beauty/efficiently
3	負面情感詞語	1254	哀傷 / 鄙視 / 後悔	sad/spurn/regret
4	負面評價詞語	3116	醜陋 / 錯誤 / 低劣	ugly/false/inferior

表 8-2 HowNet 的程度副詞等級

等級類別	程度等級	數目	範例	權重調節強度係數
1	極其 (extreme)	69	極度 / 倍加 / 萬分	2.5
2	很 (very)	42	尤其 / 頗為 / 特別	2
3	較 (more)	37	愈 / 較為 / 更加	1.5
4	稍 (-ish)	29	略加 / 稍微 / 有些	0.5
5	欠 (insufficiently)	12	絲毫 / 不怎麼 / 相對	0.3
6	超 (over)	30	過分 / 過於 / 過度	-1.5

8.3.2 整合多情感概念的情感本體建構

在 HowNet 中選擇的情感概念詞具有通用性，且是靜態的。由於涉軍網路輿論涉及到軍事、政治、外交等相關領域，其中有一些表達情感傾向的用語比較隱蔽，具有領域相關性。如在 "美國、歐盟等國家對中國此次軍演表示強烈關注" 一句中，"關注" 一詞具有明顯的負面傾向；又如在 "美國對中國的軍事外交政策持謹慎態度" 一句中，"謹慎" 一詞在外交用語中也具有負面傾向。而以上兩詞在其他領域中可能定性為不具有情感傾向的中性詞，因此為了優化該軍事領域的網路輿論傾向性分析精度，採用基於 HowNet 的通用情感概念和基於領域語料的專業領域情感概念共同建構情感本體。

(1) 在沒有專門的軍事網路輿論語料庫時，利用 TRS 系統網路資料採集雷達，採取定向抓取的方式（如 10 個軍事新聞網站），從網路軍事網站上抓取新聞資料作為語料來源。

(2) 基於軍事領域語料的專業領域情感概念是一個動態集合，因此領域語料是動態更新的，專業領域情感概念也不固定。

(3) 表徵情感傾向的詞語一般是名詞、形容詞、動詞、固定片語和副詞等，這裡採取先分詞再依詞性過濾保留這部分詞語。

(4) 過濾後的詞語除與 HowNet 中情感概念相同部分之外還保留大量的詞語，首先從統計學上篩選出最能表徵領域情感特徵的詞語，再對其進行人工挑選。特徵

選擇方法採用 χ² 統計量（CHI）進行篩選，根據設定的門檻值得到一個可控大
小初選詞集，然後人工進行挑選標註，如表 8-3 所列。

表 8-3 基於領域語料的主題情感概念範例

CHI 排序	標記為 POS 的詞語	統計	標記為 NEG 的詞語	統計	合計
1～100	相互信任 高度讚賞 受歡迎增強互信 深切期待	5	嚴重關切 注意到 深表遺憾深表憂慮 謹慎態度 公開聲明 反應強烈	7	12
101～200	抵禦入侵 防止衝突 和平解決 和平相處 增強互信 擴大交流 加強合作 軍事透明	8	武力鎮壓 入侵挑釁 軍事擴張 武力侵佔 軍事威脅 武裝侵略 武裝衝突	9	17
201～300	局勢穩定 軍事對話 協商一致 加強交流 堅決遏制	5	態勢惡化 不容樂觀 局勢不穩 局勢惡化 局勢緊張 非正義 嚴重威脅	7	12
301～400	英勇善戰 作風優良 紀律嚴明 不怕犧牲 政治合格 熱愛國家 意志堅強 軍事過硬	13	軍事獨裁 霸權主義 軍事霸權 軍事制裁 軍事同盟 軍事圖謀 增加軍費 軍力失衡	11	24
401～500	誓死捍衛 堅決捍衛 亮劍 正義戰爭 自衛戰爭 反恐行動 鋼鐵長城	7	內潛外逃 侵略意圖 險惡用心 陰險狡詐 紀律渙散 棄械投降 軍心渙散	9	16
501～600	反圍剿 優待俘虜 用兵如神 指揮順暢 奮勇殺敵	5	裝備落後 指揮落後 體制缺陷 戰鬥力低	4	9

8.3.3 基於 HowNet 和領域語料庫的本體話題建構

透過情感極性概念選擇構成情感本體，其概念包括基於 HowNet 通用情感概念和
基於主題領域語料的專業領域情感極性概念。情感本體具體建構方法採用 "骨架
法"，圖 8-1 為建構的情感本體片段範例。

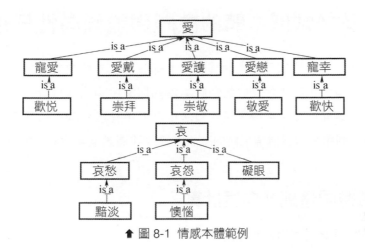

↑ 圖 8-1 情感本體範例

在情感本體中，體現出正面傾向和負面傾向的兩種情感極性概念，為了能夠利用情感本體計算詞彙的語義傾向度，必須對所有概念進行傾向度指派。這裡將情感極性概念傾向度取值區間定義為 [-1,1]，負面情感傾向度取值區間定義為 [-1,0)，正面情感傾向度取值區間定義為（0,1]。首先，從情感極性概念中抽出最能代表正面傾向和負面傾向的詞彙分別作為情感正負傾向的"兩極"，指派為 1 和 -1；然後，按照基於 HowNet 的詞彙語義相似度計算方法分別計算所有情感概念與"兩極"的相似度，把相似度值作為情感概念的傾向值，以此方法得到情感本體中概念的語義傾向度。表 8-4 為情感本體概念語義傾向度值的範例。

表 8-4　情感本體概念傾向度值範例

編號	概念	傾向極性	情感傾向度編號	概念	傾向極性	情感傾向度	
1	愛	正極	1	10	敬愛	正極	0.264
2	寵愛	正極	0.644	11	歡快	正極	0.286
3	愛戴	正極	0.614	12	哀	負極	-1
4	愛護	正極	0.697	13	哀愁	負極	-0.416
5	愛戀	正極	0.601	14	哀怨	負極	-0.423
6	寵倖	正極	0.598	15	礙眼	負極	-0.386
7	歡悅	正極	0.401	16	黯淡	負極	-0.286
8	崇拜	正極	0.386	17	懊惱	負極	-0.213
9	崇敬	正極	0.215				

■ 8.4 基於情感本體的主題輿論傾向性分析

結合上節的情感本體建構理論，徐震研究了基於情感本體的主題網路輿論傾向性分析演算法。首先，利用建構好的情感本體抽取文字傾向性分析的特徵詞彙，並判斷詞彙的情感傾向度；然後，結合句法規則考慮程度副詞對詞彙情感傾向度的影響；最後，利用特徵詞彙情感傾向度對主題網路輿論文字傾向性進行分析。

8.4.1 特徵詞情感傾向度計算

計算主題網路輿論文字的情感傾向性，首先計算文字中詞彙特徵的情感傾向度，然後利用詞彙特徵的情感傾向度來度量文字的情感傾向性，詞彙特徵的情感傾向度可以採取計算該詞彙與情感本體的語義相似度的方法來獲得。

特徵詞彙情感傾向度的計算過程中考慮兩個因素：①特徵詞彙與情感本體中所有概念基於 HowNet 的語義相似度；②情感本體中的概念本身的情感傾向度。特徵詞 T_i 的情感傾向度計算公式為

$$OT(T_i) = \sum_{j=1}^{n} (Sim(T_i, T_j) \times O_{T_j}) \tag{8-6}$$

公式中：n 為情感本體中所有的概念個數；T_j ($j=\{1,2,3,\cdots,n\}$) 為本體中的概念；$Sim(T_i, T_j)$ 為特徵詞 T_i 與情感本體中的概念 T_j 的語義相似度；O_{T_j} 為情感本體中的概念 T_j 的情感傾向度。其中 $Sim(T_i, T_j)$ 的計算方法採用基於 HowNet 的詞彙語義相似度計算方法。

8.4.2 增加程度等級的特徵詞權重計算

Web 文字特徵詞採用基於改進 N-Gram 的特徵項選擇方法可以獲得，特徵詞的情感傾向度作為其權重。但該方法獲得的權重值沒有考慮表示情感程度等級的副詞。這裡賦予每個程度詞一定等級，若某個特徵詞前出現一個程度詞，則首先判斷該程度詞的等級，然後根據程度詞的等級對特徵的傾向度進行對應的調整。前

面已將程度詞分為 6 大類（表 8-2），再考慮否定詞，在對程度詞權重調節強度係數指派時增加否定詞類別，如果將否定詞的修飾程度定義為負值，則否定詞與它的中心詞相結合表達相反的情感極性，在 HowNet 中選取具有否定意義的義原，從中抽取出包含否定義原的概念得到否定詞，將否定詞和程度詞放在一起進行統一處理：類別 7，程度等級否（not），權重調節強度係數 -1。

在進行特徵權重的計算過程中，用 Stanford Parser 對句子進行句法分析，得到程度詞和特徵詞的搭配關係，產生所需要的資料結構如圖 8-2 所示，連結串列 TL 中存放 Web 文字特徵，與該特徵相關聯的程度詞放在連結串列 EL 中。採用句法分析得到與 Web 文字特徵相關聯的程度詞之後，可以根據特徵的情感傾向度和其程度詞的權重調節強度係數對特徵詞 T_i 的權重 $w(T_i)$ 進行計算：

$$w(T_i) = \sum_{k=1}^{m} (OT(T_i) \times e_k) \tag{8-7}$$

公式中：m 為與 T_i 相關聯的連結串列 EL 的長度 ;e_k 為連結串列 EL 中每個元素的權重調節強度係數。

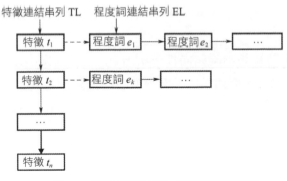

↑ 圖 8-2 特徵權重計算的資料結構示意圖

8.4.3 基於情感本體的傾向性分析過程

主題網路輿論傾向性分析流程主要分為訓練過程和識別過程。訓練過程的目標是採用機器學習演算法對訓練樣本進行訓練，建構出情感分類器。具體如圖 8-3 所示，採用 SVM 方法對其進行分類。識別過程主要是針對訓練過程建構的情感分類器對待識別 Web 文字進行情感分類，首先提取待識別 Web 文字的情感特徵並透過特徵權重計算得到其特徵概念向量表示，作為分類器的輸入，最後根據分類器的計算得到待識別 Web 文字的分類結果。

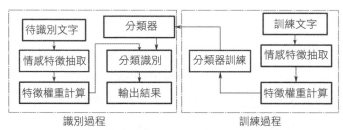

↑ 圖 8-3 主題網路輿論傾向性分析流程

8.5 網路輿論傾向性分析實驗與結果分析

8.5.1 實驗方法

1. 測試指標

基於情感本體的主題網路輿論傾向性分析方法，是對主題網路輿論進行褒貶分類，實驗的最終目的是判斷建構的分類器的實際分類能力。因此，本實驗採用準確率 P（Precision）、回收率 R（Recall）、F 值（F-Measure）作為測試指標，計算如下：

$$P = \frac{傾向性識別正確的文件數}{返回的文件數}$$

$$R = \frac{傾向性識別正確的文件數}{實際總文件數}$$

$$\text{F-Measure} = \frac{2 \times P \times R}{P + R}$$

2. 實驗方法

在已經標註好的 Web 網頁集合中隨機選取 2000 個網頁，人工對其進行褒貶傾向性標註，然後將其分成兩部分，每部分 1000 個，分別作為訓練集和測試集。為了驗證基於情感本體的軍事主題網路輿論傾向性識別演算法的實際效果，徐震在相同資料集上進行了四次實驗進行對比。

【實驗一】：基於文字分類的傾向性識別方法，利用 SVM 分類器對測試文字進行傾向性分類。

【實驗二】：採用基於 HowNet 的情感本體概念選擇方法建構情感本體，抽取情感概念特徵，然後計算特徵的情感傾向度，並直接將情感傾向度作為特徵權重，最後利用本書提出的文字傾向性分析演算法對測試文字進行傾向性分類。

【實驗三】：在實驗二基礎上，結合基於 HowNet 情感概念選擇和基於領域語料情感概念選擇方法建構情感本體，抽取情感概念特徵，並計算特徵的情感傾向度，直接將情感傾向度作為特徵權重，最後利用本書提出的文字傾向性分析演算法對測試文字進行傾向性分類。

【實驗四】：在實驗三基礎上，利用程度等級副詞對特徵權重進行調整，最後利用文字傾向性分析演算法對測試文字進行傾向性分類。

8.5.2 實驗結果及分析

根據上述實驗方法，四次實驗結果如圖 8-4 所示。

(1) 實驗一準確率和回收率僅為 25.23% 和 35.41%，因此基於文字分類的方法比較適用於主題分類等應用，但在傾向性分類應用中達不到實用效果。

(2) 實驗二準確率和回收率較實驗一大幅提高，主要是利用情感本體抽取情感概念特徵並計算特徵的傾向度，可較好地將文字中表達情感極性的概念特徵標籤出來，將特徵情感傾向度作為特徵權重得到文字向量空間，因此利用 SVM 分類器進行傾向性分類能得到較高的準確率和回收率。

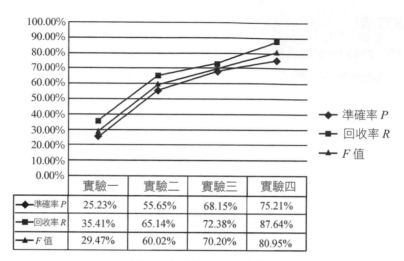

	實驗一	實驗二	實驗三	實驗四
準確率 P	25.23%	55.65%	68.15%	75.21%
回收率 R	35.41%	65.14%	72.38%	87.64%
F 值	29.47%	60.02%	70.20%	80.95%

▲ 圖 8-4 傾向性分析實驗結果

(3) 實驗三在實驗二的基礎上適當改進，其準確率和回收率分別達 68.15% 和 72.38%，比實驗二結果有所提高，主要是在基於 HowNet 的通用情感概念基礎上增加了基於領域語料專業領域情感概念，這些專業領域情感概念在軍事外交領域具有一定的普遍性，將其結合在情感本體的建構過程中可以使 Web 文字情感概念特徵抽取和特徵傾向度計算更為精確，因此能提高傾向性分類的準確率和回收率。

(4) 實驗四在實驗三基礎上，融入程度等級副詞對特徵情感傾向度的影響，利用程度詞等級對特徵權重進行調整，然後再進行文字的傾向性分類，其準確率和回收率分別達到了 75.21% 和 87.64%，可以確定程度等級副詞在文字傾向性識別過程中是一個不可忽視的因素。

綜上所述，本章的傾向性分析方法採用基於 HowNet 和主題領域語料的情感概念選擇方法得到通用和專用的情感概念，利用情感概念建構情感本體，抽取用於文字傾向性分析的特徵詞並計算特徵的情感傾向度，然後結合句法規則考慮程度等級副詞對特徵情感傾向度的影響，最後利用特徵情感傾向度作為特徵權重，採用基於機器學習的方法對軍事主題網路輿論 Web 文字進行傾向性分類，此方法透過實驗驗證具有較高的準確率和回收率，達到了實用效果。

▌8.6 本章小結

本章在研究目前網路輿論傾向性識別方法的基礎之上，研究了基於情感本體的主題網路輿論傾向性分析方法。具體內容是：研究基於文字分類、基於語義規則和基於情感詞計算的三種文字傾向性分析方法，並實現了相關的演算法；基於情感本體的建構理論，在 HowNet 中選擇的情感極性概念詞具有通用性，在專指領域語料中選擇的情感極性概念詞具有專用性，靜態概念詞與動態概念詞的結合提高了情感本體中概念的全面性和領域針對性；得出實現主題網路輿論文字傾向性分析的具體演算法，首先利用建構好的情感本體抽取文字傾向性分析的特徵詞彙並判斷詞彙的情感傾向度，然後結合句法規則考慮程度副詞對詞彙情感傾向度的影響，最後利用特徵詞彙情感傾向度對主題網路輿論文字傾向性進行分析。本章還基於情感本體的主題網路輿論傾向性分析等演算法進行了實驗，結論是利用 SIPO 和情感本體進一步採礦了語義資訊，在 Web 文字內容分析上取得的效果比較令人滿意。當然，目前的實驗工作與實際的執行環境有所差別，由於受測試資料的普遍性和代表性限制，基於本框架開發的原型系統還需進一步修改和完善，接受更為嚴格的測試。

09

知識採礦導向的網路輿論資訊服務

網路輿論的資訊服務是網路輿論分析的重要環節，也是網路輿論採集、處理後的重要任務。本章研究知識採礦導向的網路輿論的資訊服務，共分 4 節。9.1 節是關於網路論壇的輿論話題追蹤，主要工作是提供一種新的話題追蹤模型和基於圖的文字關鍵字計算方法，以詞語語義相關度計算為基礎實現話題與貼文的相關度計算；9.2 節是基於維基百科知識的查詢主題分類，主要工作是在不依賴樣本訓練的無監督方式下，直接利用維基語義資訊實現查詢詞的分類，針對查詢詞特徵稀疏研究基於維基百科知識的查詢詞擴充，給出利用擴充的查詢詞以及語義相關度識別查詢分類的方法，並以專門輿論話題為例得出實驗結果與分析；9.3 節在研究基於詞跨度的事件內容關鍵字獲取和基於共現次數統計的詞彙關聯分析的基礎上，得出網路輿論事件的詞彙關聯實驗結果，對於掌控輿論事件的發展動態和規律起很大作用；9.4 節是本章內容的小結。

9.1 基於網路論壇的輿論話題追蹤

9.1.1 話題追蹤的方法與分析

話題檢測與追蹤技術（Topic Detection and Tracking, TDT）是網路輿論監控與分析中的一項基礎應用，旨在從 Web 上快速、有效地發現潛在的和有價值的知識與資訊，以幫助分析與決策人員應對資訊過載問題。話題追蹤任務是 TDT 的一個子任務，它的目的是監測資料流、識別出預先指定的主題事件等線索在內容或意義上相關的後繼資訊。該任務主要是在缺乏先驗知識的前提下追蹤已知主題的後續內容。因此，話題追蹤系統必須在假設話題先驗知識極少的前提下建構話題模型，識別在語義上相關的後續 Web 文字。

目前，許多輿論分析系統都是基於傳統的 VSM 方法，透過統計文字中語義特徵項的差異程度來表徵文字並體現文字間的區分程度，或結合機器學習訓練正例與反例的方式實現話題追蹤。這些方法通常可較好地處理 Web 長文字資料，但應用在論壇中的貼文時，效果並不理想。其主要原因：①貼文具有短文字特性，其詞語個數少，語義特徵稀疏，難以與追蹤器提供的關鍵特徵項匹配來確定話題的相關程度；②一些貼文內會包含多主題的語言資訊，這樣會涉及話題的多個側面，其文字描述內容往往包含不同於核心主題的其他資訊，同時也包含其他雜訊資料，這些資訊與核心主題混雜在一起，包含大量無關詞語，關鍵特徵的重要程度很容易被冗餘特徵降低，造成追蹤到大量無關文字與相關文字難以識別的問題，影響追蹤器的性能。

網路資訊傳播與更新速度快，話題中會不斷出現新的關鍵字。而這些詞語未在追蹤話題的前期 Web 文字中出現，即產生 "主題漂移" 現象，如不及時調整追蹤設定難以繼續正確地追蹤話題。需要引入自學習策略，使用連續的後續資料更新話題模型以適應話題變化現象。所以，如何以語義相關度計算解決資料稀疏性，減少文字中的雜訊資料以提高關鍵字識別的正確性是目前話題追蹤中需要解決的主要問題。針對語義化計算問題，一些學者以知網作為背景知識期望解決短文字問題，即將追蹤話題與文字表示為關鍵字向量，利用知網中的概念階層關係計算文字與話題的相關程度來實現論壇話題追蹤。這些方法能提高追蹤話題的語義化處理程度，但忽視了對雜訊資料的處理，Web 文字中的大量雜訊資料仍有可能降低系統性能。更重要的是，知網中具名實體數量相對有限，知識的覆蓋程度與更新程度仍需依賴手工添加和維護。如軍事話題導向的追蹤，則需要的軍事類語義知識覆蓋面更廣、綜合性更強。雖然作為通用本體的知網能夠表示出詞語之間的語義聯繫，但對於專指領域內的實體概念覆蓋度與關係表達能力明顯不足，難以滿足領域任務中的實際需求。有學者利用特徵詞之間的共現關係加強語義相關度的計算性能來提高追蹤效果，但這種方法僅考慮了詞語間的共現關係，並未從語義特徵本身提高語義化處理能力。

從文字表示與文字關鍵字抽取角度，杜魯燕提出使用詞彙對代替詞作為特徵項的方法，以詞彙的組合降低雜訊資料的影響。但當 Web 文字中不包含預先定義的共現詞對時，會很容易造成資料稀疏，影響貼文的回收率。KUMARAN 等人認為具名實體名詞在話題追蹤與檢測中起著關鍵作用，透過提高具名實體識別的準確程度提高追蹤的性能。許志凱等人提出了一個話題檢測的通用框架，將文字中的詞語分為實體詞集合、非實體詞集合及以上兩者的合集，提高文字關鍵字的選取與表示性能，分別計算三者的語義相似度提高文字中的統計特徵，實現文字的話題追蹤。任曉東等人則從追蹤器關鍵字更新方面，提出使用叢集技術發現話題關鍵字，提高追蹤性能的方法，即以話題中的具名實體向量作為叢集中心，利用後續 Web 文字不斷更新叢集中心，增強話題追蹤器關鍵字列表對話題演化現象的適應能力，提高對相關話題文字的判斷。這些方法雖然提高了追蹤性能，但仍是以傳統的 VSM 方法選取文字的關鍵字，並未進一步綜合語義化處理來提高追蹤的性能。

與傳統 VSM 方法處理文字不同，一些研究則利用基於圖論的方法處理文字計算任務，來提高文字關鍵字獲取的準確程度。這類方法以文字中的詞語作為圖的節點，詞與詞之間的關係作為連接邊，以文字圖的形式表徵文字，並藉助基於網路結構的採礦方法處理文字。Mihalcea 等人基於這種思路，以文字中詞語共現關係建構文字圖，使用 PageRank 演算法選取文字圖中的關鍵字特徵，其結果優於 TFIDF 等傳統方法。本章即以該方法為基礎並加以改進用於話題追蹤任務。另外，一些學者綜合利用文字中的詞語、語句等結構特徵加強文字圖表徵文字中詞語的語義關係與語義特徵，提高了抽取文字關鍵字特徵的準確程度，但忽視了語義知識在文字處理中的作用。Grineva 等人按照這種思路，利用詞網與維基百科計算文字中詞語間的語義相關度，建構語義化的詞語關係圖描述文字主題，利用基於圖的叢集演算法從含有大量雜訊資料的文字中抽取關鍵字，但其僅研究了關鍵字的抽取工作，並且在文字語義關係的建構上僅考慮了語義相關度，未綜合文字中詞語結構的共現資訊。而實際文字中的詞語間語義關係是不斷變化的，尤其是在話題追蹤中，Web 文字中新的詞語關係會不斷出現，僅以語義相關度表示文字圖中的詞語關係及其關係強度，這並不完全與文字實際描述的內容相符。Tang 等人在 Grineva 的基礎上，同樣以基於圖的方法抽取文字關鍵字，並利用圖編輯距離計算文字語義相關度，但該方法計算複雜度過高，不適合處理節點過多的文字圖，難以適應話題追蹤中的線上處理需求。

維基百科的出現為語義相關度計算提供了一種新的語義資源。由於其準確性高、覆蓋面廣、語義結構明顯、成本低等特點，眾多研究者以維基文件內容、文件連結關係、維基目錄關係以及複合多種關係的方法計算語義相關度，並應用在文字分類、文字叢集、本體建構等知識採礦的相關任務之中。如軍事話題導向的追蹤任務，維基百科中包含了戰爭、武器裝備、政治、人物、地理、機構、事件等大量具名實體，能夠為實現軍事話題追蹤中各實體間的語義理解提供有力支援。然而，以 Web 為導向的環境的複雜性，維基語義知識仍相對有限，維基語義知識需要與傳統方式相結合，才能更好地應用在軍事話題的追蹤任務之中。

與傳統的透過詞頻 (TF)、文件頻率 (DF) 統計文字中語義特徵項的區分程度，選取文字關鍵字實現話題追蹤的方法不同，本章利用維基百科作為背景知識，透過詞語語義相關度計算與詞語共現關係，結合軍事話題的特點與貼子的結構特徵建構文字圖，利用改進的 PageRank 演算法計算文字中的關鍵字，實現追蹤話題與貼文間的語義相關度計算，提高話題追蹤中的語義化處理程度與性能。

9.1.2 基於文字圖的話題追蹤模型

話題追蹤的關鍵技術是計算話題與文字間的相關程度，而如何表示文字與實現語義化的相關度計算，涉及到關鍵字選取問題。所以，話題追蹤任務可分為語義相關度計算與文字關鍵字識別兩個主要問題。

基於文字圖的一種話題追蹤模型如圖 9-1 所示。在追蹤過程中，首先，以關鍵字形式描述追蹤話題，或者透過演算法從範例文字中提取出關鍵字定義為追蹤話題，即追蹤器；然後，將採集到的貼文前置處理為結構化資訊，並進行分詞、停用詞過濾、詞性標註與具名實體識別等處理，其中：人物、地點事件、名稱等實體詞是構成話題的基本要素（這裡在追蹤前置處理中使用了 ICTCLAS 2011 標籤具名實體）；接著，將實體詞與維基概念匹配，建構基於維基語義相關度計算的文字概念語義（關聯）圖和基於共現統計的文字概念共現圖，進而產生文字概念圖 TCG，在 TCG 中以改進的 PageRank 演算法實現關鍵字的選擇識別；最後，比較話題追蹤器與文字關鍵字列表間的語義相關度計分，如果相關度大於門檻值，則標籤為相關話題，進一步如果滿足更新條件則更新追蹤器，使追蹤器適應話題的演化性。

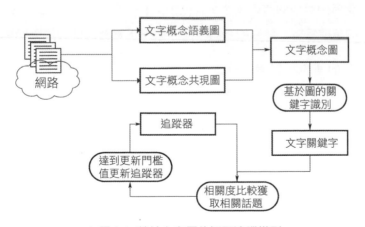

↑ 圖 9-1 基於文字圖的話題追蹤模型

9.1.3 文字概念圖的產生與關鍵字識別

文字中的關鍵字識別是話題追蹤的一項基礎工作。由於貼文的體裁形式與發文者的傾向性及習慣不同，表達的話題會從不同角度表述主題思想，使用的詞語也不盡相同。然而，只要話題相同其所描述的中心思想一般圍繞該話題中的關鍵字語展開，而且這些關鍵字語大多是專有名詞、人物、機構等具名實體。所以，詞語之間必定存在一定的語義關係，其中一部分詞語之間存在固有的靜態關係，即概念本身固有或已有屬性間的語義關係；另一部分由於事物發展變化而聯繫組織在一起，產生動態關係，如突發事件的發生，本無靜態關係的武器裝備與地點、人物與機構之間均會產生密切的關聯。

根據以上觀察與分析，劉曉亮利用維基語義知識與文字中的詞語共現資訊，建構文字概念圖 TCG 表徵這兩種關係，進而以基於圖的方式識別文字中的關鍵特徵項，去除其中的雜訊資料，得到表示文字的關鍵字。

1. 文字概念圖產生

1) 文字概念語義圖的產生

假設貼文中實體詞組成的有限集合 $V=\{v_1,\cdots,v_n\}$，利用語義相關度計算並結合專門主題與貼文的結構特徵，建立維基語義知識觀點下實體詞間的語義關係。

基於維基百科的語義相關度計算方法主要有基於連結與基於維基文件內容的方法。前者僅利用文件連結關係，代價較小，而後者需要文件內容建立概念詞語權重矩陣，雖然需要前置處理文件內容但具有魯棒性，能夠廣泛計算詞語間的語義相關度。所以，這裡選擇基於內容的方法。透過術語逆文件頻率 TFIDF 建立維基概念詞語矩陣，矩陣中每一行代表一個概念的詞語向量，而每一列對應一個詞語在維基概念空間中的語義解釋，即概念向量。矩陣中概念 di 對應詞語 t_j 的權重為 $tfidf_{ij}=tf_{ij}\times log_2 N/df_j$。其中：$N$ 是文件總數，文件頻率 df_j 為包含詞語 t_j 的文件數目，詞語頻率 $tfij=1+\log_2(count(t_j,d_i))$，其中的 $count(d_i,t_j)$ 表示 t_j 在文件 d_i 出現的次數。同時，以各詞語列向量的最大值正規化 $tfidf$ 權重，得到概念詞語矩陣，建構詞語與概念間的對應關係。詞語 v_i, v_j 間的語義相關度採用向量夾角餘弦實現，其計算公式如下：

$$
Rel(v_i, v_j) = \begin{cases} 1, \text{if} \quad v_i = v_j \\ \cos(v_i, v_j), \text{if} \quad v_i, v_j \in \text{Wiki} \\ 0, \text{otherwise} \end{cases}
\tag{9-1}
$$

公式中：Wiki 為維基概念詞語矩陣中的詞語列表；vi,vj 為詞語對應的維基概念向量。

另外，在實際的 Web 文字中，近義詞與同義詞語會經常出現，對相關度計算影響較大。如 "航空母艦" 和 "航母"、"國防預算" 和 "軍費預算" 指同一事物物件，系統卻難以直接判斷出來。可以將維基文件中首段黑體標籤、錨文字連結、文件重定向機制中的詞語抽取整理，建立同義詞表，在計算語義相關度時，首先以該詞表匹配文字，轉換其中的同義詞為統一的概念名稱表示。舉例，軍事話題具有領域性，貼文文字中不同的詞語對於判斷是否是軍事話題的貢獻程度具有不一致性。軍事話題最重要的是貼文文字中的武器裝備、人物、地點等涉軍概念詞語及相關具名實體，這些實體詞組成了圍繞軍事話題的主要概念特徵。而維基百科中包含的軍事專有名詞（軍事術語、武器裝備名稱、軍事事件等）、軍事組織機構以及人名、地名等能夠較好地表徵涉軍話題。將維基百科中軍事、地理、人物、組織、國家安全、政治外交等目錄分類下的概念抽取，建立軍事話題特徵詞表。在建立實體詞間的語義關係時，軍事特徵詞應具有較高的權重。同時，與文字主題緊密相關的關鍵字一般會在貼文標題中出現，並隨著文字中話題的展開會出現多次，與主題相關的詞語也會不斷與標題詞語共現在文字中。所以，標題中包含的詞語特徵，作為貼文關鍵字的機率較高，需要賦予較高的權重值。實體詞對間邊的權重公式定義如下：

$$
w_{ij}^{\text{rel}} = \beta_{ij} Rel(v_i, v_j), \beta_{ij} = \begin{cases} 4, & v_i \in \text{title or } v_j \in \text{title} \\ 3, & v_i \in \text{mil\_list and } v_j \in \text{mil\_list} \\ 2, & v_i \in \text{mil\_list}, v_j \in \text{mil\_list} \\ 1, & \text{otherwise} \end{cases}
\tag{9-2}
$$

公式中：β 為詞對類型權重，當實體詞對其中一項屬於標題時，$\beta=4$；實體詞對同時屬於軍事話題特徵詞表時，$\beta=3$；當其中僅有一項屬於該詞表時，$\beta=2$；否則，$\beta=1$。這裡並未區分語義相關度的非對稱性，該圖是一個無向加權圖。

詞對間語義相關度過小的邊，並無較大意義。為避免邊的數量過多，以邊權重門檻值減少冗餘邊的數量。該門檻值越大，實體詞之間的語義相關關係要求越嚴格，則語義關聯圖越稀疏。但在邊過濾時，需要確保文字中與貼文標題、軍事主題緊密相關的特徵詞節點及其產生邊保留在圖中。

2）文字概念共現圖的產生

透過語義相關度計算，可以建立貼文中已知語義知識覆蓋實體詞間的靜態關係圖。但維基概念不可能包含所有的實體概念，並且話題中許多關係是動態發生的。單以語義相關度建構文字輪廓，並不能完全反映文字的整個語義輪廓。這些動態關係，通常表現為文字中語句順序上的同現關係。所以，實體間的共現關係能夠體現概念間動態關係與未知實體詞對間的語義關聯。這裡確定一個滑動視窗，該滑動視窗包含連續的 d 個實體詞，滑動視窗每次滑動一個詞，統計視窗內的所有無序詞對的出現次數，以正規化形式表示實體詞對的共現權重 w_{ij}^{coo}，定義公式如下：

$$w_{ij}^{coo} = \beta_{ij} \frac{\text{coo}(v_i, v_j)}{\sum_{v_k \in N(i)} \text{coo}(v_i, v_k)} \tag{9-3}$$

公式中：$\text{coo}(v_i, v_j)$ 為滑動視窗大小為 d 時，v_i 與 v_j 的無序共現次數；β_{ij} 為特徵詞對的類型權重，取值與文字概念語義圖相同；$N(i)$ 表示 v_i 的鄰居集合。滑動視窗較大時，會產生較密集的共現圖；而較小時，共現圖較稀疏。在後面的實驗中，單獨測試了滑動視窗大小對結果的影響。

3）關係整合與整合

語義相關度與共現方式分別確定了圖中的節點與邊權重，進一步整合節點與邊產生 TCG，表示貼文內容的整個語義輪廓。TCG(V,E) 是一個無向有權圖，其中節點集合 V 表示文字中全部的實體詞，E 表示 TCG 的邊集，邊的權重定義公式如下：

$$w_{ij} = \begin{cases} \lambda w_{ij}^{\text{rel}} + (1 - \lambda) w_{ij}^{\text{coo}}, \text{if } v_i \in W \text{ and } v_j \in W \\ \qquad\qquad w_{ij}^{\text{coo}}, \text{else} \end{cases} \qquad (9\text{-}4)$$

公式中：λ 為 TCG 的產生平滑參數，取 [0,1] 間的實數。在後面的實驗中，分析與評價了產生平滑參數對追蹤結果的影響。

2. 改進的基於 PageRank 的關鍵字選取

TCG 建構的目的就是映射文字的內容為圖上的節點與邊，支援利用基於連結採礦的方法從圖中區分關鍵字與非關鍵字。關鍵字在文字圖中表現為重要節點，越重要的節點，越有可能是文字的關鍵字，計算各節點重要程度的 PageRank 演算法公式如下：

$$PR(i) = \frac{1 - \alpha}{n} + \alpha \sum_{v_j \in N(i)} \frac{w_{ji} \times \text{Rank}(j)}{\sum_{v_k \in N(k)} w_{jk}} \qquad (9\text{-}5)$$

公式中：$N(i)$ 為 v_i 的鄰居集合；w_{ij} 為 TCG 中邊的權重。將文字圖表示為隨機矩陣形式，以冪迭代方式即可得到各節點重要程度 $PR(i)$。

文字中部分內容與文字主題並不是緊密相關的，只是從不同側面描述文字的主題內容，相對文字主題是非關鍵字語。在論壇中，一些文字通常包含主題的側面，描述這些側面時也會運用較多語句，表現為 TCG 中的密集子圖。這些子圖中的部分節點 PageRank 值也會較高，而削弱與文字核心主題緊密相關節點的權重值大小。如一篇關於 "瓦良格航空母艦試航" 的貼文中，由概念共現與語義相關度產生的 TCG，如圖 9-2 所示。"印度" 與 "美國" 雖然距離核心主題 "瓦良格號" 與 "試航" 較遠，但其 Pagerank 值仍會較大。而明顯地，在涉軍話題追蹤任務中更傾向於評價貼文標題詞語及其近鄰節點，如 "北海艦隊" "解放軍" "訓練" 等或其他軍事類詞語作為關鍵字。以這些詞語作為關鍵字，可以避免將非軍事主題的貼文標記為相關話題，有利於利用領域相關性提高軍事話題追蹤的準確程度。在 TCG 中綜合了文字標題與軍事領域性的語義特徵資訊，並與其他語義特徵進行了區分。如果直接以 PageRank 演算法計算關鍵字，則需要滿足馬爾科夫矩陣的要求，正規化處理邊的權重資訊。這樣會降低一些標題詞與軍事特徵詞的關鍵權重，並不能充分利用文字結構與 TCG 中的重要特徵。這裡，在 PageRank 的基礎上，定義一種評價公式以提高在 TCG 中關鍵字的識別品質。

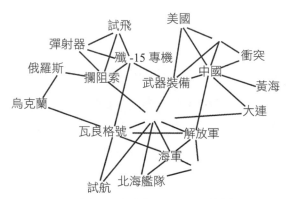

↑ 圖 9-2 文字概念圖 TCG 範例

一些研究者在 PageRank 的基礎上，以輸入有偏向量的形式提出 PPR 演算法，體現部分節點在圖中的重要程度。文字內容中的主題一般都是以標題詞展開，貼文的標題通常作為文字關鍵字的機率較大。在 TCG 中，文字的關鍵字通常表現為標題詞節點與標題詞的近鄰節點。為體現這一資訊的重要程度，以貼文的標題資訊作為先驗知識，凸顯這些標題節點的重要程度，定義如下公式改進計算 TCG 中節點的重要程度：

$$\text{PTCG}(i) = (1 - \alpha)t_i + \alpha \sum_{v_j \in N(i)} \frac{w_{ji} \times \text{PTCG}(j)}{\sum_{v_k \in N(k)} w_{jk}} \tag{9-6}$$

公式中：如果節點 v_i 屬於貼文標題，則 $t_i=1/c, c$ 表示標題中的實體詞個數；否則，$t_i=0$。在冪迭代過程中，以貼文的標題作為有偏向量，標題節點及其近鄰節點會獲得較高的存取機率，收斂後會獲得較高的重要程度計分。

在 TCG 中，重要程度計分值較小的詞語對相關度評價結果的影響程度較小。同時，關鍵字選取過多反而容易影響關鍵特徵項的重要程度，影響追蹤器的處理效率與結果。因此，選擇重要計分值最大的 k 個節點即可（本實驗中主要取 k=15），

得到關鍵字列表 $list(\text{text}) = \text{topRank}(V, k) = \{v_1^{\text{text}}, v_2^{\text{text}}, \cdots, v_j^{\text{text}}, \cdots, v_k^{\text{text}}\}$。最後，正規化列表中各節點的計分值，得到文字關鍵字 v_j^{text} 的權重 u_j^{text}：

$$PTCG(i) = (1 - \alpha)t_i + \alpha \sum_{v_j \in N(i)} \frac{w_{ji} \times PTCG(j)}{\sum_{v_k \in N(k)} w_{jk}} \tag{9-7}$$

9.1.4 語義相關度的計算及追蹤話題的更新

追蹤器的初始話題關鍵字，同樣可以利用以上方法從樣本貼文中提取獲得。不同於 Web 新聞文字，論壇中貼文數量眾多，且內容中相對易混雜雜訊資料。在實際工作中，追蹤到過多的非相關或相關程度很低的資料會加重分析人員與系統的負擔。所以，文字中的關鍵特徵必須與追蹤器重要關鍵字強相關，才是符合話題的文字，否則很容易產生大量無關資料。因此，以話題與文字的關鍵字權重同時加權，判斷相關度計分值。假設追蹤器關鍵字為 $v_i^{\text{topic}} \in list(\text{topic})$，$1 \leqslant i \leqslant m$，文字關鍵字為 $v_j^{\text{topic}} \in list(\text{text})$，$1 \leqslant j \leqslant k$，則文字與話題的相關度計分定義如下：

$$Score(list(\text{topic}), list(\text{text})) = \sum_{t=1}^{m} u_i^{\text{topic}} \times Rel(v_i^{\text{topic}}, list(\text{text})) \tag{9-8}$$

$$Rel(v_i^{\text{topic}}, list(\text{text})) = \sum_{j=1}^{k} u_j^{\text{text}} Rel(v_i^{\text{topic}}, v_j^{\text{text}}) \tag{9-9}$$

公式中：v_j^{text}、u_j^{text} 表示文字第 j 個關鍵字與權重；v_i^{topic}，u_i^{topic} 表示追蹤器第 i 個關鍵字與權重；$Rel(v_i, v_j)$ 表示詞語間的語義相關度。文字與追蹤器關鍵字列表的相關度是衡量貼文是否符合話題的標準，當計分大於話題相關度門檻值時，判定為相關話題貼文。

話題具有演化性，話題追蹤任務又是無監督的過程，所以需要動態調整追蹤器才能適應話題的變化特性。當貼文與話題的相關度計分大於更新門檻值時，對話題中特徵權重進行調整，能夠補充先驗知識不完備的缺點，提高追蹤性能。

當文字判斷為符合話題時，進一步確認相關度計分是否大於追蹤器更新門檻值，該門檻值略高於話題相關度門檻值。同時，話題一般具有生命週期，所以關鍵字對於話題也具有一定時效性,在更新話題關鍵字列表時也需要剔除一些長期與貼文相關度計分較低的冗餘關鍵字。整個更新操作主要採用以下策略:

(1) 當 Score(list(topic),list(text)) 大於更新門檻值時,話題關鍵字列表與貼文關鍵字表作線性組合,則新的話題關鍵字集合為 list(topic) ∪ list(text)。其中,話題關鍵字權重記為 δ,而貼文關鍵字權重記為 (1-δ),兩者作加權合併處理,δ 為經驗常數,取 0.85。

(2) 以時間視窗為單位,定期更新視窗內未更新的關鍵字權重為 $u_i=u_ie^{-\gamma t}$。其中,γ 表示衰減係數,t 表示未更新的時間 (天數)。如果權重值小於門檻值時,則刪除對應的關鍵字。未發生更新的關鍵字,表明相關話題貼中已較長時間未出現該詞語。同時,在追蹤器更新時,以正規化形式重新計算追蹤器中的各關鍵字權重。

9.1.5 輿論話題追蹤實驗與結果分析

1. 實驗資料

為驗證上述專門主題追蹤演算法的性能,利用 TRS 網路輿論分析系統的後台 TRS Radar4.6 網路資訊系統,以定向採集方式從軍事網站(中華軍事、鳳凰軍事、人民網軍事、新華網軍事、新浪軍事、搜狐軍事、鐵血網下的論壇版塊)下載整理的 Web 文字中,選取 7880 篇貼文作為實驗資料。其中,包含 "2012 年中國國防預算" "殲 -20 試飛" "瓦良格號航空母艦試航" "利比亞空襲" 與 "美韓聯合軍演" 5 個追蹤話題,每個話題包含 210 篇貼文,其餘 6830 篇為非相關話題文字。從各話題中選擇發文時間較早的 10 篇貼文作為樣本資料,其餘各話題的 200 篇相關貼文作為正例測試資料。

維基百科資料為中文維基百科 2011 年 3 月 20 日的備份資料,從維基百科資料庫檔案的 CategoryLinks 表中,按照前述與軍事話題相關性較大的各目錄為根節點,採取廣度優先周遊子目錄與下轄文件的方法查找並建立軍事話題特徵詞表,其中包含 22518 個維基概念。由於軍事話題追蹤任務具有顯著的領域性,同時為加快系統處理效率，僅以軍事話題特徵詞表中的維基文件建立概念詞語矩陣。經過前置處理，保留文件內容中 34602 個有效詞語，得到 22518 行對應 34602 列的維基概念詞語矩陣。

2. 評價方法

1）評價指標

為評價話題追蹤的效果，利用準確率 P（Precision）、回收率 R（Recall）以及兩者的結合 F-Measure 值（F1 值）表示追蹤系統的性能，各指標計算公式如下：

$$P = \frac{\text{正確識別的文字數}}{\text{系統認定追蹤到的文字數}}$$

$$R = \frac{\text{正確識別的文字數}}{\text{實際的話題文字數}}$$

$$\text{F-Measure} = \frac{2 \times P \times R}{P + R}$$

2）對比方法

(1) 以傳統的 TFIDF 作為文字表示與特徵選擇方法，計算話題與貼文間的相關程度，記為方法 TFIDF；

(2) 以 TFIDF 作為文字特徵項選擇方法，利用支援向量機 SVM 開放原始碼工具 libsvm 訓練樣本，採用典型的樣本訓練分類方式獲得追蹤結果，記為方法 SVM；

(3) 利用概念詞語矩陣擴充文字詞語向量的特徵，比較話題與文字的概念向量實現追蹤，記為方法 ESA，這裡的詞語語義相關度計算方法與 ESA 相同，考察基於圖的關鍵字選取方法以及提高追蹤性能的能力；

(4) 在 TCG 上以 PageRank 演算法選取關鍵字的追蹤方法，記為 PageRank；

(5) 研究的新方法記為 PTCG。

3. 實驗結果與分析

1）總體性能

表 9-1 顯示了新方法與對比方法在軍事話題追蹤中的總體性能，同時比較了基於 TCG 方法不同話題相關度門檻值（門檻值分別為 0.3、0.35 與 0.45，TCG 產生平滑參數為 0.6）下的追蹤結果。表 9-2 是各話題下的追蹤結果。在回收率與準確率上，PTCG 均高於 TFIDF、SVM、ESA 與 PageRank。其中，TFIDF 性能最差，難以有效計算貼文與追蹤器間的語義關聯，SVM 的準確率相對 TFIDF 有較大提高，但回收率較低。主要原因是難以處理詞語形態不一致時的語義關聯，仍存在資料稀缺問題。透過提高訓練資料規模可以提升性能，但大量樣本資料需要人工標註，是難以滿足話題追蹤中的無監督性要求的。ESA 能夠處理稀疏資料問題，相比 TFIDF 的回收率與準確率有較大幅度提升。但與 PageRank 與 PTCG 方法相比性能較低，一個原因是文字特徵權重的處理仍是基於 TFIDF 的傳統方法，會混雜過多雜訊資料。這也表明基於圖的 TCG 方式選取關鍵字是有效的。PageRank 也能在 TCG 的基礎上獲得較優的性能，但缺乏對文字結構與軍事語義特徵的進一步綜合，略低於本研究方法的性能，這也表明以標題詞作為先驗知識具有較高的可信程度。

表 9-1 話題追蹤總體性能對比結果

方法	準確率 P	回收率 R	F-Measure
TFIDF	0.7942	0.7683	0.7810
SVM	0.8613	0.7946	0.8266
ESA	0.8163	0.8387	0.8273
PageRank(0.3)	0.7567	0.9028	0.8232
PageRank(0.35)	0.8346	0.8527	0.8435
PageRank (0.45)	0.8479	0.7368	0.7884
PTCG(0.3)	0.8028	0.9153	0.8559
PTCG(0.35)	0.8453	0.8917	0.8678
PTCG(0.45)	0.8584	0.7253	0.7862

表 9-2 各話題的追蹤結果 (F-Measure)

方法＼話題	2012 年中國國防預算	瓦良格號航空母艦試航	殲 -20 戰鬥機試飛	美韓聯合軍演	利比亞空襲
TFIDF	0.7431	0.8076	0.7274	0.7525	0.7647
SVM	0.8203	0.8260	0.8393	0.8417	0.8057
ESA	0.8178	0.8653	0.8085	0.8395	0.8174
PageRank	0.8306	0.8873	0.8513	0.8652	0.8128
PTCG	0.8512	0.8935	0.8679	0.8374	0.8450

2）不同參數選擇影響追蹤結果的分析

不同詞語共現滑動視窗下，基於 TCG 的追蹤結果如表 9-3 所列。滑動視窗越大，TCG 中的邊越密集。滑動視窗由 3~9 逐漸增大，但滑動視窗大小對結果的影響並不顯著，PageRank 與 PTCG 的 F-Measure（F_1 值）沒有明顯差異。這是因為滑動視窗對所有節點的影響是平等性的。當滑動視窗增加時，TCG 中的每個節點都會增加邊的數量，各節點的影響基本是相同的。

表 9-3 不同滑動視窗下的追蹤結果

視窗大小	PageRank（P|R|F1）			PTCG（P|R|F1）		
3	0.8324	0.8665	0.8491	0.8406	0.8837	0.8616
4	0.8336	0.8523	0.8525	0.8417	0.8853	0.8629
5	0.8346	0.8527	0.8435	0.8453	0.8917	0.8678
6	0.8327	0.8591	0.8457	0.8468	0.8935	0.8695
7	0.8284	0.8636	0.8456	0.8407	0.8861	0.8628
8	0.8239	0.8604	0.8417	0.8425	0.8826	0.8621
9	0.8213	0.8564	0.8384	0.8369	0.8843	0.8601

為測試 TCG 中平滑參數 λ 對 PTCG 計算結果的影響，調整參數 λ 由 0~1 平滑，即以單獨的概念共現模式逐漸向語義相關計算模式過渡的追蹤結果，如圖 9-3 所示。複合兩種特徵產生圖的追蹤結果，明顯優於單獨子圖下的結果。λ 較小時，主要以動態的詞語共現關係確定 TCG 的權重，未以背景知識對詞語關係進行關聯與加強，追蹤結果相對較差。當 λ=0.6 時，F-Measure 的結果相對較優，在 [0.5,0.7] 區間的結果均較為理想，λ 在相對較大比例時取得較好的追蹤結果。在本實驗中，

相對語義關聯圖對結果有較大貢獻。一個主要原因是維基覆蓋大量的軍事主題與時效性較強的背景知識，大多貼文中的語義關聯都在維基知識的可計算範圍之內。同時，與這裡實驗資料的話題內容存在一定侷限性也有原因。而 λ 過大時，主要利用維基知識計算 TCG 的邊權重時，追蹤性能呈下降趨勢。維基百科雖然包含大量背景知識，但過於依賴會缺乏對貼文內容中動態關係的表示與描述。以上表明，綜合動態的詞語共現與靜態的語義計算方式能夠更準確地描述文字的主題內容。

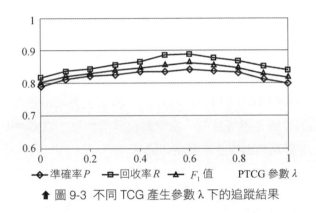

▲ 圖 9-3 不同 TCG 產生參數 λ 下的追蹤結果

圖 9-4 顯示了一組 PTCG 演算法中，選取不同關鍵字個數 k 的追蹤結果。關鍵字個數過少（k=5）時，表示貼文主題的特徵項簡單明確，此時能夠獲得較好的準確率，但回收率偏低，其主要原因是一些貼文內容豐富，過少的關鍵字會遺失一些重要的語義資訊，同時會產生語義特徵項過於稀疏的問題。隨著選取關鍵字個數增加，F-Measure 值變化幅度較小，原因之一是 PTCG 能夠將文字的關鍵字特徵與其他詞語進行顯著區分，由於增加的關鍵字權重相對較小，所以並不能對貼文的相關度計分產生較大影響。然而，關鍵字個數選取過多，仍會降低重要詞語的權重值。增加回收話題貼的同時容易混雜雜訊資料，準確率存在下降趨勢。關鍵字個數取 10 時，已包含貼文的主要特徵，可獲得較好的追蹤效果。PTCG 僅需較少的關鍵字即可實現話題的相關度計算，能夠提高計算效率。

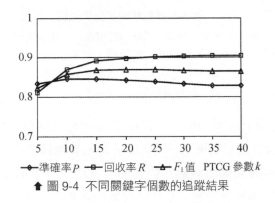

▲ 圖 9-4 不同關鍵字個數的追蹤結果

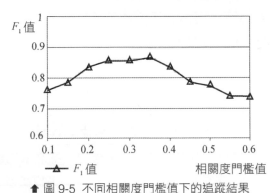

▲ 圖 9-5 不同相關度門檻值下的追蹤結果

本研究方法在不同相關度門檻值下的追蹤結果，如圖 9-5 所示。PTCG 的門檻值在 0.25~0.4 之間的回收率與準確率的平衡性均較為理想，便於在實際應用中調節門檻值範圍。這主要得益於基於維基百科的詞語語義相關度計算，能夠從內容上較準確地計算貼文與話題的語義關聯。

3）話題演化的適應性分析

針對話題的演化性，給出了對應的解決策略。按照發文時間追蹤話題，"殲 -20 戰鬥機試飛"（測試資料發表時間為 2011 年 1 月 11 日—2011 年 2 月 14 日）的關鍵字列表從初始階段至追蹤結束時的變化結果，如表 9-4 所列。

表 9-4　話題關鍵字列表範例

殲 -20，戰鬥機，試飛，解放軍，空軍，隱形戰鬥機，成都，中國，殲 -10，雷達，教練機，成都飛機工業公司，羅伯特 · 蓋茨，國防部，海軍
殲 -20，戰鬥機，隱形戰鬥機，空軍，F-22，試飛，解放軍，雷達，殲 -10，中國，導彈，第五代戰機，戰略，美國，超聲速巡航

在初始階段，主要是以"殲 -20"的相關試飛報導作為關鍵字。隨著時間的演進，更多子話題即圍繞該武器裝備從不同側面展開，有關該戰機"試飛"的話題向具體的武器性能、相關裝備與戰略目的展開。其中一些側面會大量湧現，如"雷達"以及與其他戰機的對比等。此時追蹤器的關鍵字列表會不斷更新，"試飛"關鍵字權重發生下降。這在一定程度上反映了"試飛"這一話題開始逐步發生演化，而關鍵字"殲 -20"則保持最大權重值，始終作為話題中心。

4）時間性能的分析

不同方法的追蹤時間比較結果，如圖 9-6 所示。由於 PageRank 與 PTCG 的執行效率相同，以 PTCG 為代表。TFIDF 的處理時間最快；SVM 由於需要在高維空間上處理資料，其執行時間較長，這主要是分類過程中，當文字詞語維度較高時引起 easy.py 頻繁呼叫 svmtrain 作交叉檢驗造成的，這種交叉檢驗對資料的計算與預測需要的時間負荷較大，所以造成效率較慢。但在本實驗中維數設定較小時，分類效果並不理想；相對 TFIDF 的詞語向量，ESA 方法需要作概念向量的轉換操作，執行時間高於 TFIDF；PTCG 的執行時間略高於 ESA，但低於 SVM。

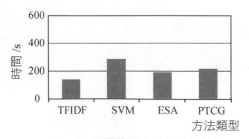

↑ 圖 9-6　不同追蹤方法的時間比較

在 PTCG 方法中，基於共現的文字圖產生無需外部資源，僅在文字內部透過滑動視窗掃描共現詞對即可建構。根據概念詞語矩陣，以離線方式計算詞語間的相關度並以矩陣形式儲存，在該矩陣上進行查詢即可產生語義關聯圖。雖然 TCG 以矩陣形式計算關鍵字，但貼文中實體詞個數較少，經過邊門檻值過濾後的 TCG 節點數量級僅為 10~102，並且鄰接矩陣是稀疏陣，實驗資料中的大多數貼文具有短文字特性，TCG 的平均節點個數僅為 57 個，當視窗大小為 5 時邊的平均數量為 6.3 條。所以，PTCG 以冪迭代方式計算關鍵字的時間損耗非常小，並且僅以少量關鍵字與話題關鍵字進行相關度比較，可以節省計算時間。

本節針對網路論壇的話題追蹤，給出了一種基於維基百科知識的軍事話題追蹤方法。該方法首先以基於維基百科的詞語語義相關度與共現統計的方式建構文字概念圖 TCG，接著以改進的基於圖的連結採礦方法選取貼文關鍵字，最後透過計算話題與文字關鍵字列表間的語義相關度實現話題追蹤。同時，對話題的演化性給出了解決策略。在真實語料上的實驗結果表明，該方法無需大規模訓練與語義知識的手工建構，能夠有效地解決語義稀疏、雜訊資料、話題變化性對追蹤所帶來的負面影響，有效地追蹤到網路上論壇中的軍事話題貼。總之，該方法具有以下特點：①基於圖的關鍵字識別。利用語義相關度與共現統計以基於圖的方式描述與表示文字，並透過改進的連結採礦方法識別文字關鍵字，提高了關鍵字選取的品質，同時避免了雜訊資料的影響。②領域主題特徵與文字結構特徵。根據話題關鍵字的特點，利用維基百科建立專門特徵詞表，並結合文字標題等結構特徵建立貼文的語義輪廓，提高文字表示的正確性，進而提高關鍵字特徵選取的準確程度與主題範圍內的追蹤性能。③語義特徵相關計算。傳統的詞袋方式難以處理文字中的同義詞與近義詞問題，利用維基百科重定向、文件中的同義詞與近義詞，減少貼文短文字特性產生語義稀疏問題的影響；利用維基概念詞語矩陣的建立，廣泛計算詞語間的語義關聯，增強文字內容與話題相關性的判斷能力。④無監督性。利用語義相關度計算話題與文字的相關程度，無需大量樣本資料訓練；以維基百科作為背景知識，減少了實際應用中大量應用領域的術語名詞與主題詞以及語義知識建設的人工操作。

進一步工作主要集中在以下幾個方面：① 整合更多的語義特徵表示與區別文字；② 結合基於圖的其他方法與圖的特徵屬性，提高文字關鍵字識別演算法的效率與準確性，進一步提高追蹤性能；③ 在大規模即時資料上測試基於 TCG 方法的性能，並與輿論分析中的其他任務相結合，擴充本方法的應用範圍。

另外，針對實例話題追蹤的研究工作，採取的維基資料備份於 2011 年 3 月，而話題貼文的發表時間多晚於該時間。起初認為維基百科並不能覆蓋實驗資料中新近出現的一些重要具名實體，如在 2011 年 7 月以後，圍繞"瓦良格號"的資訊才出現在主流媒體，會存在知識覆蓋範圍的問題而影響追蹤性能。但透過實際分析發現，絕大多數圍繞軍事類話題的關鍵字特徵，在中文維基百科中均有較詳盡的描述與結構化資訊，"瓦良格號"在 2009 年 4 月已被詳細編輯，而"殲 -20"在 2010 年 12 月 30 日也已建立。從知識更新性與覆蓋性的角度，維基百科能夠為輿論話題追蹤任務提供良好的背景知識。

9.2 網路輿論檢索系統中的查詢主題分類

9.2.1 查詢分類的方法與分析

查詢主題分類指將用戶查詢分類至類別集合的過程，即是為用戶查詢 q 確定一個按照相關度有序遞減的類別列表 $\{c_1, c_2, \cdots, c_n\}$，而其中的類別屬於預先定義的集合 $C=\{c_1, c_2, \cdots, c_m\}$，並且 C 是一個具有語義階層關係的概念架構。其目的是將查詢映射入預先定義的分類列表排序，以便用戶獲得符合自身意圖類別的文件。按照用戶查詢的主題進行分類，這裡給出一種以中文維基百科文件連結關係與目錄結構關係實現查詢主題分類的方法。該方法以維基百科作為背景知識，首先為查詢詞擴充語義特徵，獲取和表達查詢主題，然後在維基目錄空間上根據目錄間的語義關係計算相關度，透過加權累加各目錄標籤與分類別之間的相關度評分識別分類標籤。在整個過程中，試圖在不依賴樣本訓練的無監督方式下，直接利用維基語義資訊而實現查詢詞的分類。

查詢分類的一個重點問題在於用戶查詢詞特徵稀少，往往只含有 2~3 個詞語，難以提取有效的特徵。這種資料稀疏問題，很容易造成傳統的文字分類方法難以獲得正確的查詢類別標籤。所以，一般需要在獲得擴充特徵的基礎上，進而將查詢分類視為傳統的分類問題，以各種分類演算法識別查詢詞的類別。

圍繞查詢詞特徵稀疏問題，一些研究者透過詞網或領域本體，藉助語義的上下位、整分與實例關係對查詢詞進行擴充，在實現擴充後利用機器學習的方式實現分類，但本體本身建構的難度較大，同時存在知識的更新與覆蓋性問題，難以滿足實際應用。所以，目前大多研究主要選擇利用豐富的 Web 資源實現查詢擴充。嶽峰等人藉助 Web 頁面擴充查詢詞實現分類，首先人工初始小規模主題詞典，然後透過 Web 資訊搜尋和自學習方式逐步擴充主題詞範圍，以貝氏分類器訓練樣本實現分類；王俞霖等人利用搜尋引擎返回查詢詞的摘要文字，統計其中高頻詞擴充查詢詞的語義特徵，並透過詞性區分查詢詞語的重要程度，藉助支援向量機 SVM 以分類方式識別查詢類別。Shen 等人提出兩種分類器相結合的方法：第一種提交查詢至能夠返回類別標籤的網頁搜尋引擎，如 Yahoo，得到查詢的相關頁面及其類別資訊，利用擴充的語義特徵以機器學習方式實現分類；第二種以 Web 目錄 ODP（Open Directory Project）映射至分類架構的各標籤，利用 ODP 中已有的 Web 頁面作為訓練資料，提高訓練資料的語義特徵範圍，利用 SVM 實現分類。前者精度較高但回收率偏低，透過結合兩者以權重比例調整分類器參數提高查詢分類的性能。該方法曾在 KDD CUP2005 的查詢分類任務中獲得第一名，但這種方法當目標分類變化時需要重新訓練分類器，靈活性較差。Shen 等人在進一步的研究中，在查詢主題分類中提出中介分類層（Intermediate Taxonomy）的概念，為解決語義特徵稀疏問題提供了一種新的解決思路。該方法以 ODP 作為中介分類層，映射目標分類標籤至 ODP，以離線方式訓練 ODP 的目錄及其頁面建構分類器。這樣，查詢詞與分類標籤的判別任務可以在中介層 ODP 中進行，透過計算查詢詞與目標分類架構中各標籤在中介層 ODP 目錄的關聯機率即可自動完成，並不需要在每次目標分類架構變化時重新訓練資料。但這種方式仍主要依賴機器學習，需要較大規模的訓練樣本，並忽視了進一步計算查詢詞與分類別之間語義關聯的問題，同時針對中文查詢分類任務，ODP 中的中文資訊資源顯非常稀少。

透過以上研究，查詢主題分類任務主要需要處理以下問題：①在用戶查詢輸入特徵較少，如何解決用戶查詢資料稀疏問題；②在既定的分類標籤下，如何計算查詢與類別的相關程度。以上這些研究方法主要以外部資源擴充查詢詞的語義特徵，在分類標籤的判別上利用樣本訓練的機器學習方法實現查詢分類，能夠獲得較好的性能。但這類方法過於依賴訓練資料，而建構完備的訓練資料需要大量人力、物力，代價較高，並且用戶資訊需求的主題複雜多樣，實際中領域覆蓋廣泛的有標註查詢是難以獲得的，同樣會面臨資料稀疏問題，導致分類不準確。

維基百科作為一種新興的語義知識，已有一些研究利用維基百科抽取查詢同義詞，以維基百科作為語料庫抽取相關詞，或利用 ESA 方法擴充查詢與檢索文件的語義特徵，解決查詢詞語義稀疏的問題。Milne 等人將查詢匹配至維基文件，利用維基百科覆蓋的廣泛主題，以偽關聯回饋的方式返回匹配文件的目錄標籤，識別用戶可能的查詢類別。Hu 等人提出一種利用維基文件連結網路的查詢分類方法，首先結合 Web 搜尋引擎獲取查詢詞的相關高頻詞彙，利用 ESA 匹配這些詞彙至維基文件，在利用文件目錄間的連結關係建構的無向圖上，利用 PPR 演算法得到查詢詞在圖中各主題上的機率分佈，以收斂分佈值最大的目錄節點作為查詢的主題。由於相同或相近主題的維基文件與目錄通常相互直接連接，該方法充分運用這種特性加強了查詢擴充中相關詞語的主題一致性。在準確率與回收率上，相對比利用搜尋引擎查詢擴充的方法具有明顯的性能提高，但該方法僅在 3 個具體的主題上測試，也沒有進一步利用維基百科中的語義關係。本研究在查詢分類中同樣利用了 PPR 演算法，該演算法僅用於擴充查詢特徵，可作為識別查詢主題的一個步驟，並在實驗中對方法進行了比較評價。另外，一些研究者以維基的目錄圖作為擴充查詢的語義特徵，以各分類與查詢在目錄上的重疊程度識別查詢詞的標籤，但未充分利用到維基百科的文件關係結構。

由於中文維基百科中的目錄結構關係具有較明確的上下位語義關係，且能夠覆蓋廣泛的查詢主題，劉曉亮選擇維基百科作為背景知識，以維基目錄作為中介分類層，同時利用查詢擴充與語義相關度計算而得出一種查詢分類方法。與目前大多數藉助搜尋引擎注重查詢擴充，利用用戶使用特徵或利用樣本訓練的機器學習查詢分類方法不同，新方法將查詢詞與類別標籤的判斷視為兩者的語義相關度計算問題，即在利用維基百科實現查詢擴充的基礎上，在非訓練模式下直接利用維基目錄階層關係，以語義相關度計算的方式判斷查詢詞的分類標籤。

9.2.2 基於語義知識的查詢分類模型

在系統預定分類架構 D 下，假設查詢 q 實際對應的分類標籤 $d \in D$，由於 q 的語義特徵稀缺，並且實際上 D 中也未必存在足夠的語義特徵與明確的語義關係。所以，在查詢主題分類中難以準確判斷 q 與各分類標籤間的所屬程度。維基百科中包含豐富的語義關係，透過建立維基文件目錄圖 G（$G=(W,E)$，其中 $V=A \cup C$，A 表示維基的概念文件集，C 表示目錄集合，$E \subseteq V \times V$），利用文件間與目錄間的語義連接豐富查詢 q 的語義特徵。進一步，將 q 映射入維基目錄圖 CG（$CG=(C,CE)$，CE 枱 $C \times C$），以維基目錄橋接查詢與其分類標籤之間的從屬關係，進而利用目錄間的結構化從屬關係判斷 q 與各標籤的相關程度。以上查詢分類模型的主要處理過程如圖 9-7 所示，其中的目錄圖作為中介分類層。

維基目錄雖然包含較明確的上下位語義資訊，但目錄本身並不包含豐富的主題相關詞語與關係。而維基文件中包含大量的詞語資訊，並將相似和相關的主題以連結形式組織在一起。所以，首先藉助隨機遊走過程在 G 上獲得與查詢 q 主題相關的一組關鍵字 $\{q_1,q_2,\cdots,q_p\}$，解決查詢稀疏問題。一個文件或目錄至少有一個父目錄，在圖 G 與圖 CG 間的節點含有明確的從屬關係，獲得的擴充特徵與 q 能夠直接映射入維基目錄。同樣，預先定義分類中的分類標籤也可以映射入維基目錄。這樣，整個查詢分類任務可以轉換至中介分類層，能夠運用目錄間的上下位語義關係，利用語義相關度計算方式識別查詢的分類標籤。

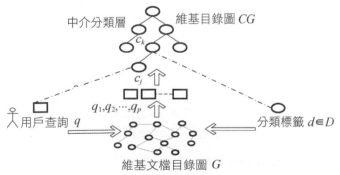

▲ 圖 9-7 查詢分類模型的主要處理過程

在計算查詢與分類標籤所屬程度的過程中，假設分類標籤 d 與各維基目錄 $c \in C$ 具有不同程度的語義關聯，並與其中 $c_j \in C$ 的關聯程度最大；而查詢 q 與 c_j 間的語義關聯程度也最大，那麼查詢 q 屬於標籤 d 的機率越大。根據以上推斷，將 q 與 d 在維基目錄圖 CG 上的機率分佈看作一組向量 c_q, c_d，透過查詢與各分類標籤的相關度計分值 $Rel(c_q, c_d)$ 即可判定查詢分類結果，查詢 q 的最相關分類標籤 $d*$ 為

$$d^* = \arg \max_{d \in D} p(d \mid q) \propto \arg \max_{d \in D} Rel(\boldsymbol{c}_q, \boldsymbol{c}_d)$$ （9-10）

公式中：c_q, c_d 分別為查詢 q 與分類標籤 d 在維基目錄圖上的機率分佈向量。

將圖 G 與 CG 看做是一個二部圖：低層結構圖—文件目錄圖 G 與高層結構圖—目錄圖 CG，兩圖之間的聯繫即文件與目錄間的從屬邊。整個查詢分類流程則可以視為如下的兩階段處理過程：在第一階段，輸入查詢 q 至低層圖 G 擴充查詢詞，得到 q 的相關主題節點，按照文件目錄間的從屬關係，投射擴充節點至高層圖 CG，獲得查詢 q 的目錄機率分佈向量；第二階段中，將目錄圖看做一個本體結構圖，利用基於本體的方法計算語義相關度，在擴充特徵的基礎上進一步計算查詢與標籤間的語義關聯性，得到查詢 q 與各個分類標籤的計分值實現查詢分類。

9.2.3 文件目錄圖上的查詢詞擴充

為獲得更多的查詢主題詞，捕獲查詢在高層結構圖中的目錄主題特性，利用目錄與文件作為節點建構圖 G，以隨機遊走方式擴充與查詢主題相關的詞語，減少查詢稀疏的影響。

在文件目錄圖 G 中，文件與目錄為節點，如果文件 i 引用文件 j 則記為一條有向邊 eij；目錄與其下屬文件以及自身的父子目錄間均記為雙向邊。將目錄整合在文件圖中主要基於兩個目的：①增加圖中節點的個數以提高對查詢的覆蓋率；②使目錄主題下的各文件與目錄之間的邊形成環路彼此加強以提高圖 G 中節點之間的語義相關性，儘量避免遊走過程偏離查詢主題。定義有向圖 G 中，w_{ij} 為節點 vi 與 vj 間連結邊的數量，則圖 G 的轉移機率矩陣 $A=(a_{ij})_{m \times m}$，其中 $w_{ij} w_{ij} / \sum_k w_{ik}$。透過輸入查詢至轉移機率矩陣 A，即可得到主題相關的一組擴充特徵詞。

在用戶查詢詞中，具名實體名詞通常具有較強的主題色彩，忽略查詢詞的權重容易造成查詢主題分類不明確問題。同時，考慮到查詢中動詞雖然在用戶輸入的查詢中較少出現，但出現時一般會含有較強的主題性或意向性，如（導彈、衛星）發射、炮擊、爆炸等，而這些對於未知實體名稱的主題能夠起到一定的先驗性幫助。為區別查詢中不同詞語的重要性，這裡以權重形式對查詢詞進行區分。

假設初始查詢 q 對應查詢詞子串集合 $\{s_1, s_2, \cdots\} \subseteq q$，則 q 中各子串的權重分量 $s(j)$ 為

$$s(j) = \frac{\beta_j^s}{\sum_i \beta_i^s}, \text{if} \quad s_j \in q \tag{9-11}$$

公式中：β_j^s 為 s_j 在查詢中的權重。當 s_j 屬於人名、地名、機構等具名實體名詞時，$\beta_j=3$；屬於一般性名詞與動詞時，$\beta_j=2$；其他詞時 $\beta_j=1$。

假設初始查詢 q 對應圖 G 上的節點集合為 $Q=\{q_1, q_2, \cdots, q_p\}$ 枱 V，以有向圖的形式利用 PPR 演算法實現查詢擴充，遊走計算公式如下：

$$v = \alpha A^T v + (1 - \alpha)q \tag{9-12}$$

公式中：q 為 Q 在圖上的正規化向量；α 表示衰減因子。

為避免過多冗餘節點，只保留其中最大機率值的前 k 個節點。以正規化形式得到查詢 q 在 G 上的機率分佈向量 v_q，其中對應分量不為 0 的節點組成的集合即是擴充的語義特徵。

概念與目錄之間存在明確的映射關係，令矩陣 $AC=(ac_{ij})m \times n$，其中 n 表示目錄節點總數，如果 v_i 的父目錄為 c_j，則 $ac_{ij}=1$。將 v_q 映射入中介分類層，得到查詢在目錄上的機率分佈 $c_q=AC^T v_q$，其中，c_q 的各分量表示查詢所屬目錄的相關程度。與用戶查詢類似，如果分類標籤未直接對應目錄節點，同樣可以首先匹配標籤至更為豐富的文件節點，進而映射入目錄圖，得到分類標籤在目錄圖上的分佈向量 c_d。

9.2.4　目錄圖上的查詢分類識別

目錄圖上具有明確的從屬語義關係，能夠較準確地推斷目錄間的語義關係強度，利用計算目錄節點間的語義相關度為基礎，獲得查詢分類的標籤。

1. 目錄間的語義相關度計算

維基目錄圖中階層關係明確，顯然，目錄間路徑越短，其語義相關度越大。然而在一些通用性較強的目錄名稱間，雖然距離較短，但相關度並不大。例如："武器"下的子目錄"步槍"、"機槍"與"頁面總類"下的"自然科學"、"藝術"。兩組詞對間距離相同，但前者語義關係緊密；而後者屬於分類階層上層，含義廣泛而相關程度非常低。而且在目錄下的最遠距離子目錄同樣是其所屬分類，單以距離判斷語義相關度並不適合。所以，應該選擇目錄間最近公共節點的內部資訊量，計算目錄節點間共有屬性的大小程度，進而確定目錄之間的相關強度。

節點資訊量的計算需要在具有階層結構的無環樹狀圖下處理，而維基目錄圖中卻存在少量環路。首先，以維基"總類"作為根節點，廣度優先周遊各下屬節點。當周遊至存取過的節點時，截斷圖中的環路邊，可以形成以"總類"為根節點的一個無環樹；然後，計算每個目錄 c 的資訊量 $IC(c)=1-\dfrac{\log(hypo(c)+1)}{\log(n)}$，其中 $hypo(c)$ 表示 c 下屬子目錄的個數，n 表示目錄總數。則在目錄圖中，根節點資訊量為 0，而葉子節點的是 1。目錄路徑經過"總類"時，節點間的資訊量為 0，而經過下層目錄時的資訊量相對較大。

考慮到目錄擁有多個父類或子類，節點間存在多條連通路徑，選取其中最大值作為相關度計分。結合以上分析，目錄間語義相關度計分公式如下：

$$Rel(c_i,c_j)=\max_k\left\{\frac{2\log IC(lso(c_i,c_j)_k)}{\log IC(c_i)+\log IC(c_j)}\right\} \tag{9-13}$$

公式中：$lso(c_i,c_j)_k$ 為各路徑上距離根節點最近的節點，即包含兩目錄共有屬性值最大的節點。

2. 查詢分類識別

由於一個文件從屬於多個目錄,所以由低層圖映射至目錄圖的 c_q 是一個多標籤的非單位向量。其中, $\sum_i p(c_{qi}) \geqslant 1, 0 \leqslant p(c_{qi}) \leqslant 1, p(c_{qi})$ 表示查詢目錄向量 cq 的第 i 個分量,是查詢 q 與第 i 個目錄節點的相關程度。這種天然的多標籤特性,能夠反映概念的多維性與多主題性。為避免損失其中重要分量的特徵權重,並未對目錄向量 c_q 進行正規化。假設標籤 d 的目錄向量為 c_d,透過比較兩向量間的語義相關程度,即可獲得查詢的類別。查詢 q 與標籤 d 間的相關度計分 Rel(q,d) 定義如下:

$$Rel(q,d) = \sum_{c_{dj} \in c_d} p(c_{dj}) \text{SumRel}(q, c_{dj}) \tag{9-14}$$

$$\text{SumRel}(q, c_{dj}) = \sum_{c_{qi} \in c_q} p(c_{qi}) Rel(c_{qi}, c_{dj}) \tag{9-15}$$

公式中:SumRel(q,c_{dj}) 為查詢 q 與標籤目錄向量中的元素 c_{dj} 的相關程度。透過分別計算查詢與各標籤的相關度計分值,可以得到一個排序後的分類標籤集合。為了決定查詢是否屬於既定分類架構,還需要分配一個門檻值 θ,相關度大於門檻值的標籤作為該查詢的候選分類標籤;否則判定為分類架構的未登錄查詢類別,即反例。門檻值 θ 主要用於過濾與分類架構無關的查詢,最後將滿足門檻值 θ 的最大計分值標籤作為查詢詞的最終分類標籤。

9.2.5 查詢主題分類實驗與結果分析

1. 實驗資料與準備

從局域網綜合論壇的查詢日誌與百度搜尋風雲榜中共收集整理了 3910 條查詢。按照中文日常查詢資訊的主題分佈,結合 KDD CUP2005 資料集提供的主題分類,建構了一個中文查詢資訊的主題分類集合,如表 9-5 所列。整個集合包含 9 個主題,各主題包含不同子類,每個子類包含 170 條查詢。隨機抽取各子類中的 70 條查詢作為對比方法中的訓練資料,其餘 100 條作為測試資料。實驗資料中,平均每條查詢的字數不超過 6 個,能夠較真實地反映查詢詞較短的特點。

表 9-5 查詢主題分類實驗資料

主題	子類標籤名稱	查詢範例
電腦技術	軟體、安全、網路	快播下載 /office 如何重裝 / 木馬殺毒
娛樂休閒	影視、音樂、動漫、遊戲	周杰倫演唱會門票 / 海賊王 / 地下城與勇士
旅遊	旅遊	境外旅行團 / 驢友裝備推薦 / 旅遊團購
體育	足球、籃球、乒乓球、田徑	皇馬 vs 巴薩 /NBA 總決賽 / 劉翔跨欄
軍事	武器裝備、演習訓練、戰爭	瓦良格號 / 美日聯合軍演 / 抗日戰爭
民生	醫療、保險福利	感冒吃什麼好得快 / 養老金計算方法
交通	鐵路、城市公共交通	最新鐵路時刻查詢 / 地鐵交通圖
常用商品	汽車、數位產品	馬自達 6/iphone4 價格
綜合資訊	案件、災難事故	故宮失竊案 / 安平礦難 / 屯蘭礦瓦斯爆炸

在本實驗中，未藉助外部搜尋引擎輔助查詢擴充。對於文件目錄圖未覆蓋的查詢詞，採取以下步驟匹配至維基文件或目錄：①抽取維基百科中的同義詞與多義詞。以這些詞語作為入口詞，匹配查詢至維基文件；②如果存在不能完全匹配的查詢，以最大長度比對字串的方式對應至文件標題與目錄，匹配的集合共同表示該查詢；③如果存在上述步驟②未匹配成功的查詢子串，則檢索維基百科文件內容，返回包含查詢詞頻數最大的前 10 個文件表示該查詢。未直接匹配目錄圖的標籤，則同樣按上述步驟匹配至維基文件目錄圖，以其中的目錄與各文件的父目錄表示該標籤。實驗資料中除綜合資訊類標籤，其他各標籤均能夠直接匹配至維基目錄圖。手工為交叉主題的綜合資訊標籤加入了少量關鍵字，如事故中加入了"地震""礦難""空難""追尾"等，其目的是便於事件或案件類文件所在目錄的集合共同表示該標籤。

2. 評價方法

1）評價指標

採用常規的準確率 P、回收率 R 和 F-Measure 值作為實驗結果的評價標準，計算公式如下：

$$P = \frac{\text{正確標註分類標籤的查詢數量}}{\text{系統認定分類標籤的查詢數量}}$$

$$R= \frac{正確標註分類標籤的查詢數量}{實際的分類標籤查詢數量}$$

$$F\text{-Measure}= \frac{2 \times P \times R}{P+R}$$

2）對比方法

為考察本兩階段分類方法的性能，選擇以下對比方法：輸入查詢在文件目錄圖，利用 PPR 演算法得到圖上的收斂分佈向量，其中收斂值最大的預先定義目錄節點即為該查詢的主題，記為方法 WikiG；不透過遊走查詢擴充，直接映射查詢至目錄圖，以語義相關度直接判別查詢的類別標籤，記為方法 WikiCG。對比分析單獨依賴目錄關係的分類結果以及與查詢擴充相結合的性能：WikiG+CG 表示新的分類方法；選擇與此相同的方法擴充查詢，以 SVM（libsvm）訓練樣本資料得到分類器實現查詢主題的識別，記為方法 SVM。

3. 實驗結果與分析

1）總體性能

不同方法的查詢分類結果，如表 9-6 所列。WikiG 利用 PPR 演算法擴充查詢，以圖上的收斂分佈值判斷所屬標籤類別，取得了不錯的分類效果。但相對新方法 WikiG+CG（θ=0.2）的準確率與回收率都偏低。圖中權威性高的節點，會很容易獲得較大的收斂機率分佈值。單以查詢的最大收斂分佈值確定分類，會受到標籤本身在圖中權威性的過度影響。反例資料同樣會在一些標籤節點上獲得較高的收斂值，而影響分類的準確性；同時一些正例查詢也不能在其對應標籤上獲得最大分佈機率，影響了回收率。WikiCG 在調節門檻值 θ 時，能夠獲得較高的準確率，但其回收率明顯偏低。原因之一是查詢詞未經過擴充時，語義特徵相對稀疏，會存在查詢詞主題不明確的問題，減小了查詢詞主題特徵項的權重，造成查詢與標籤間的相關度計分值過小而無法回收。

表 9-6 不同方法的查詢分類結果

方法	準確率 P	回收率 R	F-Measure
WikiG	0.797	0.818	0.807
WikiCG（θ=0.1）	0.786	0.739	0.747
WikiCG（θ=0.2）	0.848	0.705	0.769
WikiCG（θ=0.3）	0.853	0.674	0.753
WikiG＋CG（θ=0.1）	0.806	0.834	0.819
WikiG＋CG（θ=0.2）	0. 845	0.829	0.837
WikiG＋CG（θ=0.3）	0. 851	0.791	0.82
SVM	0.872	0.765	0.816

WikiG+CG 則首先擴充出與查詢詞主題相關的特徵詞集合，加強查詢詞表示主題的一致性，即明確查詢詞的主題類型。在經過查詢擴充後，相同過濾門檻值下的準確率得到明顯提升，回收率也有所提高。查詢詞的擴充特徵項主題類型一致，能夠較明確地表達查詢的主題。同時，語義相關度計算能夠較好地區分不同的主題類型，所以整體性能得到了提高。這表明了擴充特徵與語義相關度計算結合的有效性。

SVM 在各種方法中的準確率最高，同樣表明了維基百科查詢擴充特徵的有效性，但其回收率相對低於其他方法。主要是查詢詞語形態眾多，訓練樣本難以覆蓋所有測試資料。雖然增加訓練樣本數量可以提高回收率，但在實際應用中人工標籤大量查詢標籤的樣本資料是難以獲得的。而本研究方法無需訓練資料，即可取得較好的分類性能。

2）查詢分類的結果及其分析

實驗中有關主題的查詢分類結果如表 9-7 所列。

表 9-7 各主題下的查詢分類結果

主題	總數	實際正確數量	系統判斷正確數量	主題	總數	實際正確數量	系統判斷正確數量
電腦技術	300	272	310	交通	200	154	194
娛樂休閒	400	364	395	民生	200	173	215

主題	總數	實際正確數量	系統判斷正確數量	主題	總數	實際正確數量	系統判斷正確數量
旅遊	100	88	115	常用產品	200	160	205
體育	400	353	383	綜合資訊	200	83	156
軍事	300	259	285				

【識別正確情況】查詢詞的主題資訊明確時，查詢分類性能較高。如 "無線網路" "Mysql 資料庫教程" 等電腦類以及 "中超賽程" 等體育類查詢詞。這些主題資訊在維基百科中覆蓋知識豐富，相關實體名稱眾多，容易獲得該類查詢的標籤。同時，在維基百科僅匹配查詢詞的子串時，存在一些好的情況：經過游走計算可以迭代加強各子串之間的共同主題，如 "劉翔對抗羅伯斯"，兩人物均是田徑運動員，而 "對抗" 雖不是文件目錄圖上的概念節點，但在運動競賽類文件標題中是高頻詞，而這些標題對應的都是體育類概念，三者相互加強查詢 "田徑" 主題；一些查詢詞無法完全匹配至維基文件標題，如 "屯蘭礦瓦斯爆炸" 中的 "屯蘭"，但標題中含有 "瓦斯爆炸" 的文件均可對應至事故類目錄，也能夠得到正確分類。

【識別失敗情況】當查詢詞能夠直接匹配至維基文件標題或所有查詢子串都能被匹配時，分類準確度較高。然而，一些情況由於查詢包含多主題詞彙，即用戶查詢用詞的主題存在不一致時，例如：查詢 "眾神之戰、Bt、下載、網站"，雖然已以權重對詞語重要程度作出了區分，但用戶以多個含有電腦技術類主題的詞語描述個人查詢意圖，降低了 "眾神之戰" 的特徵權重，造成查詢被劃分為網路類。這種情況可進一步考慮以詞性、特徵詞的長度優化查詢詞特徵權重等。同時，實驗選擇的分類架構也是影響此類結果的一個原因。

一些具有交叉性主題的查詢，如 "旅行醫療保險" 跨越兩個以上主題，查詢本身具有不明確性，容易造成各標籤上的計分值都較低，難以達到最低計分門檻值並回收此類查詢；事故類的 "高鐵追尾" 被標籤為 "鐵路"，軍事演習類的 "美日軍演 B52" 被標籤為 "武器裝備"。雖然這類查詢詞與對應標籤的相關度計分已超過門檻值，但實驗資料僅包含單標籤，所以未被回收計為正確分類。以上兩類情況，需要建設完備的交叉分類架構才能作出更好的評價。

▌9.3 輿論事件網頁內容的詞彙關聯分析

9.3.1 基於詞跨度的事件內容關鍵字獲取

詞彙間的關聯分析是知識採礦研究中的一項重要工作。輿論事件導向分析，詞語間的關聯分析是建構輿論事件中的關鍵要素及相互關係的一項關鍵技術，同時也是查詢擴充與提高網路輿論分析情報服務品質的有效途徑。當輿論事件發生變化時，一些詞彙被聯繫組織起來，產生新的詞語語義關係與動態關係。如突發事件的發生，本無固有關聯的人物與地點、人物與機構之間會產生密切的關聯。並且這種基於輿論事件間的詞語關聯在網路中普遍存在。詞彙關聯分析主要是以統計大規模語料庫詞語的共現頻率實現，研究的重點主要在於全域性詞語概念間的內在關聯。由於語料庫並不以事件作為分析對象，包含大量無關詞語，事件內容中的關鍵特徵容易被大量冗餘特徵湮沒，無法識別圍繞事件的一些關鍵字彙有效特徵，難以滿足輿論事件分析中詞彙關聯處理需求。這裡給出一種輿論事件導向網頁內容的詞彙關聯分析方法，即在利用 Web 採集器獲取輿論事件的相關網頁的基礎上，首先統計 Web 文字中的詞彙特徵抽取關鍵字，接著確定關鍵特徵間的關聯強度，實現輿論事件頁面中的詞彙關聯分析。

基於 TRS 網路輿論資訊採集雷達，武磊對網頁內容進行了抓取。首先，指定相關採集網站採用定向抓取的方式從網站抓取主題網頁；然後，設定事件關鍵字對網頁內容進行過濾採集；最後，抽取網頁資訊按欄位進行保存。其中，輿論事件的資料來源於主要軍事新聞網站，採集網站的設定屬性包括 URL、網站名稱、頻道名稱、採集分組和系統分類等。

網頁內容抓取完成後，對獲得的文字資訊內容進行加工處理，其流程如圖 9-8 所示。首先進行分詞處理，使用 ICTCLAS 分詞系統，其準確率可達 95% 以上，且透過多層隱馬爾可夫模型的應用同時能夠保證分詞的效率。其基本思路是：先對文字進行原子切分，然後進行 N- 最短路徑粗切分，找出前 N 個最短的切分結果產生二元分詞表，最後根據分詞結果同步完成詞性標籤。在傳統的關鍵字計算方法中，加入詞跨度因子，利用詞跨度來過濾雜訊資料，濾除無關詞，同時對候選關鍵字進行詞頻統計和位置標註，實現關鍵字權重計算。

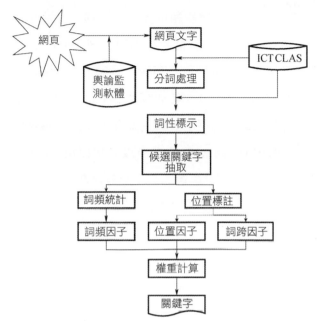

↑ 圖 9-8 基於詞跨度的關鍵字獲取的流程圖

【步驟 1】候選關鍵字抽取：在關鍵字提取時對詞的詞性進行標籤，並優先選擇名詞作為關鍵字。

【步驟 2】特徵統計：詞跨資訊，即詞彙在文中首次和末次出現的距離，反映詞彙在文中出現的範圍詞跨度越大，説明詞彙在該事件資訊中涉及範圍越廣，與事件關係越緊密。如果在文中僅出現一次，記為詞彙所在段落的長度；詞頻資訊即詞彙在文中出現的次數，詞頻越高表示與事件的關聯程度越大；詞的位置資訊包括詞在文中出現的區域和詞首末次出現的位置，其中區域位置包括標題塊、首段字塊和正文字區塊，位置資訊可透過對全文詞集進行雙向周遊獲得。

【步驟 3】權重計算：採用 $we_ight_i = tf_i \times loc_i \times pos_i \times span_i$ 的權重計算，其中 we_ight_i、tf_i、loc_i、pos_i 和 $span_i$ 為候選詞權重、詞頻因子、位置因子、詞性因子和詞跨因子。具體計算如下：①詞頻因子 tf_i。採用非線性函數 $tf_i = \dfrac{fre_i}{1 + fre_i}$ 計算詞頻因子 tf_i，式中 fre_i 為候選詞 w_i 在其中出現的次數。②位置因子 loc_i。位置因

子以 $loc_i = loc_i = \dfrac{are_i - 1}{are_i + 1}$ 計算，將詞語位置分為標題、首段和正文三類，其位置 are_i 分別設為 50、30 和 10。同一個詞多次出現在同一個區則採取不重複記錄，一個詞同時出現在多個不同區中則取最高值。③詞性因子 pos_i。大多數關鍵字是名詞，所以本文對名詞 pos_i 設為 1，其他詞性為 0.6。④詞跨因子 $span_i$。詞跨因子是詞跨度在權重計算函數中的反映，其主要作用是濾除區域關鍵字，計算式為 $span_i = \dfrac{las_i - fir_i + 1}{sum}$，其中 las_i 為 w_i 在其中最後一次出現的序號，fir_i 為 w_i 在其中首次出現的序號，sum 為經分詞計算後的文字分詞總數。

下面是其中詞跨度的計算實現。把一篇網頁內容透過 ICTCLAS 分詞系統分詞後，保存為文字檔案，其每行是一個分詞，不含詞性標註。例如，一篇名為 "中方回應菲總統言論：黃岩島主權屬中國毫無疑問" 的新聞，利用 ICTCLAS 2011 軟體，採用北大二級標註，得到的分詞結果為：

中方 /n 回應 /v 菲 /b 總統 /n 言論 /n：/w 黃岩 /ns 島 /n 主權 /n 屬 /v 中國 /ns 毫無疑問 /l 中國 /ns 外交部 /nt 發言人 /n 劉為民 /nr 14 日 /t 表示 /v ，/w 中方 /n 注意 /v 到 /v 阿基諾 /nr 總統 /n 重視 /v 中 /b 菲 /b 關係 /n 的 /u 表態 /vn 。/w 中方 /n 同樣 /d 重視 /v 發展 /v 中 /b 菲 /b 關係 /n ，/w 希望 /v 菲 /b 方 /d 與 /p 中方 /n 共同 /d 努力 /an ，/w 推動 /v 兩 /m 國 /n 關係 /n 健康 /an 穩定 /an 發展 /vn ……

把上述分詞結果去掉詞性標註，每行一個分詞保存為 data.txt 作為測試資料。

演算法 9-1　文字檔案的詞跨度計算

輸入：測試資料用文字檔案 data.txt

輸出：分詞總數和某個詞的詞跨度

處理：

```
// 初始化程式變數及圖形介面（從略）
// 實現各觸發器介面函數（從略）
// 選擇分詞集合文字檔案，並讀取到記憶體中
   if (arg0.getSource() == b1) {fc = new JFileChooser();
   fc.setCurrentDirectory(inputFile);
      int selected = fc.showOpenDialog(c);
```

```
    if (selected == JFileChooser.APPROVE_OPTION) {
        inputFile = fc.getSelectedFile();
        tf1.setText(inputFile.getPath());}
try {FileInputStream fi = new FileInputStream(inputFile);
InputStreamReader isr = new InputStreamReader(fi,"GBk");
BufferedReader bfin = new BufferedReader(isr);
String rLine = "";
while((rLine = bfin.readLine())!=null){data.add(rLine);}
// 計算並輸出分詞總數
l2.setText(String.valueOf(data.size()));bfin.close();
} catch (FileNotFoundException e) {e.printStackTrace();
} catch (IOException e) {e.printStackTrace();}}
// 計算分詞總數和某關鍵字的首末出現位置間距
if (arg0.getSource() == b2) {
    if (tf2.getText() == null || tf2.getText().length() == 0)
        l4.setText("0");
    else {String target = tf2.getText();
        int first, last;
    // 計算出首次出現的位置
    for (first = 0; first < data.size(); first++)
        if (data.get(first).toString().equals(target)) break;
    // 計算出末次出現的位置
    for (last = data.size() - 1; last >= first; last--)
        if (data.get(last).toString().equals(target)) break;……
```

9.3.2　基於共現次數統計的詞彙關聯分析

詞彙關聯分析廣義上反映的是詞語語義上的關係強度，這些關係泛指常用於檢索和標引詞間的關係有等同、等級和相關三種關係。詞間語義關係的識別演算法有基於字詞語義相似度、基於句法模式匹配、基於詞叢集和基於詞共現分析等。為獲取廣泛的語義關聯，選擇基於詞共現分析分方法，獲取輿論事件中的詞彙關聯。

在網頁文字中，如果兩詞同現頻率超出了人們期望的隨機同現頻率，那麼它們是相關的（稱為相關詞）。兩詞的同現率越高，它們的含義相關的可能性越大。詞共現分析的方法就是根據語詞之間的同現特徵，計算出詞彙之間的共現率，然後透過限定頻率範圍識別詞間關聯關係。計算詞語共現率的具體步驟如下：

【步驟 1】資料收集與統計。根據輿論事件的主題收集一定數量的相關網頁文字，得到每個文字的關鍵字集並把所有關鍵字去重後匯總，分別統計關鍵字 A 和關鍵字 B 在文字關鍵字集出現的次數、A 與 B 共同出現的次數。

【步驟 2】 A 與 B 的共現率計算。利用公式 R=(a and b)/(a or b) 計算出兩詞的共現率，其中 "a and b" 是詞彙 A 和 B 同現的次數，"a or b" 是詞彙 A 和 B 單獨出現或同現的次數。當共現率 R 超出某個預定的門檻值時，可認為兩詞相關。

下面實現關鍵字詞頻和共現次數的統計。將獲取的針對 "中國南海維權" 100 篇網頁文字的關鍵字集作為測試資料，保存為文字檔案 data2.txt。其部分資料描述如下：

---

1. 中國；黃岩島；劉為民；中方；法律；主權；菲律賓；總統

2. 黃岩島；軍艦；中方；撤離；劉為民；漁船；軍事；漁民

3. 對峙；中國；黃岩島；總統；阿基諾；漁船；漁民；海監船

4. 黃岩島；漁船；漁民；警衛隊；軍艦；德爾皮納爾號；海洋局；執法

5. 菲律賓；漁船；海監船；黃岩島；對峙；瀉湖；襲擾；瓊海

......

98. 菲律賓；南海；黃岩島；海域；漁民；對峙；軍艦；主權

99. 菲律賓；中國；海域；黃岩島；領土；主權；對峙；點燃

100. 黃岩島；中方；南海；主權；湄公河；石油；海域；局勢

演算法 9-2 關鍵字單獨出現和詞集兩個詞共同出現的次數（共現次數）計算

輸入：測試資料用文字檔案 data2.txt，其每個關鍵字項目以全角或半角分號分隔關鍵字。

輸出：關鍵字集中某個詞單獨出現和某兩個詞共同出現的次數。

處理：

```
// 初始化程式變數及圖形介面（從略）
// 選擇關鍵字集文字檔案，並讀入到記憶體中（從略）
// 統計含有關鍵字的情況
if (arg0.getSource() == b2) {
  String target1 = "", target2 = "";
  if (tf2.getText() != null && tf2.getText().length() != 0)
    target1 = tf2.getText();
  if (tf3.getText() != null && tf3.getText().length() != 0)
    target2 = tf3.getText();
  int count = 0;
// 當同時輸入兩個關鍵字時，則結算同時出現改關鍵字的情況
  if (!target1.equals("") && !target2.equals("")) {
    for (int i = 0; i < data.size(); i++) {
    Boolean exist1 = false, exist2 = false;
    String[] strArray = data.get(i).toString().split(";");
    for (int j = 0; j < strArray.length; j++) {
      if (strArray[j].equals(target1)) {exist1 = true;}
      if (strArray[j].equals(target2)) {exist2 = true;}
      if (exist1 && exist2) {count++;break;}}}}
// 第一個關鍵字為空時，計算出現第二個關鍵字的情況
else if (target1.equals("") && !target2.equals("")) {
  for (int i = 0; i < data.size(); i++) {
    String[] strArray = data.get(i).toString().split(";");
    for (int j = 0; j < strArray.length; j++) {
      if (strArray[j].equals(target2)) {
        count++;break; }}}}

// 第二個關鍵字為空時，用同樣的方法計算出現第一個關鍵字的情況
else if (!target1.equals("") && target2.equals("")) {
  for (int i = 0; i < data.size(); i++) {
    String[] strArray = data.get(i).toString().split(";");
    for (int j = 0; j < strArray.length; j++) {
      if (strArray[j].equals(target1)) {
    count++;break; }}}}
    else count = 0;
    l3.setText(String.valueOf(count));}}
```

9.3.3 網路輿論事件的詞彙關聯實驗與結果分析

針對"中國南海維權"網路輿論事件，採用詞跨度文字關鍵字提取方法提取關鍵字，位置因子與詞跨因子計算結果如表 9-8 所列，各個詞的最後權重計算結果如表 9-9 所列。

表 9-8 位置因子和詞跨因子的計算

名詞	位置因子	詞跨因子	名詞	位置因子	詞跨因子
中方	0.961	0.738	領土	0.818	0.071
中國	0.961	0.929	事件	0.818	0.274
黃岩	0.961	0.929	國際法	0.818	0.048
島	0.961	0.929	海域	0.818	0.202
關係	0.818	0.119	漁船	0.818	0.131
劉為民	0.935	0.667	問題	0.818	0.321
法律	0.818	0.583	言論	0.961	0.012
總統	0.961	0.262	外交部	0.935	0.012
主權	0.961	0.929	發言人	0.935	0.012
外交	0.818	0.452	阿基諾	0.935	0.012
菲律賓	0.818	0.548	其餘名詞	0.818	0.012

計算結果按降序排列，得到結果為：{ 中國，島，黃岩，主權，中方，劉為民，法律，菲律賓，外交，總統，問題，事件，海域，關係，漁船，領土，國際法，言論，阿基諾，發言人，外交部，其餘名詞 }。根據判斷，"黃岩"和"島"兩個詞權重相同，可合併成一個有意義的詞"黃岩島"。最後，選取排在前 8 位的關鍵字為：中國、黃岩島、主權、中方、劉為民、法律、菲律賓、外交。結果表明，單獨的位置因子對於關鍵字的區分度較低，表 9-8 中，"總統"與關鍵字"中國""主權"的位置因子相同，甚至高於關鍵字"菲律賓""劉為民"，詞跨因子的引入能夠有效區分關鍵字與無關詞，表明該方法的有效性。

表 9-9 基於詞跨度的詞權重

名詞	權重	名詞	權重
中方	0.630	領土	0.039
中國	0.781	事件	0.149
黃岩	0.765	國際法	0.026
島	0.765	海域	0.110
關係	0.078	漁船	0.071
劉為民	0.468	問題	0.175
法律	0.358	言論	0.006
總統	0.189	外交部	0.006
主權	0.670	發言人	0.006
外交	0.247	阿基諾	0.006
菲律賓	0.300	其餘名詞	0.005

利用基於詞共現分析的方法識別關鍵字間的相關關係。統計網頁文字的關鍵字詞頻，把詞頻大於 4 的關鍵字作為詞間關係識別物件，對這些關鍵字的語義相關關係進行識別。根據前面基於共現次數統計的詞彙關聯分析演算法中【**步驟 2**】的計算結果，以橢圓節點表示關鍵字，取共現率的倒數然後乘以 10 作為連接邊的長度值，單位用 mm 表示，"黃岩島"與其他關鍵字相關關係可視化圖形，如圖 9-9 所示。

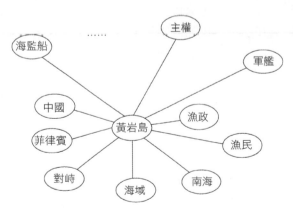

▲ 圖 9-9 "黃岩島"與其他關鍵字相關關係可視化圖

透過對高頻關鍵字在關鍵字集中的詞頻統計、共現次數統計以及共現率的統計分析，其所識別的語義特徵為確定詞間關係提供了依據。透過圖 9-9 可以發現：①

共現率越高則詞間關係越專一，兩個詞之間的距離越近；②共現率越低則詞間關係越泛化，甚至沒有關係，兩個詞之間的距離越遠。例如 "黃岩島" 與 "菲律賓" "中國" 的共現率最高，值分別為 0.6832 和 0.6224，可以直接確定 "黃岩島" 與 "菲律賓" 和 "中國" 相關，這也符合實際，因為 "黃岩島事件" 衝突的雙方正是中國和菲律賓。另外，"對峙" "海域" "南海" 等詞與 "黃岩島" 也有很強的相關性。

對輿論事件的詞彙相關性進行分析，得到與事件密切相關的關鍵字，對於輿論事件的檢索和事件的研究都具有很高的價值。因此，可以透過獲得的關鍵字集瞭解到整個事件的發展動態和發展規律，而不用逐個閱讀巨量輿論事件的報導，這對於輿論事件的監控和管理有很大的幫助。

9.4 本章小結

針對網路輿論資訊服務知識採礦，利用維基百科語義相關度計算與詞語共現關係，結合專門主題與貼文的結構特點建構表示文字主題內容的文字概念圖，基於 PageRank 演算法改進關鍵字選取方法，透過計算貼文與話題關鍵字列表間的相關程度實現話題追蹤，得到對話題演化性問題對應的解決策略，減少了貼文文字語義特徵稀疏問題對追蹤結果帶來的影響，並且無需樣本訓練，具有無監督性。基於維基百科兩階段查詢主題分類方法將查詢詞與分類標籤資料關聯至維基目錄，第一階段以隨機遊走方式在文件目錄圖上擴充查詢特徵，第二階段計算查詢詞與分類標籤在目錄圖上的語義相關程度，能夠有效獲取與查詢詞主題相關的擴充特徵，減少查詢詞語義稀疏的問題，進一步判斷擴充特徵與標籤間的語義關聯能夠提高查詢分類結果的準確率與回收率。基於事件的詞彙相關性分析，既是網路輿論導向分析的情報研究中的一項關鍵技術，也是保證和提高網路輿論分析情報服務品質的一個重要途徑，進一步的工作是建構網路輿論事件的案例庫，加強大規模事件中的詞彙相關性分析，從而形成具有較強語義關係的完整資料集，以便提高輿論情報分析能力。

參考文獻

[1] Alexander Budanitsky.Graeme Hirst.Evaluating word net-based measures of lexical semantic relatedness [J].Computational Linguistics,2004,1(1).

[2] BeitZel S M，Jensen E C，Lewis D D，et al.Automatic classification of Web queries using very large unlabeled query log[J].ACM TRANSACTIONS ON INFORMATION SYSTEMS,2007，25(2).

[3] Bo Pang, Lillian Lee.Seeing Stars: Exploiting Class Relationships for Sentiment Categorization with respect to Rating Scales [C].In Proceedings of the Association for Computational Linguistics, 2005.

[4] Bouguessa M, Wang S.Mining Projected Clusters in High Dimensional Spaces[J].IEEE Transaction on Knowledge and Data Engineering, 2009, 21(4).

[5] Aggarwal C，Al-Garawi F，Yu P.Intelligent Crawling on the world wide Web with Arbitrary Predicates.In Proeeedings of the 10th International WWW Conference，HongKong，May 2001.

[6] Chakrabarti S，Punera K，Subramanyam M.Accelerated focused crawling through online relevance feedback.In：WWW2002，Hawaii，2002.

[7] Chang Su，Yang Gao，Jianmei Yang.An Efficient Adaptive Focused Crawler based on Ontology Learning.In Proceedings of the Fifth International Conference on Hybrid Intelligent Systems，2005.

[8] Claudio Castellano, Santo Fortunato, Vittorio Loreto.Statistical physics of social dynamics [EB/OL].[2011-04- 20].Http: //arxiv.org / PS_cache / arxiv/ pdf / 0710/0710.3256v2.pdf.

[9] Crescenzi V，Mecca G，Merialdo P.Road Runner：Towards automatic data extraction from large Web sites.In Proceedings of the 27th international conference on very large data bases.San Francisco，CA，USA：Morgan Kaufmann Publishers Inc.，2009.

[10] Dario B, Fulvio C, Federico P.Automatic learning of text-to-concept mappings exploiting WordNet-like lexical networks[J].ACM ,2005 .

[11]   Deborah L, Mc Guinness, Harmelen F V.OWL Web Ontology Language overview [EB/OL].http://www.w3.org/TR/Webont-req/, 2010,11,15.

[12]   Deffuant G, Neau D, Amblard F,et al.Mixing beliefs among interacting agents[J]. Advances in Complex Systems, 2000(3).

[13]   Deng Cai，ShiPeng yu，JIRong Wen,et al. VIPS：a Visionbased Page segmentation Algorithm.Microsoft Technical Report，MSR-TR-2003-79，2003.

[14]   Dhillon I S.Co-Clustering Documents and Words Using Bipartite Spectral Graph Partitioning [C].In Proceedings of the 7th ACM SIGKDD International Conference Knowledge Discovery and Data Mining.New York: ACM, 2001.

[15]   Dong J，Zuo W，Peng T.Focused Crawling guided by Link Context. In Proceedings of the 24th IASTED international Conference on Artificial intelligence and Applications，2006.

[16]   Dunja Mladenic, Marko Grobelink.Feature selection on hierarchy of Web documents [J].Decision Support Systems, 2003, (35).

[17]   Etzioni O，Banko M，Soderland S，et al.Open information extraction from the Web.Communications of the ACM，2008，51（12）.

[18]   Peng F,Schuurmans D.Combining naive bayes and n-gram language models for text classification [C].In Proceedings of the 25th European Conference on Information Retrieval Research, Pisa, 2003.

[19]   Luo F F，Chen G L，Guo W Z.An ImProved "Fish-Search" Algorithm for Information Retrieval.In Proeeedings of 2005 IEEE Intemational Conference On Natural Language Processing and Kowledge Engineering，2005.

[20]   Fabrizio Sebastiani.Machine learning in automated text categorization [J].ACM Computing Surveys, 2002,1(34).

[21]   Filippo Menczer，Pant，Padmini Srinivasan，et al.Evaluating Topic-Driven Crawlers.In Proceedings of the 24th annual international ACM SIGIR conference on Research and development in information retrieval，2001.

[22]   FrameNet [EB/OL].http://framenet.icsi.berkeley.edu, 2010，11，21.

[23]   FREITAG：D.Machine learning for information extractionin in formal domains[J].Machine Learning，2000，39（2-3）.

[24] Pant G.Deriving Link-context from HTML Tag Tree.In 8th ACM SIGMOD Workshop on Research Issues in Data Mining and Knowledge Discovery，2003.

[25] Gabriel Pui，Cheong Fung，Lu Hongjun，et al.Parameter Free Bursty Events Detection in Text Streams，In 31st conference in the series of the Very Large Data Bases conferences.Norway.2005.

[26] Goonie 網路輿論監控分析系統 [EB/OL].http://www.goonie.cn，2010,11,2.

[27] Grigoris Antoniou, Frank van Harmelen.Web Ontology Language: OWL [EB/OL].http://www.cs.vu.nl/frankhlpostscript/OntoHandbook030WL.pdf, 2010.11.6.

[28] GUM[EB/OL].http://www.darmstadt.gmd.de/publish/lomet/gen-um/newUm. html, 2010，11，21.

[29] Gupta S，Kaiser G，Neistadt D，et al.DOM based Content Extraction of HTML Documents，in the proceedings of the 12th World Wide Web conference （WWW 2003），Budapest，Hungary，2003(5).

[30] Hegselmann R, Krause U.Opinion dy namics and bounded confidence models, analysis and simulation[J].Journal of Artificial Societies and Social Simulation,2002, 5(3).

[31] HowNet [EB/OL].http://www.keenage.com, 2010，11，21.

[32] http://www.ontology.org/.

[33] Hua-Ping ZHANG，Hong-Kuiyu，De-YiXiong，et al.HHMM-based Chinese Lexical Analyzer ICTCLAS，Second SIGHAN workshop affiliated with 4lth ACL：Sapporo Japan，July，2003.

[34] Information processing expert system for text analysis and predicting public opin-ion based information available to the public[EB/OL].http://www. freepatentsonline.c- om/4930077.html，2010，10，22.

[35] Allan J,Lavrenko V.UMass at TDT 2000[C].In Proceedings of Topic Detection and Tracking Workshop, 2000.

[36] Yi J,Nasukawa T,bunescu R, et al.Sentiment analyzer: Extracting Sentiments about a Given Topic using Natural Language Processing Techniques [C].In Proceedings of the 3rd IEEE International Conference on Data Mining, 2003.

[37]   Jaap Kamps, Maarten Marx, Robert J.Mokken,et al.Using WordNet to Measure Semantic Orientations of Adjectives [C].In Proceedings of the 4th International Conference on Language Resource and Evaluation, 2004.

[38]   James Allan, Rahul Gupta, Vikas Khandelwal.Temporal Summaries of News Topics [C].In Proceedings of SIGIR.Lousiana: ACM Press, 2001.

[39]   Jing L, Ng M, Huang J.An Entropy Weighting k-Means Algorit hm for Subspace Clustering of High-Dimensional Sparse Data [J].IEEE Trans on Knowledge and Data Engineering, 2007,19(8).

[40]   JING Li-ping, YUN Jia-li, YU Jian.Domain Knowledge in Text Mining: Opportunities and Challenges [J].Computer Engineering & Science, 2010, 32(6).

[41]   Julia Vesanto, Esa Allioniemi.Clustering of the Self-Organizing Map[J].IEEE Transactions on Neural Networks, 2000, 11(3).

[42]   Kang J，Choi J.Detecting informative Web page blocks for efficient information extraction using visual block segmentation[C]//2007 International Symposium on Information Technology Convergence.Jeonju，Korea：IEEE Press，2007.

[43]   King J.WhatisKT2001 [EB/OL].http://www.knowledgetechnologies.net/2001/index.asp, 2010，10，11.

[44]   Kolte S G, Bhirud S G.Word Sense Disambiguation Using WordNet Domains [J].ACM, 2008.

[45]   Kovacevic M，Diligenti M，Gori M,et al.Recognition of Common Areas in a Web Page Using Visual Information：a possible application in a page classification，in the proceedings of 2002 IEEE International Conference on Data Mining（ICDM' 02），Maebashi City，Japan，2002（12）.

[46]   KUSHMERICK N.Wrapper induction：efficiency and expressiveness[J].Artificial Intelligence Journal，2000，118（1-2）.

[47]   Li P, Tao L, Wang B Z.Measuring semantic similarity in ontology and its application in information retrieval [J].Computer Engineering & Design,2007,28 (1).

[48]   Lim S J，Ng Y K，Yang X C.Integrating HTML Tables Using Semantic Hierarchies And Meta-Data Sets[A].International Database Engineering and APPlications SymPosium（IDEASP02）[C].Edmonton，Canada，2002..

[49] LIU L，PU C，HAN W.XWRAP：An XML-enabled wrapper construction systemfor Web information sources[Z].In Proeeedings of the International Conference on DataEngineering，San Diego，2000.

[50] Lu Mingyu, Diao Lili, et al.The design and implementation of an excellent text categorization [C].In Proceedings of the 4th World Congress on Intelligent Control and Automation.Shanghai, 2002.

[51] Lucene Project Management Committee.The Apache Lucene project develops open-source search software.http：//lucene.apache.org，2009-03-23.

[52] Diligenti M，Coetzee F,et al.Focused Crawling Using Context Graphs，In Proceedings Very Large Data Bases 2000，2000.

[53] Steinbach M,Karypis Ge, Kumara V.A Comparison of Document Clustering Techniques [C].KDD-2000 Workshop on text Mining, 2000.

[54] Ehrig M，Maedche A.Ontology-Focused Crawling of Web Pages.In Proceedings of the 2003 ACM symposium on Applied computing，2003.

[55] MUSLEA I，MINTON S.KNOLOCK C.Hierarchical wrapper induction for semistructured information sources[J].Antonomous Agents and Multl-Agent Systems，2001，4（1-2）.

[56] Nadav Eiron，Kevin S.McCurley：Analysis of anchor text for Web search. SIGIR 2003.

[57] Nasukawa, Yi.J.Sentiment analysis: capturing favorability using natural language processing [C].In Proceedings of the 2nd International Conference on Knowledge Capture, 2003.

[58] Nicola Guarino.Formal Ontology Conceptual Analysis and Knowledge Representation[EB/OL].http://citeseer.ist.psu.edu/guarino95formal.html, 2010，11，10.

[59] OpenCyc [EB/OL].http://www.cyc.com/opencyc, 2010，11，9.

[60] Srinivasan P，Menczer F，Pant G.A General Evaluation Framework for Topical Crawlers.Information Retrival，2005（8）.

[61] Peter D.Turney.Thumbs Up or Thumbs Down Semantic Orientation Applied to Unsuper-vised Classification of Reviews [C].In Proceedings of the 40th ACL, 2002.

[62] Qin Sen，Dai Guan-Zhong，Li Yan-Ling.Design and implementation of Web hot-topic talk mining based on scale free network〔C〕.Proceeding in International Conference on Machine Learning and Cybernetics，2006（2）.

[63] Raftopoulou P, Petrakis E.Semantic Similarity Measures: A Comparison Study[R].2005.

[64] ROBERT BAUMGARTNER，SERGIO FIESCA, et al.Supervised wrapper generation with lixto[Z].Proeeedings of 27th International Conference on VeryLarge Database，Roma，Italy，2001.

[65] Rui Chen,Bipin C.Desai,Cong Zhou.CINDI Robot：an Intelligent Web Crawler Based on Multi-level Inspection.In Proceedings of the 11th International Database Engineering and Applications Symposium，2007.

[66] Chakrabarti S，Punera K，Subramanyam M.Accelerated Focused Crawling Through Online Relevance Feedback.In Proceedings of the 11th International Conference on World Wide Web，2002.

[67] Sanguthevar R.Efficient parallel hierarchical-clustering algorithms [J].IEEE Transactions on Parallel and Distributied Systems, 2005,16(6).

[68] Smith M K, Welty C, Mc Guinness D.OWL Web Ontology Language Guid[EB/OL].http://www.w3.org/tr/2003/WD-owl-guid-20030331, 2010，11，15.

[69] Survey Software[EB/OL].http://cases.berkeley.edu/，2010，10，22.

[70] Sznajd W K, Sznajd J.Opinion evolution inclosed community [J].International Journal of Modern Physicsc, 2000, 11(6).

[71] Taher H.Haveliwala.ToPic Sensitive PageRank .In Proceedings of WWW 2002. Honolulu，Hawaii，USA，2002（5）.

[72] Terrorism Information Awareness[EB/OL].http://www.cnpaf.net/Class/t/200510/9451.html，2010，10，22.

[73] TRS 互聯網輿論管理系統 [EB/OL].http://www.trs.com.cn，2010，11，2.

[74] Vaithyanathan S，Dom B.Model-Based Hierarchical Clustering [C].In Proceedings of the 16th Conference Uncertainty in Artificial Intelligence.San Francisco: Morgan Kaufmann Publishers, 2000.

[75] Verleysen M, Lee J A.Rank-based Quality Assessment of Nonlinear Dimensionality Reduction [C].The 16th European Symposium on Artificial Neural Networks.New York: ACM Press, 2008.

[76] Wache H,Vogele T,Visser U,et al.Ontology-Based Integration of Information-A Survey of Existing Approaches[C].Stuckenschmidt H.IJCAI-2001 Workshop on Ontologies and Information Sharing, Seattle, 2001.

[77] Wang Xiujuan, Guo Jun, Zheng Kangfeng.A new feature selection method in text categorization [J].Computer Applications, 2005,25(3).

[78] Watts D J, Strogat Z S H.Collective dynamics of small-wor ld networ ks [J]. Nature, 1998, 393:440-442.

[79] Wu Bin, Zhang Zhonghui, Li Chao, et al.Construct and Exploit the Event and Theme Network for Emergency Management [EB/OL].http://xkb.bjmu.edu.cn/ query/ PaperMsg.asp?id=102428 , 2010，11，22.

[80] Wu H C，Luk R,Wong K F，et al.Interpreting TF-IDF term weights as making relevance decisions[J].ACM TRANSACTIONS ON INFORMATION SYSTEMS.2008，26（3）.

[81] Y Chen，X Xie，WYMa，et al.Adapting Web pages for small-screen devices[J].Internet Computing，IEEE，2005，9（1）.

[82] Yi L,Liu B.Web Page Cleaning for Web Mining through Feature Weighting，in the proceedings of Eighteenth International Joint Conference on Artificial Intelligence（IJCAI-03），Acapulco，Mexico，August，2003.

[83] Ying Ding.A Review of Ontologies with the Semantic Web in View [J].Journal of Information Science.2001, 27(6).

[84] Zhao Y, Karypis G.Evaluation of Hierarchical Clustering Algorithms for Document Datasets [C].In Proceedings of CIKM02, 2002.

[85] 安小米 . 知識管理技術研究 [J]. 情報科學，2004，(7).

[86] 蔡建超，蔡明 . 搜尋引擎 PageRank 演算法研究 [J]. 電腦應用與軟體，2008，25（9）.

[87] 曹軍 .Google 的 PageRank 技術剖析 [J]. 情報雜誌，2002（10）.

[88] 曹元大, 等，中文 Web 文件全文檢索系統的設計與實現 [J]. 北京理工大學學報 2002，22(1).

[89] 曾潤喜. 中國網路輿論研究與發展現狀分析 [J]. 圖書館學研究，2009，(8).

[90] 朝樂門. 知識技術的綜合整合觀點研究 [J]. 圖書情報工作，2008，52(10).

[91] 陳財森，王韜，等. 基於搜尋引擎調用的主題搜尋設計與實現 [J]. 電腦工程與設計,2008（21）.

[92] 陳定權. 自動主題搜尋的應用研究 [D]. 北京：中國科學院文獻情報中心.2003.5.

[93] 戴媛，程學旗. 網路輿論導向分析的實用關鍵技術概述 [J]. 資訊網路安全，2008，(6).

[94] 方薇，何留進，孫凱，等. 採用元胞自動機的網路輿論傳播模型研究 [J]. 電腦應用，2010，(3).

[95] 葛斌，李芳芳，等. 基於知網的詞彙語義相似度計算方法研究 [J]. 電腦應用研究，2010，27(9).

[96] 龔立群, 高琳.Google Scholar 與跨庫檢索系統比較研究 [J]. 現代情報,2007(12).

[97] 郭慶琳，李豔梅，等. 基於 VSM 的文字相似度計算的研究 [J]. 電腦應用研究.2008（11）.

[98] 洪宇，張宇，劉挺，等. 話題檢測與追蹤的評測及研究綜述 [J]. 中文資訊學報，2007(6).

[99] 黃玲，等. 基於網頁分塊的正文資訊提取方法 [J]. 電腦應用，2008，28（12）.

[100] 黃曉斌，趙超. 文字採礦在網路輿論資訊分析中的應用 [J]. 情報科學，2009，27(1).

[101] 蔣科. 基於領域概念自訂的主題爬蟲系統的設計與實現 [D]. 西安：西安電子科技大學，2007.

[102] 焦健，瞿有利. 知網的話題更新與追蹤演算法研究 [J]. 北京交通大學學報，2009，30(5).

[103] 金博，史彥軍，滕弘飛. 基於語義理解的文字相似度演算法. 大連理工大學報.2005（2）.

[104] 蘭美輝，夏幼明 . 基於本體的概念相似度計算模型研究 [J]. 曲站師範學院學報，2010，29(3).

[105] 李凱，赫楓齡，左萬利 . PageRank-Pro 一種改進的網頁排序演算法 [J]. 吉林大學學報（理學版）. 2003（2）.

[106] 李一 . 網路動態專業搜尋引擎建構方法研究 [J]. 情報探索，2010（3）.

[107] 李勇，韓亮 . 主題搜尋引擎中網路爬蟲的搜尋策略研究 [J]. 電腦工程與科學 .2008（3）.

[108] 李勇軍 . 線上社交網路的拓撲特性分析 [J]. 複雜系統與複雜性科學，2012（3）.

[109] 廖建軍，郭秋萍，等 . 基於垂直搜尋的網路監督情報預警系統研究 [J]. 情報理論與實踐，2010(6).

[110] 劉峰，王秀坤，等 . 中英文專業搜尋引擎中資料採集加工的設計與實現 [J]. 電腦應用與研究，2004（10）.

[111] 劉林，汪濤 . 主題爬蟲的解決方案 [J]. 華南理工大學學報（自然科學版），2004，（S1）.

[112] 劉遷，焦慧，賈惠波 . 資訊抽取技術的發展現狀及建構方法的研究 [J]. 電腦應用研究 .2007（7）.

[113] 劉群，李素建 . 基於《知網》的詞彙語義相似度的計算 [C]// 第三屆漢語詞彙語義學研討會論文集 .2002.

[114] 劉雲，丁飛，張振江 . 輿論形成和演進模型的研究綜述 [J]. 北京交通大學學報，2010，(5).

[115] 劉運強 . 垂直搜尋引擎的研究與設計 [J]. 電腦應用與軟體，2010(7).

[116] 龐劍鋒，蔔東波 . 基於向量空間模型的文字自動分類系統的研究與實現 [J]. 電腦應用研究 .2001，18（9）.

[117] 彭濤，孟宇，等 . 主題爬行中的隧道穿越技術 . 電腦研究與發展 .2010（4）.

[118] 邵曉良，劉紅 .Web 資訊採集中軍事主題資訊的識別 [J]. 情報雜誌 .2004，23（7）.

[119] 蘇祺，項餛，孫斌 . 基於連結叢集的 Shark-Search 演算法 [J]. 山東大學學報（理學版），Vol.41（3），2006.

[120] 湯寒青，王漢軍. 改進的 k-means 演算法在網路輿論分析中的應用 [J]. 電腦系統應用 .2011(3).

[121] 王娟. 網路輿論監控分析系統建構 [J]. 長春理工大學學報：高教版，2007，(12).

[122] 王琦，張戈 , 等 . 基於 Lucene 與 Heritrix 的圖書垂直搜尋引擎的研究與實現 [J]. 電腦時代，2010（2）.

[123] 王顥，黃厚寬，田盛豐. 文字分類實現技術 [J]. 廣西師範大學學報（自然科學版）.2003（1）.

[124] 王文鈞，李巍 , 等 . 垂直搜尋引擎的現狀與發展探究 [J]. 情報科學，2010（3）.

[125] 王曉宇，周傲英. 萬維網的連結構分析及其應用綜述 [J]. 軟體學報，2003（14）.

[126] 魏瑞斌，王三珊 . 基於共詞分析的國內 Web2.0 研究現狀 [J]. 情報探索 .2011(1).

[127] 吳安清 . 主題搜尋引擎爬行策略的研究 [D]. 武漢：湖北工業大學 ,2006.

[128] 吳紹忠，李淑華 . 互聯網輿論預警機制研究 [J]. 中國人民公安大學學報（自然科學版），2008，(3).

[129] 席耀一，林琛，李弼程，等 . 基於語義相似度的論壇話題追蹤方法 [J]. 電腦應用，2011(1).

[130] 熊雲波 . 文字資訊處理的若干關鍵技術研究 [D]. 上海：復旦大學，2006.

[131] 徐琳宏，林鴻飛，楊志豪 . 基於語義理解的文字傾向性識別機制 [J]. 中文資訊學報，2007，21(1).

[132] 許鑫，章成志，李雯靜 . 國內網路輿論研究的回顧與展望 [J]. 情報理論與實踐，2009，32(3).

[133] 薛德軍 . 文文字自動分類中的關鍵問題研究 [D]. 北京：北京大學電腦與科學技術系，2004.

[134] 楊偉傑 . 面向資訊內容安全的新聞資訊處理技術 [M]. 北京：機械工業出版社，2011.

[135] 楊學明，劉柏嵩．基於本體的網路爬蟲技術研究 [J]. 情報科學，2007，26（5）．

[136] 楊貞．基於本體的主題爬蟲的設計與實現．合肥工業大學碩士論文．2008.

[137] 於津凱，王映雪，陳懷楚．一種基於 N-Gram 改進的文字特徵提取演算法 [J]. 圖書情報工作，2004，48(8).

[138] 于滿泉，陳鐵睿，等．基於分塊的網頁資訊解析器的研究與設計．電腦應用，2005（4）．

[139] 張愛琦，左萬利，王英，等．基於多個領域本體的文字階層被定義叢集方法 [J]. 電腦科學，2010，37(3).

[140] 張樂．危機資訊傳播的社會網路結構和傳播動力學研究 [D]. 中國科學技術大學,2009.

[141] 張敏．基於本體的垂直搜尋引擎的研究 [J]. 軟體導刊，2010（2）．

[142] 趙建偉，鄭誠，等．基於語義查詢擴充的垂直搜尋研究 [J]. 電腦工程，2010（6）．

[143] 鄭凱．基於動態評價 URL 連結構的主題爬行策略 [J]. 福建電腦．2010（2）．

[144] 鄭魁疏，學明，袁宏永．網路輿論熱點資訊自動發現方法 [J]. 電腦工程．2010(3).

[145] 周立柱，林玲．聚焦爬蟲技術研究綜述 [J]. 電腦應用，2005，25（9）．

[146] 朱恒民，李青．面向話題衍生性的微博網路輿論傳播模型研究 [J]. 現代圖書情報技術，2012（5）．

[147] 朱煒，王超．Web 超連結演算法研究 [J]. 南京大學學報，2008.

[148] 朱嫣嵐，閔錦，周雅倩，等．基於 HowNet 的詞彙語義傾向計算 [J]. 中文資訊學報，2006,20(1).

後記

本書基於網路輿論資訊採集、網路輿論資訊處理和網路輿論資訊服務的三層架構模式，比較深入、廣泛地研究了網路輿論的分析技術。研究取得的結論為解決目前各類資訊機構及廣大個人用戶在輿論資訊管理中獲取語義知識困難的問題，提供了一定的可供參考的操作性強、技術先進的建設路向與實現途徑，並在知識採礦的理論方法上進一步提高了網路資訊處理的語義化程度與品質。新興的網路應用層出不窮，尤其是新型媒體和社交網路的應用，使得網路資訊傳播的形態發生了巨大變化，這些變化對輿論系統獲取和處理資訊的能力產生了很大的制約。此外，網路內容的巨量性、用戶行為的快速影響性、自然語言處理的複雜性，以及熱點話題傳播的即時性、觀點互動性、易操縱性和時空關聯性等特點，都直接影響到輿論研判的準確性和實效性，並對開展網路輿論傳播態勢與預測技術的研究提出了嚴峻的挑戰。在 "網路輿論情報支援" 課題研究中嘗試了部分研究成果，如以某災區 "地震救援" 行動為例概述如下：

(1) 輿論情報預警與規劃。採集源規劃：①初步資訊檢索，廣泛收集和整理資訊源；②分析資訊源來源，分類整理內容，包括論壇、部落格、微博、門戶網、政府新聞公開網、慈善機構新聞發佈網等；③建構資訊源篩選指標，包括預警指標、反響維度、傳播維度；④按照指標篩選、規劃採集源，包括抗震救災新浪微博、災區市政服務中心、災區尋人微信，百度部落格、新浪部落格、搜狐部落格等，騰訊新聞、新浪新聞、搜狐新聞、百度新聞等，災區政府網、人民網、人民日報等，紅十字協會官網、中國國際救援隊官網等，百度尋人、搜狗尋人、360 搜尋等；⑤基本資料收集分析；⑥進一步規劃輿論主題、進行資料採集。主題輿論情報系統配置：①配置硬體設備，包括記憶體、磁碟、備份硬碟等；②輿論主題設定，包括抗震救災、地震、尋人、救援、抗震微博等；③建構領域本體，建立資料庫和索引庫；④配置採集規則，包括主題、採集深度等；建構安全平台，包括分級加密、身份認證機制等；⑤搭建輿論分析平台；⑥搭建輿論展示平台。

(2) 輿論資訊採集與情報獲取。①執行網路輿論採集工具，包括網路爬蟲抓取、輿論分析引擎；②輿論資訊清洗與前置處理；③輿論資訊儲存；④輿論情報整合；⑤資訊互動與情報獲取。

(3) 輿論資訊分析與處理。①採集資訊分類整理；②資訊內容分析；③話題聚焦，包括消防官兵、一線醫護、人民子弟兵、特殊婚禮、特別捐款、軍車墜崖等主題；④情報產品撰寫；⑤情報產品整合入庫。

(4) 輿論情報加工與追蹤。①收集、追蹤熱點主題；②將新的主題作為檢索詞，重新補充到檢索詞庫；③收集、追蹤資訊源；④參照指標，將資訊源及時更新入庫；⑤循環（1）～（3）步驟；⑥加入新補充的資料，與之前的情報產品融合，重新分析、整合；⑦形成及時、最新的情報產品，用以輔助救援方案、支援救援行動。

(5) 輿論情報分發與決策支援。①情報用戶分級控制，包括用戶分類、身份認證；②情報產品分發控制，包括內容加密、安全傳輸；③對以上情報產品，基於已建案例制定應對方案；④增加預警和分發的決策支援，評估情報支援效能；⑤調整有關策略和方案庫，繼續上述工作。案例有：① 基於輿論情報系統建立 "地震尋人平台"；②跨平台輿論情報採礦和集中分發；③證實網路輿論 "軍車再次墜崖" 為虛假消息等。

綜上，網路輿論分析技術在情報支援系統中呈現明顯優勢：①迅速整合網路上出現的各種輿論資訊，使資訊傳播更快更及時；②按照用戶需求將情報分級分發出去，使災情資訊準確地傳到既定位置的專業部隊；③具備的語義理解能力，有助於識別輿論資訊的真假和發現情報內容；④知識聯想和資料關聯又提高了精確度，從而在救災全程中能夠進一步快速定位並作出情報決策。展望本書進一步的工作，其研究方向有以下三個方面：

(1) 基於網路輿論資訊的情報分析方法研究。基於網路情報的連結分析法是網路資訊計量學方法的重要組成部分，近年來一些學者將其類比引文分析，提出自連結、互連結、傳遞連結、同被連結和連結耦合等幾種類型，利用連結分析對檢索結果進行排序也越來越受到重視。基於網路情報的內容分析法的一個應用重點是網路內容採礦，隨著內容分析理論的不斷發展和資訊技術的廣泛運用，它被應用於研究任何有資訊記錄的交流傳播事件，其應用領域變得十分廣泛。基於網路情報的叢集分析法已經成為資訊採礦中一個非常活躍的研究課題，一些文獻按分組理論依據的不同，將叢集分析分為系統叢集法、動態叢集法、模糊叢集法、圖論叢集法等多種，叢集分析提供了一種對複雜問題進行分組的方法，能夠為網路輿論的分析提供好的基礎。檢索相關的資訊資源，可以發現目前國際上已具備較成熟的情報語義關聯整合分析的條件，國內有許多上述情報學方法的研究成果，也有一批穩定、持續、有影響力的研究者和研究機構。但圍繞中國網路輿論採集、處理和服務的整體生命週期，目前缺少整合統一的理論方法研究和技術架構支援，中觀和微觀層面的實證研究相當缺乏。針對網路輿論分析面臨的挑戰，需要重點關注以下技術問題：一是各種網路輿論話題的多維結構分析及其資料採礦；二是專門網路輿論的傳播方法和影響力的計算實驗與預測評估技術；三是主題輿論事件的中繼資料標準及其關聯分析；四是為輿論事件的預警和處置建構易維護的動態案例庫、知識庫和方法庫。

(2) 基於情報研究方法的網路輿論系統研究。綜合網路輿論系統中的關鍵技術，一方面與情報分析的具體功能和解決方案密切相關，另一方面又隨網路輿論內容、範圍和傳播應用不斷推陳出新。如輿論熱點發現與傾向分析技術從早期的靜態頁面資訊獲取發展到動態資料庫資料獲取，從傳統的網路蜘蛛發展到可自主調整的高效搜尋，從字串比對的檢索實現發展到知識環境下的智慧檢索。目前，中國大多對網路輿論的研究停留於表面或宏觀層面，比較集中於網路輿論的基本概念和思想政治教育方面的應用等，對政府管理方面所提出的應對與引導也較為空洞，規律性、機理性以及實證研究有所欠缺，在核心期刊上刊載的高品質研究文獻還不多，沒有發現綜合應用情報語義關聯整合分析的方法，對網路輿論熱點發現與傾向分析進行智慧資訊處理研究的成果發表。情報界的相關理論方法對實踐的指導作用有待提升。針對網路輿論分析面臨的挑戰，需要重點關注以下問題：一是網路輿論大數據核心的資料整合，具有資料量從 TB 到 PB、ZB 等級，通常包括如網路日誌、視訊、圖片、地理位置資訊、傳感器訊號等多種類型的資料，具有要求回應處理能力高和資料價值密度低的特點，因此需要有針對性地加強分布式資料整合、多維資料組織管理、資料雜訊識別、資料一致性分析、大數據採礦等方面的研究；二是專門輿論分析系統的安全，隨著美國前中情局職員斯諾登事件的曝光，美國國家安全局一項代號為"棱鏡"的專案透過進入微軟、穀歌、蘋果、思科、雅虎等網路巨頭伺服器監控電子郵件、聊天記錄、視訊與照片等秘密資料，並入侵過中國電信網和清華大學骨幹網，輿論系統的自身安全防護技術即成為了研究熱點。

(3) 輿論分析導向的整合情報語義關聯研究。在主題領域，網路輿論系統大多以管理者需求為牽引而採用具體針對性的技術進行解決，造成技術整體上不具有連續性和系統性，很難形成一套完整的網路情報分析解決方案，勢必影響到網路輿論應對的實用性、先進性和可靠性。研究新的基於情報語義關聯整合分析的方法，不僅能填補綜合資訊分析中的連結分析法、叢集分析法和內容分析法進行整合分析研究的空白，而且基於情報語義關聯的整合分析新方法將大大拓展和深入情報學方法的研究內容，推進學科知識的應用水平。針對網路輿論分析面臨的挑戰，需要重點關注以下技術問題：一是自然語言與多媒體關聯分析技術。對網路上採集到的多種媒體資訊進行關聯分析，可以更加精確有效地理解上下文語境，提升資料語義分析的準確性。傳統的自然語言處理主要是文字分析技術，其主要手段包括自動叢集和自動分類、話題發現與追蹤、趨勢分析、自動文字摘要等幾個方面；傳統的多媒體處理技術主要包括低層圖形圖像處理技術、高層圖像語義理解技術、音視訊處理技術等。二是熱點話題即時探測與多網路關聯分析技術，包括基於增量式階層叢集的話題發現、垃圾評論的過濾、話題關聯、融合與資訊推薦、社交網路分析。三是網路輿論熱點話題組織行為識別與建模技術，網路輿論熱點話題的用戶行為具有高度的複雜性，具體到個體行為和組織行為上，複雜性上又表現出差異性，如用戶的個體行為對某個話題發表評論具有高度隨機性，具有較高的行為複雜性，然而對推手或水軍的組織行為，用戶往往受外在的目標或任務的驅動，其行為具有某種確定性，從而降低了其行為的複雜性。透過對組織行為模式的分析與識別，可以得到推手組織等典型的組織行為模式。上述研究工作所取得的成果，無論是對於促進網路輿論系統方法的研究以及提高網路輿論發現與分析的品質，還是推進資訊分析方法的技術創新，均具有重要的理論和應用價值。

鄉民到底在想什麼？｜網路輿情分析術

作　　者：王蘭成
譯　　者：陳佳新
企劃編輯：莊吳行世
文字編輯：詹祐甯
設計裝幀：張寶莉
發 行 人：廖文良

發 行 所：碁峰資訊股份有限公司
地　　址：台北市南港區三重路 66 號 7 樓之 6
電　　話：(02)2788-2408
傳　　真：(02)8192-4433
網　　站：www.gotop.com.tw
書　　號：ACN028500
版　　次：2016 年 07 月初版
建議售價：NT$380

國家圖書館出版品預行編目資料

鄉民到底在想什麼？：網路輿情分析術 / 王蘭成原著；陳佳新譯.
-- 初版. -- 臺北市：碁峰資訊, 2016.07
　　面；　　公分
　　ISBN 978-986-476-096-1(平裝)
　1.網路媒體　2.輿論
541.83　　　　　　　　　　　　　　　　　105011008